DROEMER ✶

Werner Bartens

Empathie
Die Macht des Mitgefühls

Weshalb einfühlsame Menschen
gesund und glücklich sind

Besuchen Sie uns im Internet:
www.droemer.de

FSC
www.fsc.org
MIX
Papier aus ver-
antwortungsvollen
Quellen
FSC® C083411

Copyright © 2015 bei Droemer Verlag
Ein Imprint der Verlagsgruppe Droemer Knaur GmbH & Co. KG, München
Alle Rechte vorbehalten. Das Werk darf – auch teilweise – nur mit
Genehmigung des Verlags wiedergegeben werden.
Redaktion: Judith Mark
Covergestaltung: ZERO Werbeagentur, München
Coverabbildung: FinePic®, München
Satz: Adobe InDesign im Verlag
Druck und Bindung: CPI books GmbH, Leck
ISBN 978-3-426-27651-8

5 4 3 2 1

Für Helene, Nikolaus, Till,
Jonas, Florian und Silke –
die für ihr Mitgefühl immer wieder
eigene Wege finden

Inhalt

Einleitung

Freude an der Freude und Leid am Leid des anderen,
das sind die besten Führer der Menschen.

Albert Einstein

Was ist denn das für einer? Was ist Wesley Autrey bloß für ein Mensch? Ist er noch klar bei Verstand? Er hat ja nicht lange überlegt an jenem 2. Januar 2007, als er die Gefahr mit ziemlicher Geschwindigkeit heranrasen sah. Autrey wartete mit seinen beiden kleinen Töchtern in einer U-Bahn-Station in Manhattan auf den nächsten Zug. Es war um die Mittagszeit, und ein junger Mann, der 20-jährige Cameron Hollopeter, bekam plötzlich einen epileptischen Anfall. Autrey half dem Studenten sofort und blockierte mit einem Stift dessen Kieferschluss, damit er sich nicht die Zunge zerbeißen konnte. Doch gleich darauf konnte sich Hollopeter nicht mehr halten, und schon drohte die nächste, weitaus größere Gefahr: Der Student wurde ohnmächtig und fiel auf die Gleise.

Autrey sah bereits die Lichter der U-Bahn-Linie 1 durch den Tunnel kommen, und dann handelte er in Bruchteilen von Sekunden. Eine Frau hielt seine beiden Töchter zurück, und der 50-jährige Bauarbeiter stürzte sich im Hechtsprung auf die Gleise. Er dachte, dass er Hollopeter noch aus der Fahrrinne würde herausziehen können, doch die Bahn kam für diese Rettungstat viel zu schnell angerast.

Autrey warf sich deshalb auf den Studenten und drückte ihn und sich so tief es ging ins Gleisbett. Trotz Vollbremsung fuhr fast der komplette Zug über die beiden hinweg – und zwar so dicht, dass hinterher Schmierspuren von der Unterseite der Waggons auf Autreys Kappe zu sehen waren.

Der Lebensretter machte anschließend nicht viel Aufheben um seine Tat, er hielt sie für selbstverständlich. »Ich hatte nicht das Gefühl, dass ich etwas besonders Spektakuläres geleistet habe«, sagte er später einem Reporter der *New York Times*. Nichts Besonderes – als ob er gerade Vögel gefüttert hätte. »Ich sah jemanden, der brauchte Hilfe, und dann habe ich das getan, was ich für richtig hielt.« Als Bauarbeiter habe er zudem eine gewisse Erfahrung darin, enge Räume abzuschätzen – und in diesem Fall war Autreys lakonisches Urteil ja durchaus zutreffend: »Der Zug ließ mir noch genügend Platz.«

Wie dankbar und überrascht die Medien wie auch die Bürger der USA waren, dass sie einer der Ihren an die grundlegenden Impulse der Menschlichkeit und des Miteinanders erinnert hatte, zeigte sich in den ersten Reaktionen auf Autreys Heldentat. Der Präsident der New York Film Academy, an der Hollopeter studierte, schenkte Autrey 5000 Dollar in bar und ein Stipendium in gleicher Höhe für seine Tochter. Vom Milliardär Donald Trump erhielt Autrey 10000 Dollar.

Zudem bekam der »Held von Harlem« ein lebenslanges *Playboy*-Abo geschenkt, eine Familienreise in die Disney World nach Orlando, einen neuen Jeep Patriot und mehrere Gutscheine – darunter für ein Beyoncé-Konzert –, Computer für seine Töchter mit regelmäßigen Updates und eine Dauerkarte für das Basketballteam der New Jersey Nets. Besonders erfreut haben wird ihn wohl die kostenlose einjährige Parkerlaubnis überall auf den Straßen New Yorks.

Nur wenige Tage nach seiner Rettungsaktion bekam Autrey die höchste zivile Auszeichnung verliehen, die die Stadt New York zu vergeben hat – und der damalige Präsident George Bush lud ihn Ende Januar 2007 zu seiner Ansprache zur Lage der Nation

(»State of the Union«) nach Washington ein. Ausdrücklich hob er den besonderen Mut und die Bescheidenheit Autreys hervor – um gleich im Anschluss das Land zu preisen, das solche außergewöhnlichen Menschen hervorbringt.

Offenbar ist Empathie eine automatische Reaktion, eine Art Reflex. Der ist zwar bei vielen Menschen verschüttet oder wird von negativen Gefühlen, von Stress, Wut, Ärger oder Angst überlagert. Aber spontan kann sich kein Mensch der Empfindung des Mitgefühls entziehen, es sei denn, er ist ein Soziopath, bei dem längst alle Emotionen für andere erloschen sind. Man *muss* emotional auf besonders schöne oder besonders traurige Situationen reagieren, in denen sich andere befinden, ob man will oder nicht. Dies geschieht nicht aus Kalkül, sondern intuitiv, mögliche eigene Vorteile spielen dabei keine Rolle. »Ginge es nur um die Ausbeutung anderer, hätte sich die Evolution nie mit der Empathie abgegeben«, schreibt der Verhaltensforscher Frans de Waal, der viele Beispiele dokumentiert hat, die zeigen, dass Menschen – und auch viele Tiere – für andere Lebewesen einstehen.[1]

In diesem Buch geht es darum, zu zeigen, wie vielseitig Mitgefühl und Empathie sind – und was sie Erstaunliches bewirken und auslösen können.[2] Natürlich ist es immer ein schönes Gefühl, wenn man spürt, dass andere sich kümmern, sorgen und einfühlen und einem auf diese Weise nahe sind. Ergreifende Momente der Mitmenschlichkeit, aber auch stille Augenblicke des Glücks entstehen, wenn Menschen sich auch ohne große Erklärungen verstehen und ahnen oder fühlen, wie es dem anderen geht.

Anteil zu nehmen an Leben, Lust und Leid anderer ist aber nicht nur angenehm für jene, die spüren, dass man mit ihnen fühlt, egal ob man bangt oder hofft. In jüngster Zeit hat sich gezeigt, dass auch die Menschen erheblich davon profitieren, die empathisch sind und sich für das Leben und Erleben anderer öffnen. Mitgefühl stärkt Körper wie Seele, macht psychisch robuster, physisch stärker und stimuliert nebenbei das Immunsystem. Wer mit anderen fühlt und leidet, ist gesünder, seelisch gefestigt und hat bessere Abwehrkräfte.

Offener und einfühlsamer zu sein wirkt sich auf nahezu alle Organe und Körpersysteme positiv aus. Zudem laufen Entzündungsreaktionen (wie sie beispielsweise bei vermehrtem Stress häufiger entstehen) weniger heftig ab, selbst Erkältungen sind bei jenen Menschen seltener, die auf konstruktive Weise zu Anteilnahme und Mitgefühl in der Lage sind. Kein Wunder, dass die Lebenserwartung jener Menschen steigt, die sich anderen nahe fühlen, die zufrieden und einfühlsam sind und sich von einem engen Freundeskreis getragen und unterstützt wissen.

Mitfühlende Menschen leiden außerdem seltener an Depressionen und anderen seelischen Erkrankungen. Sie sind weniger empfindlich gegenüber Schmerzen; ihre Schmerzschwelle liegt höher und wird daher nicht so schnell überschritten. Gefühle der Verbundenheit und Nähe lösen die Freisetzung von körpereigenen Endorphinen aus – Opiaten, die im Gehirn bei Lust, aber auch großer Erschöpfung entstehen. Der Mensch ist auf diese Weise selbst dazu in der Lage, durch Mitgefühl erst entstandene Schmerzen zu lindern. Manche Forscher behaupten deshalb sogar, dass Mitgefühl süchtig machen kann – schließlich ist die körpereigene Droge ja ständig verfügbar.

Bei so vielen angenehmen Folgen der Empathie stellt sich die Frage, warum besonders einfühlsame Menschen so reich belohnt werden und jene, die Mitgefühl zeigen, gesünder und glücklicher werden. Ist vielleicht doch – trotz aller Scheußlichkeiten, die Homo sapiens begeht – das Gute im Menschen angelegt und nur gelegentlich versteckt und verschüttet? Braucht es nicht zwingend das empathische Miteinander, damit Gemeinschaften und Gesellschaften überleben, verbunden mit der Erkenntnis, dass es ohne die anderen nicht geht? Die Frage, was die Welt im Innersten zusammenhält und ob man tatsächlich ergründen kann, ob der Mensch »von Natur aus« zum Guten neigt oder vom Teufel geritten ist, wird in diesem Buch ebenfalls immer wieder eine Rolle spielen.

Vielleicht haben Sie für sich ja längst entdeckt, in welchen Situationen Sie besonders mitfühlend sind und wie gut Ihnen das tut. Im Konkurrenzkampf, im Stress und unter anderen widrigen Bedingungen fällt es schwer, sich in andere einzufühlen. Lesen kann man ganz entspannt. Das ist die richtige Stimmung, um sich einzulassen auf Themen, die vom Trösten des weinenden Säuglings über die Verständnisfallen in der Partnerschaft bis zum fragilen Miteinander in einer Welt voller Konflikte reichen.

Und wenn Sie Kritik oder Anregungen haben, schreiben Sie – versuchen Sie es doch mal möglichst mitfühlend – an: www.werner-bartens.de

Raum für Mitgefühl

Das Mitleid bleibt immer dasselbe Gefühl,
ob man es für einen Menschen oder für eine Fliege empfindet.
Der dem Mitleid zugängliche Mensch entzieht sich in
beiden Fällen dem Egoismus und erweitert dadurch
die moralische Befriedigung seines Lebens.
Leo Tolstoi

Ich kann mich ja nicht um alles kümmern, erst recht nicht um das Leid der ganzen Welt. Jeder hat sein Päckchen zu tragen. Er wird schon darüber hinwegkommen, sie natürlich auch. Dafür habe ich jetzt wirklich keinen Kopf. Tja, das Leben ist kein Ponyhof.
Es gibt eine Reihe von Ausflüchten und Erklärungen, mit denen Menschen begründen, warum ihnen das Leben anderer nicht nahegeht – oder sie zumindest nicht wollen, dass es ihnen zu nahe kommt. Häufig werden die Probleme anderer als lästig empfunden, gar als Belästigung. Sich jetzt auch noch damit beschäftigen zu müssen raubt nicht nur Zeit, sondern vor allem Energie, so die Annahme. Und man will sich ja nicht ständig runterziehen lassen.
Dass Mitgefühl Kraft kostet und auslaugt, dass andere wie ein »Energievampir« unsere Reserven anzapfen, wenn sie Einfühlung einfordern, ist eine verbreitete Vorstellung. Dabei tut Mitgefühl, wenn es richtig verstanden wird, unendlich gut und stärkt, statt zu schwächen! Um die zahlreichen positiven Auswirkungen des Mitgefühls wird es später ausführlich gehen. Ebenso darum, dass Mitgefühl nicht zwangsläufig dazu führen muss, dass man ausgebrannt und erschöpft ist, im Gegenteil.

Trotzdem gibt es Situationen, in denen wir eher bereit sind, empathisch und sensibel auf unsere Mitmenschen zu reagieren, während wir in anderen Momenten nichts für sie übrighaben. Zu erkennen, in welcher Lage sich Mitgefühl gleichsam automatisch ausbreitet und wann es geradezu blockiert ist, kann ziemlich hilfreich sein. Nicht nur für andere, sondern auch für einen selbst.

Weniger Stress, mehr Mitgefühl

> Einfühlsamkeit ist eine Gabe,
> die dem abgeht, der nur sich selber kennt.
> *Peter Amendt*

Mitgefühl ist eine launische Luxusemotion. Auf diese Idee könnte man durchaus kommen, denn Menschen wie Tiere leisten es sich offenbar nur zu ausgewählten Gelegenheiten, mitfühlend gegenüber anderen zu sein. Wie sonst ist es zu erklären, dass zur Empathie fähige Lebewesen mal einfühlsam nachspüren und erahnen, wie es den anderen in ihrer Umgebung geht – und dann wieder stumpf und völlig unberührt von deren Schicksal sind? Alles eine Frage von Konkurrenz, Stress und anderen Belastungen, behaupten Psychologen aus Kanada und den USA.[3] Wenn der Stress abnimmt, entsteht hingegen sofort mehr Raum für Mitgefühl.

Wissenschaftler der McGill University in Montreal haben in verschiedenen Konstellationen untersucht, wie Freiwillige auf Schmerzreize reagieren, die ihnen oder ihren Nachbarn zugefügt werden. Die Probanden waren dabei mal allein, mal in Gesellschaft von Freunden oder aber mit Fremden zusammen. In ungewohnter Atmosphäre und von Fremden umgeben zu sein bedeutet puren Stress für die meisten Menschen. Dermaßen angespannt zeigten sie auch weniger Mitgefühl mit anderen, deren Hand in vier Grad kaltes Eiswasser getaucht wurde, was schon nach kurzer Zeit ziemlich schmerzhaft ist. Wurden sie selbst der gleichen Pein ausgesetzt, wenn Unbekannte neben ihnen saßen, teilten sie ihre Empfindungen nur sparsam mit und ließen sich den Schmerz weniger anmerken.

In vertrauter Gesellschaft hingegen fühlten die Teilnehmer einerseits stärker mit anderen. Zudem signalisierte ihre Mimik wie Gestik viel deutlicher den eigenen Schmerz, wenn sie selbst die Kälte an der Hand ertragen mussten. »Der Grund dafür, dass Empathie zwischen Fremden so viel seltener ist, heißt ganz einfach Stress«, sagt Jeffrey Mogil, der Leiter der Forschungsgruppe. »Besonders der soziale Stress, den die Nähe Fremder auslöst, blockiert unsere Anteilnahme.«

Die »Gefühlsansteckung«, mittels deren wir in vertrauter Umgebung deutlich machen, wie es uns geht, und besser spüren, was andere spüren, funktioniert dann nicht mehr so gut, und wir sind zurückhaltender und zeigen weniger intensiv, wie es um unsere eigenen Gefühle steht.

In weiteren Versuchen der Wissenschaftler wurde das Stressniveau experimentell gesenkt – und zwar bei Menschen wie bei Tieren: Versuchsmäuse bekamen ein Medikament, mit dem die Synthese des Stresshormons Cortisol blockiert werden kann. Auch menschliche Probanden nahmen dieses Mittel ein oder entspannten sich bei dem Musikvideospiel Rock Band, in dem es darum geht, einen Song gemeinsam nachzuahmen und virtuell Instrumente zu bedienen.

Wer sich auf diese Weise entspannt, kann das Leid der anderen intensiver und besser nachvollziehen, auch wenn es sich immer noch um Fremde handelt. Nach nur 15 Minuten Videospiel ist der Stress übrigens genauso verflogen wie nach der Gabe des

Medikaments – und die Bereitschaft zum Mitgefühl entsprechend größer. Bei Tieren zeigt sich mehr Anteilnahme, wenn sie sich umsorgend und ein wenig unruhig verhalten. Dieses Verhalten legen sie sonst nur an den Tag, wenn Käfiggenossen leiden.

»Gemeinsame Erfahrungen, und seien sie auch nur kurz und oberflächlich, können schon in kurzer Zeit aus einem Bedrohungsszenario eine Komfortzone machen«, sagt Mogil. »Daraus entwickelt sich bereits erstaunlich viel Mitgefühl, und aus einem Mangel wird ein Übermaß.« Fremdheitsgefühle und Anspannung im Miteinander abzubauen müsse daher das oberste Ziel sein. Schließlich wissen Psychologen, dass es schon reicht, wenn Fremde für denselben Fußballverein oder für die gleiche Band schwärmen, um mehr Mitgefühl für andere zu empfinden.

Das Rezept für einen mitfühlenderen Umgang ist also eigentlich ganz einfach: weniger Stress und mehr Miteinander sowie ein paar Augenblicke Zeit, um das Fremde und Trennende abzubauen.

Zu viel Leid, zu wenig Zeit?

> Muss nur noch kurz die Welt retten,
> danach flieg ich zu dir.
> Noch 148 Mails checken,
> wer weiß, was mir dann noch passiert.
> *Tim Bendzko*

Beschleunigung und Entfremdung gelten als typische Krisensymptome der Moderne. Der populäre Soziologe und Zeittheoretiker Hartmut Rosa aus Jena, den manche als Entschleunigungspropheten missverstehen, beschreibt anschaulich, was vielen Menschen fehlt. Sie suchen nach sogenannten Resonanzoasen,

nach Austausch, der sich nicht nur mit anderen, sondern auch in
der Natur, im Gebet, in der Musik oder der Kunst ereignen kann.
Längst nicht immer gelingt es, genügend Widerhall zu finden,
und Rosa fragt zu Recht, ob wir als »schuldige Subjekte«, die
permanent ein schlechtes Gewissen haben, weil wir zu wenig arbeiten, zu wenig kommunizieren, zu wenig entspannen, und das
eine vernachlässigen, während wir das andere nachzuholen versuchen, überhaupt noch so etwas wie Muße kennen.[4]
Vielleicht könnte man im ländlichen Raum noch diese entspannte, manchmal fast muffig anmutende Selbstgenügsamkeit antref-
fen, mutmaßt Rosa. Dort mag es Menschen geben, die nicht den
Drang verspüren, ständig etwas zu erledigen, vorzubereiten,
nachzubesprechen, und die noch das wohlige Gefühl des Feier-
abends kennen. Die Zeit, in der alles gut ist, so wie es ist. Vielleicht kommt man auf solche Vermutungen aber auch besonders
leicht, wenn man wie Rosa unweit des Stammsitzes der Rothaus-
Brauerei aufgewachsen ist, wo sich zwischen Schwarzwald-Be-
häbigkeit und Tannenzäpfle-Dunst eine ganz eigene Form des
In-sich-Ruhens ausgebildet haben könnte.
Stimmig scheint Rosas Analyse der großen Krisen auf jeden Fall
zu sein, egal ob es sich um ökonomische, ökologische, politische
oder kommunikative handelt: Demnach kommt es zuvor immer
zur Desynchronisation, das heißt, eine Entwicklung verläuft
schneller als die andere, und der Mensch bleibt zurück, fühlt sich
überholt oder überfordert. Da sich nicht nur Technik, Arbeitswelt
und Kommunikation beschleunigen und verdichten, aber Zeit
nun mal eine begrenzte Ressource ist und sich nicht steigern
lässt, kommt das überforderte Ich irgendwann nicht mehr mit.
Nicht mit sich – und erst recht nicht mit anderen.
Da die Menschen kaum noch »Zeit für sich« haben und ständig
das Gefühl, ihren eigenen Ansprüchen und Verpflichtungen hinterherzurennen, nehmen sie sich erst recht weniger Zeit für andere,

und das Mitgefühl bleibt auf der Strecke. Die Momente werden seltener, in denen Zeit und Muße ist, um richtig zuzuhören oder auch nur beieinanderzusitzen und sich wortlos zu verstehen.

Wie soll das auch gehen? Wie sollte man nicht überfordert sein bei dem, was um uns herum Aufmerksamkeit begehrt? Ein typischer Haushalt um 1900 umfasste etwa 400 Gegenstände; heute umgeben wir uns mit durchschnittlich 10 000 Dingen, die befasst, besehen, benutzt werden wollen – oder mit denen wir uns beschäftigen, weil wir sie für überflüssig halten, uns aber noch nicht von ihnen trennen konnten. Und ein Pendler sieht morgens auf dem Weg zur Arbeit im Bus oder in der U-Bahn heute wahrscheinlich mehr Zeitgenossen – von Begegnung kann man da ja wohl nicht sprechen – als ein Mensch im Mittelalter in seinem ganzen Leben. Ist Empathie also in erster Linie eine Frage der eigenen Ressourcen, nach dem Motto: Wenn das Tagewerk erledigt ist und dann noch Zeit bleiben sollte, leiste ich mir auch ein wenig Mitgefühl?

Dass nach der Eskalationslogik des Schneller-höher-weiter im Beruf (und manchmal auch im Privatleben) abgehängt wird, wer zu langsam ist oder zu sperrig, spüren viele Menschen schon länger auf schmerzhafte Weise. Zunächst gibt es noch den Versuch, das Lebenstempo zu beschleunigen und sich den rasenden Stillstand schönzureden: Die paar Minuten mit der Familie werden zur »Quality Time« aufgehübscht, das Ruhebedürfnis zum »Power Nap« verkürzt, aus dem man hochschreckt, sobald der Tiefschlaf naht und der Bleistift in der Hand runterfällt – diesen Trick empfehlen moderne Managementratgeber allen Ernstes.

Aber dann geht bald gar nichts mehr, sondern da ist nur noch: innerer Stillstand, fehlende Schwingungsfähigkeit, Entfremdung. Ärzten und Therapeuten ist es herzlich egal, ob man diesen Zustand als Burn-out, Depression, zynische Weltbeziehung oder Verstummen aller Resonanzebenen bezeichnet. Sie sehen die

Folgen und nehmen auch die Ursachen ins Visier. »Etliche
Krankheiten treten bei Langzeitarbeitslosigkeit doppelt so häufig
auf wie sonst«, sagt Harald Gündel, Chef der Psychosomatik an
der Universitätsklinik Ulm. »Das Erlebnis von Ausgrenzung,
Hilflosigkeit oder Überforderung hat enorme Auswirkungen auf
die körperliche wie seelische Gesundheit.«
Neuerdings gibt es gar einen eigenen Forschungsbereich, die
»Social Genomics«, der die Auswirkungen gesellschaftlicher
Unterschiede auf molekulare Vorgänge und ihre Verankerung im
Erbgut untersucht. Steven Cole von der University of California
in Los Angeles hat gezeigt, dass Gefühle der Nutz- und Wert-
losigkeit nicht nur die Fähigkeit zum Mitschwingen mit anderen
deutlich verringern, sondern auch mit einer eingeschränkten Immunabwehr einhergehen, und dass sich die Neigung zu erhöhten
Entzündungswerten dauerhaft im Genom festsetzt.[5]
Während der Behandlung müssen Patienten wie Therapeuten
allerdings aufpassen, dass sie als Strategien gegen Teilnahmslosigkeit und innere Abstumpfung nicht genau jene konsequente
Ökonomisierung des Verhältnisses zu sich selbst anmahnen, an
der der Kandidat gerade erst zerbrochen ist: »Sich mit seiner
Leistung identifizieren«, »Den eigenen Marktwert überprüfen
und, wenn möglich, steigern«, »Sich auf Krisen vorbereiten und
jede Krise als Chance sehen«, »Der Handelnde bleiben und nicht
zum Behandelten werden« sind entsprechende Slogans, wie sie
erstaunlicherweise immer wieder in Fachzeitschriften für Psychologen empfohlen werden.
Doch diese Ratschläge stammen ja genau aus dem Inventar der
krank machenden »vermarktlichten Arbeitsverhältnisse«, wie es
der Freiburger Soziologe Ulrich Bröckling ausdrückt: »Der Speer,
der die Wunde schlug (und sie auch weiter schlägt), soll sie auch
heilen – am Ende weiß man nicht, was man mehr fürchten soll, die
Zeitkrankheit oder die Vorschläge zu ihrer Therapie.«

Wo bleibt die Menschlichkeit?

> Den Strom der Trauer mildert, wer ihn teilt.
>
> *Edward Young*

Der Schock sitzt tief und wird es lange bleiben. Als am 7. Januar 2015 die Redaktion der Satirezeitschrift *Charlie Hebdo* mitten in Paris von den Brüdern Kouachi in weiten Teilen ausgelöscht wurde, war nicht nur Frankreich in Aufruhr, sondern die ganze Welt. Der Anschlag zielte ins Herz von Kultur und Zivilisation und griff die Meinungsfreiheit direkt an. Die Täter waren mit Maschinenpistolen und Sprengsätzen vorgegangen – gegen Journalisten, die lediglich mit Stiften bewaffnet waren. Auf der Flucht schossen die Terroristen dem Polizisten Ahmed Merabet, der bereits verletzt am Boden lag, aus nächster Nähe in den Kopf. Der französische Beamte war Moslem, wie die Attentäter auch.

Sofort waren sich die Menschen rund um den Globus einig, dass dieses Verbrechen unmenschlich war. Unmenschlich, das ist in fast allen Sprachen die – eigentlich unlogische – Kennzeichnung dafür, dass Menschen ein abscheuliches Verbrechen begehen. Besondere Grausamkeiten als »unmenschlich« zu etikettieren zeugt aber auch von so etwas wie einer stillen Übereinkunft darüber, dass Menschen anderen Menschen zwar schreckliche Dinge antun können, aber dass es trotzdem eine Art Code gibt, was zum Wesen des Menschseins gehört und was nicht.

Sogar für den Krieg gibt es schließlich Benimmregeln, sie sind in der Genfer Konvention festgelegt. Und schon Kinder auf dem Schulhof lernen, dass man einen Gegner nicht von hinten angreift und niemanden tritt oder weiter misshandelt, der bereits am Boden liegt. Für viele Kinder gilt unausgesprochen auch die Grenze, dass – wenn man sich schon prügelt – nicht ins Gesicht geschlagen wird. Die Anschläge von Paris hatten also auch eine

Selbstvergewisserung zur Folge. Die zivilisierte Welt bestätigte sich anschließend auch in ihrer Abscheu sowie darin, welche Formen von Gewalt toleriert werden können und welche nicht. »Unmenschlich« bedeutet in derartigen Fällen immer auch so viel wie: ohne Mitgefühl. In das Grauen über die schrecklichen Taten mischt sich zudem das Entsetzen darüber, dass die Terroristen etwas tun, mit dem sie sich selbst aus dem Kreis der zivilisierten Menschheit ausschließen, mit dem sie ihr Leben verwirken und zeigen, »dass sie sich selbst nichts wert sind«.[6] Es ist von einer zynischen Logik, dass die mordenden Brüder kurz vor ihrem Tod so etwas wie ihre Menschlichkeit zurückbekamen. Sie hatten sich auf ihrer Flucht am 9. Januar vormittags in einer Druckerei in Dammartin-en-Goële verschanzt, nördlich von Paris. Dort hielt sich der Besitzer noch auf, Michel Catalano. Der rief einem seiner Mitarbeiter zu, sich in dem Schrank unter der Spüle im zweiten Stock zu verstecken, wo er acht Stunden ausharrte und von den Attentätern nicht bemerkt wurde. Catalano selbst blieb verhältnismäßig gefasst, redete mit den Brüdern, bot ihnen Kaffee an und versorgte die Wunde eines der Attentäter. Er habe erstaunlicherweise in diesem Moment keine Angst gehabt, erklärte Catalano später im französischen Fernsehen, nur Sorge um den Kollegen im Schrank. Die Brüder hätten sich ihm gegenüber ordentlich verhalten und ihn um 10.20 Uhr freigelassen. Gegen 17 Uhr wurden Saïd und Chérif Kouachi im Schusswechsel mit Spezialeinheiten getötet.

21 einfühlsame Wahrheiten
über die Bereitschaft zum Mitgefühl

Die Probleme anderer werden oft als lästig empfunden. Man will sich nicht ständig herunterziehen lassen.

Mitgefühl stärkt, statt zu schwächen.

Zu erkennen, wann sich Mitgefühl automatisch einstellt und wann es blockiert ist, kann hilfreich sein. Nicht nur für andere, sondern auch für einen selbst.

Menschen sind mal einfühlsam, mal teilnahmslos. Sie können aber nicht empathisch reagieren, wenn sie sich gestresst, in Konkurrenz und ausgelaugt fühlen.

Nimmt der Stress ab, entsteht sofort mehr Raum für Mitgefühl.

In vertrauter Gesellschaft fühlen Menschen stärker mit anderen mit – und zeigen deutlicher den eigenen Schmerz.

Der soziale Stress, den die Nähe Fremder auslöst, blockiert unsere Anteilnahme. Die »Gefühlsansteckung«, mit der wir zeigen, wie es uns geht, und spüren, was andere spüren, funktioniert mit Fremden nicht gut.

Gemeinsame Erfahrungen können in kurzer Zeit aus einem Bedrohungsszenario eine Komfortzone machen. Daraus entwickelt sich erstaunlich viel Mitgefühl.

Man empfindet mehr Mitgefühl für Menschen, die für denselben Fußballverein oder die gleiche Band schwärmen – auch wenn es Fremde sind.

Vielen Menschen fehlt Austausch, Resonanz – sei es mit anderen, in der Natur, im Gebet, der Kunst oder in der Musik.

Menschen fühlen sich schuldig, haben ein schlechtes Gewissen, weil sie zu wenig arbeiten, zu wenig kommunizieren, zu wenig entspannen und das eine vernachlässigen, während sie das andere nachzuholen versuchen.

Das Gefühl der Muße geht verloren, ebenso der Feierabend, an dem nichts mehr zu erledigen, vorzubereiten oder nachzubesprechen ist.

Der Mensch ist überfordert, da sich Technik, Arbeit und Kommunikation verdichten und beschleunigen, Zeit aber eine begrenzte Ressource ist und sich nicht steigern lässt.

Da Menschen kaum noch Zeit für sich haben und das Gefühl, ihren Ansprüchen hinterherzurennen, nehmen sie sich weniger Zeit für andere, das Mitgefühl bleibt auf der Strecke.

Ein typischer Haushalt um 1900 umfasste 400 Gegenstände; heute umgeben uns 10000 Dinge. Ein Pendler sieht auf dem Weg zur Arbeit mehr Zeitgenossen als ein Mensch im Mittelalter in seinem ganzen Leben.

Bei chronischer Überforderung geht bald nichts mehr. Innerer Stillstand, fehlende Schwingungsfähigkeit, Entfremdungsgefühle sind die Folge.

Ausgrenzung, Hilflosigkeit oder Überforderung haben enorme Auswirkungen auf die körperliche wie seelische Gesundheit.

Gefühle der Nutzlosigkeit mindern die Fähigkeit zum Mitschwingen mit anderen und beeinträchtigen die Immunabwehr. Die Neigung zu erhöhten Entzündungswerten setzt sich dauerhaft im Genom fest.

Die Strategie gegen Teilnahmslosigkeit und Abstumpfung darf nicht jene konsequente Ökonomisierung des Verhältnisses zu sich selbst sein, an dem der Patient gerade erst zerbrochen ist.

Verbrechen als »unmenschlich« zu bezeichnen zeugt von einer stillen Übereinkunft, dass Menschen anderen Menschen zwar schreckliche Dinge antun, es aber trotzdem eine Art Code gibt, was zum Wesen des Menschseins gehört und was nicht.

»Unmenschlich« bedeutet auch: ohne Mitgefühl. In das Grauen über schreckliche Taten mischt sich Entsetzen darüber, dass Menschen etwas tun, mit dem sie ihr Leben verwirken und zeigen, dass sie sich selbst nichts wert sind.

Die gute Seite des Menschen

Mach, Herr, mich treu und kindlich,
Für andrer Not empfindlich;
Damit ihr Glück und Wehe
Mir recht zu Herzen gehe.

Unbekannt

Alle Jahre wieder, kurz vor Weihnachten, aber auch nach jeder großen Katastrophe, geht das Gebot aus, dass alle Welt den Bedürftigen helfen solle. Millionen sind auf der Flucht, haben weder genug zu essen noch eine passable Unterkunft. Sind von Überschwemmungen, Erdbeben, Dürre oder Kälte bedroht – oder, mindestens so schlimm: von üblen Despoten, die sie verfolgen, einkerkern oder gleich umbringen wollen.

Doch wer folgt schon tatsächlich dem Aufruf, Flüchtlinge bei sich aufzunehmen und ihnen eine Bleibe anzubieten? Man weiß ja nicht, wie riskant das ist, ob man sich nicht Elend, Gewalt und Krankheit ins Haus holt – und überhaupt: Sollen sich doch die anderen kümmern. Oder jeder um sich selbst.

Sobald der Mensch überlegt, sobald er abwägt, ob es nicht auch mit weniger oder gar nichts getan ist, bleibt die unmittelbare Fürsorge schnell auf der Strecke. Ein bisschen spenden, vielleicht. Aber sonst?

Erklärungen, warum man nicht das tut, was aus Anteilnahme und Brüderlichkeit geboten wäre, gibt es viele: Ist man nicht selbst in Gefahr, wenn man einen Fremden zu sich holt, der durch Mord und Totschlag traumatisiert wurde? Als Einzelner kann man doch sowieso nichts machen. Und schließlich: Wenn man sich für alles

Elend dieser Welt verantwortlich fühlt, kann man sich ja mit nichts anderem mehr beschäftigen.

Stimmt es also doch? Der Mensch ist dem Menschen ein Wolf, wie Thomas Hobbes 1651 im *Leviathan* schrieb, ständig im Krieg aller gegen alle? Genügend Beispiele gäbe es ja. Wie fand man denn unseren frühen Urahn vom Alpenhauptkamm 1991 in seinem eisigen Grab? Mit einer Pfeilspitze in der Schulter wurde Ötzi am Gletscher zurückgelassen, Wunden an Kopf und Brust, Schnitte an den Händen.

Aber das ist ja nicht alles. Der Mensch zeigt immer wieder, dass er auch anders kann, dass er zu Mitgefühl und Güte fähig ist – nur sind diese Anlagen eben manchmal versteckt oder verschüttet.

Mitfühlen wie ein Hund

> Wir haben wirklich diese Nacht
> Gemeinsam friedlich zugebracht.
> Was so ein Schneesturm alles macht!
> *Tilde Michels/Reinhard Michl:*
> *Es klopft bei Wanja in der Nacht*

Um die Natur des Guten zu entdecken, muss man die Ursprünge der Gefühle vielleicht manchmal dort suchen, wo sie noch unverfälscht zu beobachten sind, bei Kleinkindern und Tieren. Wie im Fall des Neugeborenen, das allein dalag, nackt und kalt. Vielleicht hatte ihr ausgeprägtes Mitgefühl damit zu tun, dass sie selbst gerade Nachwuchs bekommen hatte.

Sie fand den wenige Stunden alten Jungen auf einem Feld am Stadtrand von Buenos Aires. Wimmernd lag das Baby dort, es war von seiner 14-jährigen Mutter ausgesetzt worden. Das Neugeborene wäre unweigerlich erfroren, denn die Temperaturen lagen in jenen Tagen des Jahres 2008 nur knapp über dem Gefrierpunkt. Doch da war ja sie – kein Mensch, sondern eine Schäferhündin namens China.

Sie nahm das menschliche Neugeborene vorsichtig mit der Schnauze auf und trug es zu den sechs Welpen, die sie erst vor kurzem geboren hatte. Die Wärme der Hundefamilie rettete das Kleinkind vor dem sicheren Tod, denn es dauerte Stunden, bis ein Anwohner das schreiende Baby bemerkte und die Polizei alarmierte. Im Krankenhaus stellten die Ärzte fest, dass der kleine Junge unverletzt geblieben war und kaum Unterkühlungen aufwies. In Argentinien wurde die Hündin daraufhin wie ein Held gefeiert.

Bemerkenswert ist auch der Fall der Königstigerin, die ein Ferkel zusammen mit ihrem eigenen Nachwuchs säugte. Verschiedene Zoos haben darüber berichtet. Ellbogenökonomen und Politiker, die den Egoismus als zentrale Triebfeder der menschlichen wie der tierischen Existenz verstehen, sprechen in solchen Fällen gerne von einem »Versehen« der Natur oder einer Verwechslung. Eine Verwechslung oder ein Irrtum liegt hier aber keineswegs vor, denn Säugetiere haben nun mal von sich aus den Impuls, sich hilfloser Jungtiere anzunehmen. Sie tun das von Natur aus, und nicht, weil sie mal eben nicht aufgepasst haben.

Auch in anderen Situationen stellen sich Hunde lebensrettend vor Menschen. Im kalifornischen Roseville rettete der schwarze Labrador Jet seinem sechsjährigen Freund Kevin Haskell das Leben, als dieser von einer Klapperschlange angegriffen wurde. Statt des Jungen wurde der Hund gebissen und schwer verletzt. Die Eltern des Kindes waren so dankbar, dass der Labrador anschließend mit aufwendigen Bluttransfusionen behandelt wurde und nach etlichen Aufenthalten in der Tierklinik doch noch gerettet werden konnte.

Aber auch Lebewesen, die keine Haustiere sind und an Menschen nicht gewöhnt, können offenbar Empathie mit Homo sapiens empfinden. An der Nordküste Neuseelands wurden im Herbst 2004 vier Schwimmer plötzlich von Delphinen bedrängt. Die Tiere schwammen in engen Kreisen um die Menschen herum und ließen sie nicht aus der Umkreisung heraus. Erst nach einiger Zeit verstanden die Schwimmer, warum sie Gesellschaft hatten und sogar zurückgedrängt wurden, wenn sie woanders hinschwimmen wollten: In unmittelbarer Nähe war ein mehr als drei Meter langer Weißer Hai unterwegs, den die Schwimmer erst viel später bemerkten. Die Delphine blieben bei den Menschen und beschützten sie, bis der Räuber verschwunden war. Nach 40 Minuten ließen die Delphine von ihnen ab, und sie konnten erleichtert ans Ufer zurückschwimmen.

Selbstsüchtige Motive können allen diesen Tieren kaum unterstellt werden. Sie haben impulsiv mitfühlend und unter Einsatz ihres eigenen Lebens gehandelt, ohne dass sie eine Belohnung dafür erwarten konnten. Und sie verstanden, dass hier Gefahr drohte, auch wenn die Angriffe nicht ihnen galten.

Tiere zeigen in zahlreichen Situationen ein erstaunliches Maß an Mitgefühl. Bekannt geworden ist beispielsweise auch der Kater Oscar, der in einer Klinik an der amerikanischen Ostküste heimisch ist, in der vorwiegend ältere Menschen behandelt werden. Er läuft dort von Zimmer zu Zimmer, aber wenn jemand im Sterben liegt, bleibt er plötzlich länger. Oscar schnurrt dann besonders einfühlsam, legt sich neben den Patienten und begleitet den Todkranken. Oftmals verlässt der Kater das Zimmer erst, wenn auch der Patient es – für immer – verlassen muss.

Mit seinem unheimlichen Instinkt hat es Oscar sogar schon zur Titelfigur der renommiertesten medizinischen Fachzeitschrift der Welt gebracht.[7] Und die Ärzte und Pfleger vertrauen mittlerweile so sehr auf Oscars Gespür, dass sie die Familie benachrichtigen, sobald sich das Tier auffällig lange in einem der Krankenzimmer aufhält und einem Patienten Gesellschaft leistet. Falls kein Angehöriger mehr vorhanden ist oder kommen kann, ist es Oscar, der die Sterbenden in den Tod begleitet. Er scheint zu spüren, wenn es den Patienten schlechtergeht und sie seinen Beistand besonders nötig haben.

Das Gute, ein Luxusverhalten?

> Es gibt kein grausameres Tier
> als einen Menschen ohne Mitleid.
> *August von Kotzebue*

Und der Mensch? Was hat er dem Menschen schon alles angetan? Hat gemordet und gemeuchelt und sich am Leid der Unterdrückten ergötzt. Und dann, wie zum Hohn, das verbreitete Phänomen, das man vom erbarmungslosen Tyrannen kennt: lässt feindliche Volksgruppen oder politische Gegner abschlachten oder in der Haft verrotten, zeigt sich aber zu Hause als liebevoller Kümmerer, der seine Kinder verhätschelt, sich um die Katze sorgt und weinen muss, wenn der Hund Blähungen bekommt. Das abgrundtief Böse zeigt seine gute Seiten?

Etliche Verhaltensforscher sind sich einig, dass die Bereitschaft, gut zu sein, viel mit Identifikation zu tun hat, sich also gerne unter Wohlfühlbedingungen zeigt. Das Gute, ein Luxusverhalten?

Mitgefühl empfinden wir besonders mit jenen, die wir als zugehörig zu unserer Gruppe ansehen – egal ob es sich um weltanschauliche, ethnische, religiöse oder berufliche Zeichen der Wiedererkennung handelt. »Einer von uns«, das kann sogar die Leidenschaft für denselben Verein bedeuten und die Verbrüderung der

Fans, die sonst nichts gemeinsam haben – oder die Schwärmerei für die eine ganz besondere Band. Und besonders ausgeprägt ist die Anteilnahme bei Verwandten oder Mitgliedern der Familie. Tiere kennen diese Formen der Abstufung ebenfalls. Von Mäusen ist bekannt, dass sie besonders stark den Schmerz von Artgenossen mitfühlen können, wenn es sich dabei um Mitbewohner des eigenen Käfigs handelt.[8] Allerdings zeigen dieselben Tiere, die eben noch großen Anteil am Schicksal anderer genommen haben, ein erstaunliches Maß an Brutalität, wenn sie kurz darauf in eine Konkurrenzsituation geraten. Affen, die gemeinsam aufgewachsen sind und sich das Fell gepflegt und gestreichelt haben, bekämpfen sich bis aufs Blut, beißen und quälen einander, wenn sie später im Kampf um die territoriale Vorherrschaft in ihrem Lebensraum aneinandergeraten.

Tiere sind in dieser Hinsicht offenbar wie Menschen: Es kommt auf den Zusammenhang an, in dem sie anderen begegnen. Sie können eben noch enge, liebevolle Bindungen eingegangen sein, doch im nächsten Moment verhalten sie sich wie Ungeheuer und verletzen und schänden einander auf grausamste Weise und lassen Unterlegene sterbend in ihrem Blut auf dem Schlachtfeld zurück, ohne sich weiter um sie zu kümmern.

Das Gute im Krieg

> Wir tranken im Niemandsland Champagner, wir rauchten,
> und wir unterhielten uns. Es war eine Verbrüderung im
> gemeinsamen Gefühl, den Krieg endlich beenden zu müssen.
> Die Generäle erfuhren erst danach davon und taten fortan alles,
> dass so etwas nie wieder vorkommen könne.
>
> *Student Rickmer,*
> *deutscher Kriegsfreiwilliger 1914*

Der Soldat beginnt zu singen, erst leise, dann mit immer festerer Stimme. »Stille Nacht, heilige Nacht« tönt es über die Schlachtfelder von Flandern. Es ist Heiligabend 1914 und vor nicht allzu langer Zeit erst dunkel geworden. In den Schützengräben haben sich die Truppen des Deutschen Reiches eingebuddelt, und nur hundert Meter entfernt hocken Briten, Belgier und Franzosen in ihren Unterständen in Dreck und Lehm. Der Boden ist vom wochenlangen Regen aufgeweicht, Hunderttausende junge Männer sind bereits gestorben. Jetzt hat es gefroren, und im Niemandsland entlang des Frontverlaufs liegen erstarrte Leichen, die der Schnee nur notdürftig bedeckt.

Die Geschichte von der Front klingt wie ein Märchen, aber sie ist wahr. Es gibt unzählige Dokumente darüber, auch wenn es den damaligen Machthabern gar nicht recht war, dass die Ereignisse bekannt wurden. Erst singt einer, dann stimmen »Tausende von Männerkehlen rechts und links« in das Weihnachtslied ein, wie Michael Jürgs anschaulich beschreibt.[9] Es sind zunächst nur die Deutschen, die ihre Stimme erheben, doch dann, nach einer Minute Pause, reagieren die Männer, die sich in Rufweite eingegraben haben. Erst klatschen sie Beifall für das schöne alte Weihnachtslied, dann rufen sie »Good, old Fritz« und verlangen nach »More, more« und »Encore, encore« – einer Zugabe.

Die deutschen Soldaten antworten mit »Merry Christmas, Eng-
lishmen« und bieten zugleich eine Feuerpause an: »We not shoot,
you not shoot«, rufen sie und stellen vorsichtig ein paar Kerzen
auf ihren Verteidigungswällen auf. Keiner schießt, und immer
mehr Lichter werden entzündet. Man sieht die Gesichter der Soldaten im Schein der kleinen Feuer. Ein paar Tage zuvor wäre das
noch ihr sicheres Todesurteil gewesen. Es ist klirrend kalt, wind-
still, der Vollmond und ein klarer Sternenhimmel stehen über der
Westfront – und unten leuchtet eine Kerzenkette über den Schützengräben.

Die Briten sind zunächst skeptisch, als sie die Weihnachtslieder
hören und den Kerzenschein sehen, denn erst wenige Wochen
zuvor waren sie von den Deutschen in einen Hinterhalt gelockt
worden. Ein paar preußische Soldaten hatten sich verstellt und so
getan, als ob sie zum Feind überlaufen wollten. Als ihnen einige
Briten in friedfertiger Absicht entgegenkamen, tauchten von hinten Deutsche mit Gewehren im Anschlag aus ihren Verstecken
auf und mähten die Engländer nieder.

Aber heute ist Heiligabend, den Engländern gefallen die Lieder,
die sie hören. Sie verstehen die Sprache zwar nicht, in der gesun-
gen wird, aber die Melodien berühren sie. Musik wird überall
verstanden. Und eint nicht alle Soldaten an der Front die Sehnsucht nach Frieden und einem ruhigen Weihnachtsfest? Die Engländer sind schnell friedlich gestimmt, erst recht, als sie sehen,
dass die Deutschen gegen Abend ein paar Tannenbäume auf der
Böschung der Schützengräben aufstellen und mit Kerzen schmü-
cken. Gelegentlich fallen noch ein paar vereinzelte Schüsse, aber
vermutlich ist es kein gezieltes Feuer, niemand wird getroffen.

Der Zufall hilft, dass es schnell zu einer Verständigung der ver-
feindeten Parteien kommt. Ein deutscher Kriegsfreiwilliger namens Goldschmidt erfährt von einem britischen Gefangenen,
dass dessen Schwager aus London der Kompanieführer gegen-

über bei den Engländern ist. In diesem kleinen Bereich der Front wird ab sofort nicht mehr geschossen. Man wirft sich Geschenke zu, der kürzeste Abstand zwischen den Frontlinien beträgt gerade mal 20 Meter. Später überreicht man sich persönlich gute Gaben: Die Deutschen geben Zwieback, Dauerwürste, Käse und Kommissbrot – die Briten antworten mit Keksen, Scotch Shortbread, Plumpudding und Corned Beef.

Ein paar Kilometer weiter, ebenfalls in Flandern, singt ein deutscher Soldat in perfektem Englisch das überall in Großbritannien bekannte Lied von »Annie Laurie«. Die Briten sind gerührt. Wenig später geht der Deutsche auf die englischen Frontlinien zu. Er ist unbewaffnet und bittet einen englischen Offizier, ihm entgegenzukommen. Es ist der Schütze Turner von den London Rifles, und er nimmt später mit seiner Pocketkamera jenes Foto auf, das den »kleinen Frieden im großen Krieg« dokumentiert und zwei Deutsche und zwei Briten gemeinsam im Schützengraben zeigt.

An verschiedenen Stellungen der Westfront treffen sich die Feinde, vereinbaren für ein paar Tage Waffenruhe und einigen sich darauf, am nächsten Tag die Toten zu beerdigen, die teilweise seit Wochen im Niemandsland zwischen den feindlichen Linien liegen. Manche deutsche Soldaten schenken dem Feind gegenüber, den sie vor kurzem noch beschossen haben, kleine geschmückte Weihnachtsbäume. Die Briten verschenken Mistelzweige. Kleinigkeiten wie Tabak, Pfeifen, Zigaretten – und etliche Leckereien – werden ausgetauscht. Knöpfe und Rangabzeichen wechseln ebenfalls die Besitzer, Souvenirs vom Krieg.

Den Befehlshabern der Truppen ist die Verbrüderung naturgemäß nicht geheuer. Ein Oberstleutnant, der mit seinem Regiment in der Nähe von Neuve Chapelle kämpft, wird erst durch lautes Lachen und Gebrüll darauf aufmerksam, dass offenbar ein Engländer in den deutschen Schützengraben gekommen ist und sich bestens mit seinem vormaligen Gegner versteht. Der Brite hat für

Heiligabend und Weihnachten einen Waffenstillstand vorgeschla-
gen. Auch hier der Wunsch: Man wolle die Gefallenen beerdigen.
Und zudem eine originelle Idee: Man wolle gegeneinander Fußball spielen. »Das schlechte Gelände zwischen den beiden Grä-
ben, auf dem noch Tote herumlagen, würde sie nicht weiter
stören. Sie hätten schon ganz woanders Fußball gespielt«, lassen
die Briten ausrichten.[10] Der Engländer wird in seinen Graben zu-
rückgejagt.

Ein anderer Engländer, der in die deutschen Stellungen kommt,
um Geschenke zu tauschen, wird dort zuvorkommend und
freundlich behandelt – aber auf dem Rückweg von hinten er-
schossen. Das bayrische Regiment, das gerade noch mit ihm Prä-
sente getauscht hatte, entschuldigt sich sofort schriftlich bei den
Briten für den peinlichen Vorfall. Sie hätten nicht geschossen,
sondern die verrohten Preußen, die direkt neben ihnen im Unter-
stand liegen und sich partout nicht an die Waffenruhe halten wollen. Die Engländer akzeptieren die Entschuldigung.

Am ersten Weihnachtstag hält der Frieden noch. Auch am nächsten Tag wird nicht geschossen. Trifft man sich im Niemandsland
zwischen den Schützengräben, warnen sich die Soldaten gegenseitig mit einem dezenten Fingerzeig, wo die Minen liegen. Und
man verabredet sich für den Fall, dass die Zukunft so grausam
werden würde wie die letzten Monate: Sollte doch auf Befehl der
Obersten Heeresleitung wieder geschossen werden müssen, würde zunächst nur in die Luft geschossen. Die Soldaten, die sich
verbrüdern und an den kurzen Frieden halten, sehen sich keines-
falls als Deserteure, sie haben auch keine Befehle verweigert.
»Vorherrschend war das innere Gefühl, und das spürten wir bei
den anderen eben auch: Macht Schluss!«

Der Krieg kostete in den folgenden vier Jahren viele Millionen
Menschen das Leben, Soldaten wie Zivilisten. Die Politiker und
Militärs behielten die blutige Oberhand über die Gefühle der

einfachen Soldaten, die sich nach Frieden sehnten und die schon nach ein paar Takten gefühlvoller Weihnachtslieder und angesichts kerzengeschmückter Bäume den Gleichklang ihrer Seelen spürten – sie hatten den Krieg, der bis Weihnachten 1914 bereits eine Million Opfer gefordert hatte, satt. Fremde Männer, Feinde gar, umarmten sich, lachten und feierten miteinander und konnten für wenige Stunden inmitten von Krieg und Tod und Sterben das Gute im Menschen ausleben – bis schon kurz nach Weihnachten wieder geschossen wurde und das Morden und Leiden weiterging.

12 gute Einsichten
über das Gute

Sobald der Mensch abwägt, bleibt unmittelbare Fürsorge schnell auf der Strecke. Ausreden und Erklärungen, warum man nicht tut, was aus Anteilnahme und Brüderlichkeit geboten wäre, gibt es viele.

Die Geschichte der Menschheit kann als eine einzige Abfolge von Niedertracht und Betrug gelesen werden, als lückenlose Kette von Brutalität und Gewalt. »Von Natur aus« bricht aber auch das Gute hervor – wenn der Mensch nicht lange überlegt.

Menschen riskieren ihr Leben, auch wenn sie keinen Nutzen davon haben und ums Leben kommen könnten.

Tiere stellen sich rettend vor Menschen, helfen ihnen aus der Kälte, schützen sie vor gefährlichen Tieren. Ökonomen und Politiker, die Egoismus als Triebfeder der Existenz verstehen, sprechen dann von einer Verwechslung. Falsch, Säugetiere haben von sich aus den Impuls, Hilflosen zu helfen.

Tiere zeigen ein erstaunliches Maß an Mitgefühl. Kater Oscar läuft in einer Klinik von Zimmer zu Zimmer. Wenn jemand im Sterben liegt, bleibt er länger.

Etliche Verhaltensforscher sind sich einig, dass die Bereitschaft, gut zu sein, viel mit Identifikation zu tun hat.

Mitgefühl empfinden wir besonders mit jenen, die wir als zugehörig zur Gruppe ansehen – egal ob es sich um weltanschauliche, ethnische, religiöse oder berufliche Zeichen der Wiedererkennung handelt.

Mäuse leiden besonders mit Artgenossen, wenn es Mitbewohner des eigenen Käfigs sind. Allerdings sind Tiere, die eben noch Anteil am Schicksal anderer genommen haben, erstaunlich brutal zueinander, wenn sie in eine Konkurrenzsituation geraten.

Affen, die gemeinsam aufgewachsen sind und sich das Fell gepflegt und gestreichelt haben, bekämpfen sich bis aufs Blut, wenn sie später im Kampf um die territoriale Vorherrschaft in ihrem Lebensraum aneinandergeraten.

Weihnachten 1914, der Erste Weltkrieg hat schon eine Million Opfer gefordert, feiern verfeindete Soldaten gemeinsam an der Westfront, singen und tauschen Geschenke aus, weil sie die Sehnsucht nach friedlichen Feiertagen eint.

Weihnachten 1914 entsteht an der Front der Wunsch, die Gefallenen zu beerdigen und gegeneinander Fußball zu spielen, statt mit Munition aufeinander zu schießen.

Die Soldaten, die sich verbrüdern und an den kleinen Frieden im großen Krieg halten, sind keine Deserteure, haben keine Befehle verweigert: »Vorherrschend war das innere Gefühl, und das spürten wir bei den anderen eben auch: Macht Schluss!«

Sich einander nahe fühlen

Der Mensch wird am Du zum Ich.

Martin Buber

Mitgefühl ist schön, aber schwer zu empfinden, wenn man allein ist. Mitzufühlen ist deshalb abhängig von der Nähe zu anderen, der tatsächlichen oder der gefühlten. Anwesend muss dazu niemand sein, es reicht schon, dass man andere Menschen in seine Gedanken einschließt und sich auf diese Weise in sie einfühlt, sich mit ihnen freut oder fürchtet oder einfach nachspürt, wie es ihnen geht. Ohne soziale Beziehungen oder eine andere Form von Bindung aber verpufft selbst die innigste Bereitschaft, sich in andere hineinzuversetzen und Anteil an ihrem Schicksal zu nehmen. Leider hat nicht jeder Mensch Bezugspersonen, denen er sich nahe und verbunden fühlen kann.

Dabei ist der Mensch von Natur aus ein Gemeinschaftswesen und nicht nur emotional, sondern auch körperlich darauf angewiesen, immer wieder im Austausch zu sein, mit anderen in Kontakt zu treten und sich ihnen nahe zu fühlen. Wer keine Freundschaften und kaum Bindungen hat, wer sich verlassen und nicht unterstützt fühlt, verkümmert hingegen und geht ein.

Erst in letzter Zeit haben Forscher erkannt, wie notwendig Austausch und Kontakt für die Gesundheit sind, und entsprechende Daten für nahezu alle Organsysteme und Körperfunktionen zusammengetragen. Vereinfacht gesagt: Wer keine sozialen Beziehungen hat, wird häufiger und schwerer krank und stirbt früher. Einsamkeit nagt nicht nur am Gemüt, sondern auch am Organismus. Und diese körperlichen Folgen sind mindestens so ausgeprägt wie die seelischen.

Anteil nehmen, länger leben

> Halt dich an mir fest,
> wenn dein Leben dich zerreißt.
> Halt dich an mir fest,
> wenn du nicht mehr weiterweißt.
>
> *Revolverheld*

Es ist ein Bild, das allzu sehr dem Klischee vom rüstigen Rentner entspricht – und trotzdem ist etwas dran: Wer im Alter aktiv ist, sich mit Freunden und Familie umgibt und sich für seine Mitmenschen interessiert, zudem noch diversen Hobbys nachgeht und regelmäßige Aufgaben erledigt, der hat prächtige Chancen, gesund zu bleiben und alt zu werden. Die positiven Auswirkungen, die ein liebevolles Wort, Freude, Anteilnahme und aufmunternde Gesellschaft auf die Lebenserwartung haben können, sind enorm. Sich aufgehoben fühlen und verstanden zu wissen macht nicht nur glücklich, sondern hält auch fit.

Forscher aus Kentucky haben in einer ungewöhnlichen Untersuchung alte Tagebuchaufzeichnungen von fast 200 Nonnen ausgewertet, die aus einer Zeit stammen, als sie Klosterschülerinnen und Anfang 20 waren. Der Eintritt in die Ordensgemeinschaft stand unmittelbar bevor oder war gerade erfolgt. Die Einträge dokumentieren ausführlich, wer über freudige Ereignisse berichtete, schnell Freundschaften schloss, offen auf andere zuging, optimistisch, dankbar, zufrieden und zuversichtlich in die Welt blickte und wer sich eher beklagte und missmutig war.

Als die Wissenschaftler die Daten auswerteten, waren die meisten Nonnen schon nicht mehr am Leben. Sie wurden allerdings recht alt und erreichten zwischen 70 und 95 Jahre. Die Forscher überraschte das nicht angesichts des maßvollen Alltags, den die Damen gehabt hatten. Aber ein anderer Befund war ungewöhnlich und neu: Jene Nonnen, die in jungen Jahren hauptsächlich über positive Gefühle geschrieben hatten und sich in der Gemeinschaft aufgefangen fühlten, lebten deutlich länger und wurden seltener krank.[11] Stattliche sieben Jahre betrug der Unterschied in der Lebenserwartung.

Das ist eine enorme Differenz, und die Forscher waren von diesem Ergebnis auch deswegen so beeindruckt, weil sie wussten, dass alle Teilnehmerinnen im Kloster jahrein, jahraus einen ähnlichen Tagesablauf hatten, das Gleiche aßen und ähnliche Pflichten und Zerstreuungen miteinander teilten. Es gab in der Klostergemeinschaft kein arm und kein reich, kein überbeschäftigt und kein arbeitslos – und vor allem keine Männer, die ablenken konnten oder Ärger auslösen. Der größte Unterschied schien in der Lebenseinstellung der Nonnen selbst und ihrer Bereitschaft zu sozialen Bindungen und Mitgefühl zu bestehen. Konnte es sein, dass allein die Eigenschaft, offen und einfühlsam anderen zu begegnen, zufrieden und positiv zu sein, sich so deutlich auf die Lebenserwartung auswirkte?

Die überraschend eindeutigen Ergebnisse der Nonnenstudie waren der Startschuss für weitere Untersuchungen, die in den Blick nahmen, wie sich positive Gefühle wie Zufriedenheit, Verständnis und Mitgefühl auf die Gesundheit auswirken. Mehrere Analysen kamen zu dem Schluss, dass zufriedene Menschen mit einem funktionierenden sozialen Umfeld im Durchschnitt etwa 15 Prozent länger leben als jene, die sich als unglücklich, einsam und allein bezeichnen.

Andere Forscher berechneten die gewonnenen Lebensjahre konkret und erkannten, dass zufriedene, empathische Menschen im Durchschnitt siebeneinhalb bis zehn Jahre älter werden als unglückliche Zeitgenossen.[12] Zudem zeigte sich, dass zufriedene und sozial eingebundene Menschen weniger oft in Unfälle verwickelt sind und – wenig überraschend – seltener Suizid begehen.

Gesunde Nähe

> Freund, höre fremde Leiden an
> und lerne deine leichter tragen.
>
> *Friedrich von Schiller*

Freundlich und verständnisvoll miteinander umzugehen ist in vielfältiger Weise gesünder, als anderen ablehnend, mürrisch oder in ständiger Konkurrenz zu begegnen. In einer Untersuchung, in der die Befragungen von mehr als 300 000 älteren Menschen ausgewertet wurden, war es um mehr als 50 Prozent wahrscheinlicher, die nächsten Jahre zu überleben, wenn man über enge soziale Bindungen verfügte.[13] Damit ist der auf diese Weise erzielte positive Effekt auf die Gesundheit und die Lebenserwartung deutlich größer als jener, den man durch sportliche Aktivitäten oder eine Gewichtabnahme erreichen kann. Er ist in etwa mit dem Nutzen vergleichbar, den es hat, mit dem Rauchen aufzuhören.

Andere Wissenschaftler haben den Einfluss positiver wie negativer Gefühle auf die Herzgesundheit genauer quantifiziert. Demnach verstärken emotionale Belastungen und Einsamkeit das Infarktrisiko deutlich.[14] Stress und Unzufriedenheit in Beruf, Familie oder Partnerschaft erhöhen das Infarktrisiko demnach um den Faktor 2,67. Damit wirkten sich emotionale Belastungen fast so stark auf die Gefahr aus, einen Herzinfarkt zu erleiden, wie der klassische Risikofaktor Rauchen (Faktor 2,87) und noch stärker als etwa Diabetes (Faktor 2,37) oder Bluthochdruck (Faktor 1,91).

Wozu negative Gefühle und der Verlust der emotionalen Schwingungsfähigkeit führen können, zeichnet sich seit längerem besonders deutlich in Japan ab. Dort gibt es seit den 1990er Jahren eine neue Seuche: Karoshi. Was wie ein asiatisches Reisgericht

klingt, sucht das Land heim wie eine Epidemie. Am besten kann
das Leiden mit »Tod durch Überarbeitung« oder »Sterben für die
Firma« übersetzt werden. Erst sind die Angestellten nur überfordert und steigern ihr Arbeitspensum. Vereinsamt und allein,
kann der ausgelaugte Mitarbeiter irgendwann aber einfach nicht
mehr, kapituliert vor der Belastung und stirbt am Infarkt oder
bringt sich um. Offiziell werden in Japan bislang nur ein paar
hundert Karoshi-Fälle jährlich anerkannt. Schutzvereinigungen
und Selbsthilfegruppen sprechen jedoch von Zehntausenden
Opfern.

Sich eingebunden fühlen und aufgehoben in einem Kreis von Angehörigen, Freunden und Bekannten hat hingegen viele positive
Folgen: Wer sich von wohlmeinenden Menschen umgeben sieht,
wird seltener einen Herzinfarkt erleiden.[15] Sogar auf das Krebsrisiko wirkt sich das Miteinander günstig aus. Ältere Männer leiden seltener an Tumoren, wenn sie nicht allein oder zu zweit,
sondern mit mehreren Menschen zusammenleben. Idealerweise
teilen sie sich zu viert oder mit noch mehr Freunden oder Fami-
lienmitgliedern das Haus oder die Wohnung. Wenn sie zudem
noch viel aushäusig unternehmen, zahlreiche Kontakte haben,
ihre Hobbys pflegen und feste Aufgaben und Pflichten übernehmen, haben sie das Beste für sich und ihr Herz getan.[16]

Kampfbereit statt nah

> Wenn zwei die Waffen gegeneinander erheben,
> siegt der, welcher das Leid empfindet.
>
> *Laotse*

Es ist schon ein Teufelskreis: Mitgefühl hilft dem Einzelnen, akute Belastungen und Anforderungen besser zu verkraften, und macht ihn psychisch robuster, will heißen: resistenter gegen Stress und etliche damit zusammenhängende Erkrankungen. Auch chronische Schmerzen, multiple Sklerose, Depressionen und sogar Krebs können gelindert werden, wenn die Erkrankten besonders achtsam und mitfühlend mit sich selbst und anderen umgehen, auch wenn die genauen Hintergründe für diese heilenden Effekte noch unklar sind.

Stress beeinträchtigt die Fähigkeit des Menschen hingegen enorm, sich in andere einzufühlen, und er vermindert die Resonanz, das heißt die Fähigkeit, emotional mit anderen mitzuschwingen. Ob der Arbeitsplatz in Gefahr ist oder der Partner nervt – oft verhält sich unser Körper so, wie man es gerade nicht brauchen kann. Er rebelliert, verliert sich in sinnlosen Überreaktionen, wird nervös. Akuten Problemen begegnet der menschliche Organismus zwar meist angemessen. Ist die Lage jedoch chronisch schwierig, kann man den Körper vergessen. Die Stressreaktion ist dann auf Dauerbetrieb geschaltet und schwächt Organe und Immunabwehr, anstatt sie zu stärken. Ein gemeiner Mechanismus: Das, was in der Not hilft, um Gefahren auszuweichen oder abzuwehren und Schmerzen zu verhindern, zermürbt auf Dauer und macht krank.

Der Mensch verfügt über eine körpereigene Alarmanlage, die Mediziner als sympathisches Nervensystem bezeichnen. Dieses Nervengeflecht bereitet den Organismus bei Bedrohungen automatisch auf Kampf oder Flucht vor – fight or flight. Bei Gefahr wird sofort der Herzschlag erhöht, der Blutdruck steigt, die Lunge weitet sich, und die Verdauung wird eingestellt. Alle Muskeln sind jetzt angespannt, der Stoffwechsel läuft auf Hochtouren und mobilisiert letzte Energiereserven. Stresshormone wie Adrenalin, Noradrenalin und Cortisol aktivieren sämtliche Organe und helfen, alles aus dem Körper herauszuholen und sich nicht einfach geschlagen zu geben oder vom Gegner einholen zu lassen. Angst ist aus evolutionärer Sicht zwar ein überlebenswichtiger Mechanismus. Die schnelle Angstreaktion hat es schließlich schon unseren Urahnen ermöglicht, den Körper in Windeseile in Alarmbereitschaft zu versetzen, wenn Steinzeitrabauken auftauchten. Was in einer körperlichen Notlage für kurze Zeit sinnvoll ist, um im Kampf zu bestehen oder die Flucht durchzuhalten, kann den Körper jedoch auf Dauer schwächen und sogar krank machen.

Wer in ständiger Angst lebt, das Leben als einen einzigen Existenzkampf auffasst, sich im Büro permanent zofft und jeden Zeitgenossen als potenzielle Bedrohung oder Konkurrenz sieht, der macht ganz ähnliche Körperwallungen durch – so als ob ein wildes Tier nach dem eigenen Leben trachten würde. Man wacht schweißgebadet mitten in der Nacht auf, das Herz schlägt bis zum Hals, die Atmung ist beschleunigt, die Nerven liegen blank. Die hormonelle Stressachse vom Gehirn über die Hirnanhangsdrüse zu den Nebennieren und die emotionalen Zentren im Gehirn sind maximal aktiviert und feuern Alarmmoleküle in Richtung Herz, Lunge, Bauch und Nieren ab. Alles ist auf Kampf oder Flucht eingestellt, dabei ist gerade gar kein Feind zu sehen. Der Feind ist in uns.

Besonders unangenehm an dieser Angst und körperlichen Unruhe ist, dass sie sich immer weiter verstärkt, weil erhöhte Konzentration und Wachsamkeit gemeinsam mit starker Anspannung dazu führen, dass mögliche Gefahren und Bedrohungen noch bedrohlicher wahrgenommen werden, als sie sind. Jeder kennt das: Die Angst vor einer Gefahr, die noch gar nicht eingetreten ist, ist zumeist größer als die Angst während einer gefährlichen Situation. Daraufhin steigen Puls und Unruhe weiter, und die Angst wird noch größer. In dieser Situation ist man »im Tunnel« – für den Blick auf andere sind dann keinerlei Ressourcen frei.

Der Körper hat auch einen Gegenspieler dieser schrillen Alarmanlage, das parasympathische Nervensystem. Es ist das Regulationssystem der Kontemplativen, die satt und zufrieden vor sich hin dösen. Um bei unseren evolutionären Urahnen in der Steinzeit zu bleiben: Nach erfolgreichem Kampf oder geglückter Flucht übernahm es die Kontrolle: Der Blutdruck ist unten, der Puls verlangsamt. Ruhe kehrt ein, einzig die Verdauungsorgane glucksen vor sich hin. So ungefähr fühlt es sich während der Rast in der Savanne an – oder im Liegestuhl am Pool. Ein Zustand, den wir allerdings nur in seltenen Momenten genießen können, wenn wir uns ständig von Gegnern und Übeltätern umzingelt wähnen. Allzu oft drehen wir hohl, auch wenn sich gerade keine übermächtige Raubkatze und auch sonst kein Feind vor uns aufbauen.

Ständig unter Strom

> So mancher scheint beim ersten Blick
> verschlossen, starr und eisig kühl,
> doch birgt sein Herz für den, der sucht,
> den reichsten Schatz von Mitgefühl.
>
> *Wilhelm Jordan*

Selbst wenn Wut, Ärger, Angst und andere feindliche Gefühle ständige Begleiter sind, rennen sogar unbeherrschte Menschen selten davon oder schlagen ihr Gegenüber. Sie sitzen da, ängstlich und eingeschüchtert, aber furchtbar wütend, innerlich kochen sie. Nur selten wehren sie sich handgreiflich. Dabei wäre es vermutlich gesünder, wenn sie ihre Aggressionen gelegentlich rauslassen würden und eine Runde laufen gingen oder schwimmen.

Die Stresshormone im Blut und die Alarmmoleküle des restlichen Körpers machen diesen Menschen auf Dauer jedoch zu schaffen. Sie stimulieren, reizen, regen an, machen zum Kampf bereit. Stattdessen begibt sich der Mensch auf den zerknirschten Rückzug. Die geballte Aggression ist aber weiterhin vorhanden. Die Energie kann jedoch nirgendwohin – und richtet sich daher auf ein naheliegendes Ziel: auf den betreffenden Menschen selbst.

Angst und Unruhe halten jetzt das Alarmsystem weiter auf Trab. Sorge vor Jobverlust, Ärger mit dem Partner, Intrigen im Büro – die Anlässe sind vielfältig, aber der Körper reagiert monoton nach Schema F, fight or flight. Der zivilisatorische Firnis führt dazu, dass wir vermeintliche Widersacher weder vermöbeln noch vor ihnen fliehen. Stattdessen rutschen wir unruhig auf dem Schreibtischstuhl herum, zerkauen unsere Fingernägel oder raufen uns die Haare.

Stresshormone und Stressreaktionen führen auf Dauer zu typischen Beschwerden: Reizdarm, Reizhusten, gereizter Rücken. Burn-out, Tinnitus, Migräne, Schwindel, Herzrasen, Verdauungsbeschwerden. Die Ursachen sind meist: Angst, Unruhe, Unzufriedenheit. Der Klassiker ist aus Sicht von Psychosomatikärzten das Früherwachen. Um halb vier morgens schreckt der geplagte Mensch aus dem Bett hoch und kann nicht wieder einschlafen. Die Angst vor den Schlafstörungen lässt das Alltagsgetriebe noch schneller rotieren.

Dabei ist Stress nicht gleich Stress. Die Hypothese, dass der Herzinfarkt der Heldentod der Führungskräfte sei, die von einem Übermaß bürgerlicher Tugenden dahingerafft werden, hat sich längst erledigt. Das ehrgeizige Alphamännchen ist nur dann in Gefahr, wenn seine Leistungsbereitschaft ständig frustriert wird. Solange Stress Spaß macht, ist er sogar gesund. Man kennt ja diese erfolgreichen Typen, die eine Abteilung leiten, eine glückliche Familie haben und nebenbei aufwendige Hobbys betreiben. Sie spornt Stress eher an – und sie haben oft sogar noch die Energie und Zeit, sich um andere zu kümmern.

Anders ist es bei denen, die trotz ewiger Mühen nicht vorankommen. Die immer wieder enttäuscht werden und übergangen. Sie fühlen sich nicht wertgeschätzt, sind frustriert, Gratifikationskrise heißt das unter Psychologen. Solchen Menschen schlägt Stress auf Herz, Kopf und Knochen. Allerdings kann man sich den Stress auch schönreden und mit Ersatzbefriedigungen abpuffern – das Gehalt, ein paar Statussymbole. Wer nicht wirklich zufrieden ist mit seiner Tätigkeit und seinem Alltag, aber trotzdem auf vollen Touren fährt, ist jedoch anfällig.

Ärzte und Therapeuten kennen diese »Hamsterrad-Führungskräfte« zur Genüge. Ihr Leben ist durchorganisiert und scheint zu funktionieren, aber von der kleinsten Unregelmäßigkeit werden sie aus der Bahn geworfen. Ein Auffahrunfall, bei dem sie nicht verletzt werden, irritiert sie so sehr, dass sie zusammenbrechen und wochenlang nicht arbeiten können. Passungsstörungen nennen Ärzte für Psychosomatik das.

Gerade in der Krise sind die sozialen Bindungssysteme äußerst wichtig. Familie, Freunde, Nähe. Menschen, die wissen, wie es einem geht – und mit denen man selbst mitschwingt. Doch wie soll man plötzlich die Nähe zu anderen Menschen spüren, wenn vorher nur die Arbeit zählte? Die Kumpels, mit denen man nur das Karrierequartett »Mein Haus, mein Gehalt, meine Frau, mein Auto« spielte, helfen im Dauerstress nicht weiter.

Wer sich ausgeglichen und von Freunden und der Familie unterstützt fühlt, bei dem schlägt sich das hingegen auch in der Grundtönung des autonomen Nervensystems nieder: Der Tonus des Vagusnervs überwiegt. Dieser Zustand ist mit etlichen positiven Auswirkungen auf die Gesundheit verbunden,[17] stabilisiert beispielsweise das Herz und schont die Organe wie auch die Blutgefäße.

Der Parasympathikus, zu dem der Vagusnerv gehört, wird durch tiefes Ein- und Ausatmen angeregt – und ist besonders aktiv im Zustand der Entspannung und Erholung. In diesem Zustand ist man ohne weiteres bereit, sich auf andere einzulassen.

Der Preis der Einsamkeit

Komm, geh weg!

Lebensmotto der Eigenbrötler

Es gibt sie, diese ständig missmutigen Menschen, deren Lieblingsbeschäftigung darin zu bestehen scheint, vor sich hin zu grummeln. Spricht man sie an, bekommt man eine abweisende Antwort, als ob man sie gestört hätte. Der bayrische Grantler ist hier ausdrücklich nicht gemeint, der pflegt seine schlechte Laune als schützenswerte Kulturtechnik, ist eigentlich ein liebenswerter Kauz mit dem Herz auf dem rechten Fleck, nach dem Motto: Harte Schale, weicher Kern.

Gemeint sind also diese echten Ekelpakete, an denen nichts Freundliches mehr zu entdecken ist. Lange bleiben sie nicht in Gesellschaft, denn auf Dauer hält es ja niemand mit ihnen aus. Irgendwann sind sie allein und haben keinen Menschen mehr, der etwas mit ihnen zu tun haben will. Ihnen fehlt dann nicht nur der soziale Austausch und ab und zu ein freundliches Wort, sondern sie leiden auch anderen Mangel.

Einsamkeit und soziale Isolation bringen eine Reihe gesundheitlicher Nachteile mit sich.[18] Das gilt für alle Menschen, mit Ausnahme vielleicht von Eremiten und Einsiedlern, die sich aus religiösen oder anderen Gründen von der Welt zurückgezogen haben und – wenn es denn gutgeht – in Kontemplation, Gebet oder anderen Techniken ihre Form des Austausches gefunden haben. Interessanterweise sind die negativen Folgen der Einsamkeit aber nicht davon abhängig, wie viele – oder, besser gesagt: wie wenige – Kontakte die Menschen tatsächlich haben. Allein das subjektive Gefühl, einsam, isoliert und verlassen zu sein, wirkt sich bereits schädlich aus.[19]

Nahezu alle Organsysteme werden in Mitleidenschaft gezogen,

wenn jemand auf Dauer allein ist und sich in schwierigen Momenten nicht von anderen unterstützt fühlt und selber auch kaum mit anderen fühlt. So bekommen einsame, abweisende Menschen häufiger Herzinfarkt, Rhythmusstörungen, chronische Herzschwäche und andere Herz-Kreislauf-Leiden.[20] Ihr Blutdruck ist ebenfalls gegenüber jenen erhöht, die in einem festen, sozialen Umfeld eingebunden sind und immer wieder Freunde und Familie um sich haben, die ihnen im Zweifel zur Seite stehen.[21] Der Alltag und die Leistungsfähigkeit solcher Zeitgenossen sind erheblich beeinträchtigt. Wer sich einsam und allein fühlt, ist tagsüber eher müde und erschöpft, hat wenig Energie und schläft schlechter.[22] Zudem werden die Tiefe und Qualität des Schlafes als schlecht empfunden. Beim Aufwachen fühlt man sich nicht etwa erholt, sondern gerädert. Alle diese Einbußen verstärken sich gegenseitig, so dass einsame Menschen bald auch weniger unternehmen, ihre Mobilität nachlässt,[23] sie eher gebrechlich werden und ihre kognitiven Fähigkeiten früher eingeschränkt sind.[24]

Wer Mitgefühl empfindet und auch Menschen hat, an die er diese Empfindungen adressieren kann, fühlt sich hingegen weniger allein und erst recht nicht sozial isoliert. Aus Einsamkeit krank oder früh gebrechlich zu werden, muss er nicht befürchten.

Miteinander fühlen

> I am you and what I see is me.
>
> *Pink Floyd*

Mittendrin statt nur dabei. So könnte man die automatischen Reaktionen der meisten Menschen nennen, wenn sie Freud und
Leid anderer sehen. Stößt sich jemand das Knie blutig, entfährt
uns unwillkürlich ein kurzes »Autsch«, und wir müssen für einen
Moment schmerzverzerrt die Augen zusammenkneifen, als ob es
uns selber weh täte. Betrachten oder erleben wir Situationen, in
denen andere Schmerzen haben, beißen wir die Zähne zusammen. Es lässt uns eben nicht kalt, die Gefühle anderer zu sehen.
In jeder Phase des Lebens sind Menschen auf Nähe angewiesen,
auf Miteinander und Kontakt. Es gehört zu den elementaren Be-
dürfnissen, beachtet, wahrgenommen und gesehen zu werden.
Ohne dieses Miteinander können wir schließlich nicht leben.
Neugeborene und Kleinkinder gehen ein, wenn sie nicht genügend Zuwendung und Zärtlichkeit bekommen und keine Nähe
spüren, egal wie gut sie ansonsten versorgt werden. Sie verdor-
ren. Ohne Nähe und Körperkontakt fehlen ihnen enge, zuverläs-
sige Bindungen.
Zudem bleibt die seelische wie die körperliche Entwicklung von
Kindern und Jugendlichen zurück, und sie wachsen nicht richtig,
wenn sie nicht angefasst und angesprochen werden. Sie verkümmern und sind anfällig für Krankheiten, weil regelmäßige Berührungsimpulse, Augenkontakt, schlicht die körperliche Nähe es-
sentiell zum Aufbau des Immunsystems beitragen. Ihr Körper
bekommt das Signal: Wofür lohnt es sich denn schon, zu wachsen und sich zu entwickeln, wenn niemand auf mich reagiert und
sich mit mir beschäftigt?
Aber auch als Jugendliche und Erwachsene sind wir extrem vom

Austausch mit anderen Menschen abhängig. Wer nicht in Kontakt mit seinen Mitmenschen tritt, wer nicht berührt wird und sich nicht berühren lässt, der droht zu verwelken. Ohne Nähe, Miteinander und gelegentliche Berührungen spüren wir das Leben nicht mehr, vereinsamen und werden uns selbst und anderen fremd. Das ist wie ein inneres Absterben, seelisch und körperlich, und es geht mit dem elenden Gefühl einher, von allem und von allen ausgeschlossen zu sein. Wie ganz anders fühlt sich dagegen die Hochstimmung an, die ein ausgelassenes, vertrautes und als angenehm empfundenes Miteinander auszulösen vermag!

Es gibt zahlreiche Beispiele, in denen sich zeigt, dass Menschen sich öfter berühren, wenn sie sich besonders nahestehen oder die Beziehung zwischen ihnen gerade sehr innig ist und alles passt. In meinem Buch *Wie Berührung hilft* habe ich ausführlich darüber geschrieben. Gute Freunde umarmen sich inniger zur Begrüßung und festigen auf diese Weise ihre Gemeinschaft und erneuern die Bindung. Und zumeist fällt die Umarmung weitaus herzlicher aus, wenn man sich länger nicht gesehen hat oder sich aus anderen Gründen besonders darüber freut, sich wieder zu treffen. Wer sich auf diese Weise herzt, der ist sich der gegenseitigen Nähe und Zuneigung bewusst und will dieses Gefühl eben auch körperlich ausdrücken.

Dieser Ausdruck einer besonderen Nähe und Verbundenheit zeigt sich auch beim Sport. Fußballer und Basketballer, deren Mannschaftsgefüge und Zusammenhalt besonders gut sind, fassen sich nach Erkenntnissen von Wissenschaftlern während des Spiels öfter an, umarmen sich häufiger oder ermuntern sich immer wieder mit einem kleinen Schlag auf die Schulter oder einem Klaps auf den Po. Und wenn sich der Erfolg dann einstellt und es gute Nachrichten oder gemeinsame Begeisterung gibt, dann gilt auch außerhalb des Sports: Man möchte die ganze Welt umarmen.

Manchmal ist ein Verständnis mit Worten allein nicht zu erzielen. Margaret Cullen, Familientherapeutin und Dozentin für Achtsamkeitsmeditation, beschreibt die Erfahrung einer Lehrerin mit einem besonders schwierigen Schüler. Nachdem die Lehrerin auf unkontrollierte Gefühlsausbrüche des Jungen immer wieder mit den üblichen, genervten Sprüchen reagiert hatte –»Ich ertrage das nicht mehr«, »Das ist doch nicht normal« –, versuchte sie, positivere Gefühle für ihn zu entwickeln, änderte ihr Verhalten und sagte zu dem Schüler, dass er doch einfach mal seinen Kopf auf ihre Schulter legen und sich entspannen solle.

Nach einer halben Minute war der Junge eingeschlafen. »Sobald ich ihm gegenüber weich geworden war und aufhörte, dieses Ich-bin-definitiv-sauer-auf-dich-Gesicht zu machen, konnte er ganz plötzlich loslassen«, schildert die Lehrerin ihre Erfahrungen.[25] Erstaunlicherweise lösen bestimmte Körperkontakte überall auf der Welt ganz ähnliche Empfindungen aus, sind universell gültige Zeichen dafür, dass man den anderen versteht oder zumindest bereit dafür ist. Der Kopf auf der Schulter, das Händchenhalten im Kreis oder zu zweit – und schon entsteht das Gefühl, angenommen zu sein und zu spüren, dass es den anderen nicht egal ist, wie man sich fühlt.

19 naheliegende Einsichten
über Bindung und Vertrauen

Mitgefühl ist abhängig von der Nähe zu anderen, der tatsächlichen oder der gefühlten.

Der Mensch ist darauf angewiesen, im Austausch zu sein, sich nahe zu fühlen. Wer keine Bindungen hat, verkümmert und geht ein.

Wer keine sozialen Beziehungen unterhält, wird häufiger und schwerer krank und stirbt früher. Einsamkeit nagt am Gemüt und mindestens so stark am Organismus.

Wer im Alter aktiv ist, sich mit Freunden und Familie umgibt und sich für seine Mitmenschen interessiert, hat beste Chancen, gesund zu bleiben und alt zu werden.

Wer Freundschaften schließt, offen auf andere zugeht und optimistisch ist, lebt länger – im Mittel mehr als sieben bis zehn Jahre, das heißt etwa 15 Prozent.

Der Effekt enger Bindungen auf Gesundheit und Lebenserwartung ist größer als jener durch Sport oder Gewichtsabnahme und mit dem Nutzen vergleichbar, den es hat, mit dem Rauchen aufzuhören.

Stress und Unzufriedenheit in Beruf, Familie, Partnerschaft erhöhen das Infarktrisiko um den Faktor 2,67 – fast so stark wie Rauchen (Faktor 2,87) und noch stärker als Diabetes (Faktor 2,37) oder Bluthochdruck (Faktor 1,91).

Der Verlust der emotionalen Schwingungsfähigkeit zeigt sich besonders deutlich in Japan. Karoshi bedeutet »Tod durch Überarbeitung«. Der ausgelaugte Mitarbeiter kann irgendwann nicht mehr, stirbt am Infarkt oder bringt sich um.

Wer sich von wohlmeinenden Menschen umgeben sieht, wird seltener einen Infarkt erleiden. Auch auf das Krebsrisiko wirkt sich ein harmonisches Miteinander günstig aus. Idealerweise teilen sich ältere Menschen zu viert oder mit noch mehr Personen Haus oder Wohnung.

Wer soziale Kontakte pflegt, leidet seltener an Erkältungen. Das Immunsystem wird gestärkt, nicht angegriffen.

Wer sich von Freunden und Familie unterstützt fühlt, bei dem überwiegt der Parasympathikus. Das stabilisiert das Herz und schont die Organe.

Einsamkeit und soziale Isolation bringen gesundheitliche Nachteile mit sich. Bereits das subjektive Gefühl, einsam und verlassen zu sein, wirkt sich schädlich aus.

Einsame, abweisende Menschen erleiden häufiger Rhythmusstörungen, chronische Herzschwäche und Infarkte. Ihr Blutdruck ist erhöht. Sie sind tagsüber eher müde und erschöpft und schlafen schlechter. Sie werden eher gebrechlich, und ihre kognitiven Fähigkeiten sind früher eingeschränkt.

Wir reagieren automatisch, wenn wir Freud und Leid sehen. Stößt sich jemand, entfährt uns ein kurzes »Aua«. Es lässt uns nicht kalt, die Gefühle anderer zu sehen.

In jeder Phase des Lebens sind Menschen auf Nähe angewiesen, auf Miteinander und Kontakt. Es ist ein elementares Bedürfnis, wahrgenommen zu werden.

Die körperliche Entwicklung von Kindern und Jugendlichen bleibt zurück, und sie wachsen nicht richtig, wenn sie nicht beachtet werden. Sie verkümmern und sind anfällig für Krankheiten, weil sie das Signal bekommen: Wofür wachsen und sich entwickeln, wenn niemand auf mich reagiert?

Menschen berühren sich öfter, wenn sie sich nahestehen. Gute Freunde umarmen sich und festigen auf diese Weise ihre Bindung.

Sportler, deren Zusammenhalt besonders gut ist, fassen sich während des Wettkampfs öfter an, umarmen sich häufiger – und haben mehr Erfolg.

Manchmal ist Verständnis mit Worten nicht zu erzielen. Bestimmte Körperkontakte sind universell gültige Zeichen dafür, dass man den anderen versteht oder bereit dazu ist. Der Kopf auf der Schulter, Händchenhalten im Kreis oder zu zweit – und schon spürt man, dass es den anderen nicht egal ist, wie man sich fühlt.

Gut zu sich sein: Selbstmitgefühl

Es ist starken und doch tieffühlenden Naturen eigen,
sehr streng zu sein gegen sich selbst;
aber das Mitleid, welches sie eigentlich mit der eigenen
bitteren Not empfinden, auf andere zu übertragen.

Arthur Stahl

Was zählt denn wirklich im Leben? Worauf kommt es an? Erfolg, Reichtum, Karriere? Eher nicht so, das hat sich mittlerweile herumgesprochen. Geld ist hilfreich, klar, aber es gibt Untersuchungen, wonach das subjektive Glücksgefühl von einem Jahreseinkommen von 75 000 Euro an nicht mehr weiter steigt, egal wie viel mehr man verdient. Und legendär ist die Anekdote des Angestellten, der von seinem Chef 500 Euro Gehaltserhöhung bekommt und darüber glücklich ist. Seine Zufriedenheit währt allerdings nur für einen kurzen Moment, denn dann erfährt er, dass sein direkter Kollege ab sofort 1000 Euro monatlich mehr verdient. Obwohl er jetzt 500 Euro mehr bekommt als vorher, ist der Angestellte nun unglücklicher.

Hartmut Rosa, Heavy-Metal-Fan und aus dem Schwarzwald stammender Soziologe, versucht in seinen Büchern, eine Soziologie des guten Lebens zu entwerfen. Der Entfremdung, die viele Menschen als störend für ihr Glück empfinden, setzt er nicht Selbstbestimmung und Authentizität entgegen, sondern »das Konzept der Resonanz«, das auf einer Wechselseitigkeit der Beziehungen, auf Erwiderung und Schwingung aufbaut. »Gelingende Weltbeziehungen sind solche, in denen die Welt den handelnden Subjekten als ein antwortendes, atmendes, tragendes, in manchen Momenten sogar wohlwollendes, entgegenkommendes oder ›gütiges‹ ›Resonanzsystem‹ erscheint«, schreibt Rosa.[26] Anerkennung und Liebe, Mitgefühl und Verständnis können sehr viel zu diesem Resonanzsystem beitragen. Rosa begrenzt dieses Wechselspiel aber nicht nur auf den Kontakt zu anderen Menschen, sondern auch auf die Schwingungen, die sich in der Natur, im Gebet, bei musikalischen oder künstlerischen Erfahrungen einstellen können und von denen man ergriffen wird und sich aufgehoben und getragen fühlt. Wer diese Empfindungen kennt, hat meist auch ein Gespür für sich selbst. Denn wieso sollte man nur gut und mitfühlend gegenüber anderen sein?

Warum nur gut zu anderen sein?

> Eigenliebe ist der Beginn
> einer lebenslangen Leidenschaft.
> *Oscar Wilde*

Selbstmitgefühl? Das klingt auf den ersten Blick womöglich ein bisschen wie die Beule, die man sich gerade geholt hat, die weh tut und die man jetzt besorgt betastet. Man kühlt sie, vielleicht kommt eine Salbe drauf. Auf den zweiten Blick steckt mehr dahinter.

Wenn bisher ständig von den angenehmen Auswirkungen und positiven Effekten der Einfühlung in andere die Rede ist, liegt es eigentlich nahe, sich auch der Einfühlung in die *eigene* Gefühls- und Erlebniswelt zu widmen. Selbstverständlich ist das allerdings nicht, denn in den meisten Kulturen wird zwar Wert darauf gelegt, anteilnehmend, verständnisvoll und gütig gegenüber Freunden, Verwandten und anderen Menschen aus dem näheren

Umfeld zu sein, wenn es ihnen schlechtgeht. Die nach innen gerichtete Haltung ist aber ungewohnt und wird von den meisten Menschen vernachlässigt oder als egoistisch eingeschätzt. Manche Menschen empfinden mehr Mitgefühl mit Fremden, deren hartes Schicksal sie geschildert bekommen, als mit sich selbst. Sich selbst in den Arm nehmen kann man zwar leider nicht. Im übertragenen Sinne funktioniert das allerdings schon. Trotzdem: Wer tröstet sich schon selbst, steht sich ebenso versöhnlich wie unterstützend zur Seite und hat freundliches Verständnis für die eigenen Schwächen und Fehler, für seine Niederlagen, Peinlichkeiten und jene Momente des Versagens, die jeder kennt? Typisch sind in unserem Kulturkreis eher strenge Selbstbestrafung und unerbittliche Selbstzerfleischung. Man ist hart und manchmal sogar grausam zu sich selbst, macht sich nach Fehlern fertig – das müssen andere gar nicht übernehmen. Man erwartet schließlich viel von sich, möchte sich immer weiter optimieren, strebt manchmal gar Perfektion an – eine Zielsetzung, die in jüngster Zeit noch ambitionierter verfolgt wird, wie der Freiburger Soziologe Ulrich Bröckling anschaulich beschrieben hat.[27] Dabei zeigt sich auf verblüffende Weise, dass wir emotional stärker werden und uns besser gegen Verletzungen schützen können, wenn wir auch mitfühlend mit uns selbst sind, Fehler zugeben und uns selbst vergeben und verzeihen – und dabei mindestens so viel Anteilnahme und Güte für uns aufbringen wie im Idealfall für andere. Sich selbst Mut zuzusprechen und aufzurichten, wie wir es für einen niedergeschlagenen Freund jederzeit machen würden, fühlt sich zwar zunächst noch ungewohnt an, aber es lohnt sich.

Achtsam gegenüber den eigenen Gefühlen

> Eigenliebe ist das Instrument
> der Selbsterhaltung.
>
> *Voltaire*

Wenn es einem schlechtgeht, ist es hilfreich, das eigene Leid zunächst zu sortieren und richtig wahrzunehmen. Das klingt banal, aber viele Menschen haben nicht gelernt (oder wieder verlernt), zu erspüren, warum es ihnen nicht gutgeht und was ihnen möglicherweise fehlt. Sie erkennen dann beispielsweise nicht, dass ein Großteil ihres Unbehagens damit zusammenhängt, dass sie sich permanent selbst fertigmachen, weil sie den eigenen, viel zu hoch gesetzten Ansprüchen nicht genügen und diesen Kampf nur verlieren können. Oder sie kümmern sich sofort darum, das vermeintliche Problem zu lösen, erscheinen nach außen deshalb auch als die tatkräftigen Macher, aber sich selbst und ihr Befinden verlieren sie schnell wieder aus dem Blick.

Achtsamkeit kann manchmal schon darin bestehen, nur einen Moment innezuhalten und sich – wie im Ärztewitz – selbst freundlich zu befragen:»Wie geht's uns denn heute?« Es gibt inzwischen aber auch eine Reihe von Übungen und Meditationspraktiken, die dabei helfen, das verschüttete Selbst wieder freizulegen. Wer das hinbekommt und Selbstmitgefühl entwickelt, blendet schmerzhafte Einsichten und Emotionen zwar nicht aus, schützt sich aber davor, sich mit den negativen Grübeleien und Vorwürfen über alle Maßen zu identifizieren und dauerhaft im Jammertal zu verschwinden, wo man sich nur noch in den eigenen Problemen suhlt.[28]

Wer sich von seinen negativen Gefühlen leiten lässt und in unversöhnlicher Härte an seinen Schwächen reibt, verstärkt sein Leid nur noch und entwertet die eigene Person immer mehr.[29] Zudem kreist er nur noch um sich selbst und ist kaum noch offen für andere Menschen und andere Sichtweisen. Die eigenen Fehler werden übertrieben, und man nimmt sich nur noch als Mängelwesen wahr, das nicht nur einen Fehler gemacht hat, sondern selbst der Fehler ist. Eigenes Leid oder auch gelegentliche Misserfolge werden dann sofort und fast ausschließlich mit negativen Gedanken und Gefühlen in Verbindung gebracht.

Selbstmitgefühl richtet sich hingegen auf das Erlebte und Erfahrene und bietet Trost und Unterstützung. Nicht Selbstkritik, sondern Ermutigung und Zuspruch für das geplagte Ich stehen im Vordergrund. Wie gesund das ist, haben mittlerweile etliche Untersuchungen gezeigt: So leiden Menschen mit größerem Selbstmitgefühl seltener (und wenn doch, dann weniger intensiv) unter Angst und Depressionen.[30] Umgekehrt ist bekannt, dass ständige Selbstzweifel und harsche Selbstkritik dazu beitragen, dass Menschen ängstlicher sind und eher depressiv werden. Bestimmen lässt sich das ungefähre Verhältnis von Selbstkritik zu Selbstmitgefühl übrigens mit der Reaktion auf die schwierige Aufgabe, seine »größte Schwäche« selbst zu beschreiben.[31] Wer besonders streng mit sich ins Gericht geht, oft Selbstkritik übt und mit seinen Leistungen nur selten zufrieden ist, reagiert darauf mit Angst und verfällt in ausführliche Grübeleien. Menschen mit dem Talent zum Selbstmitgefühl hingegen zerfleischen sich nicht selbst und nehmen sich mitsamt all ihrer Unzulänglichkeiten in freundlicher Güte an. Sie werden sich selbst der beste Freund, wie es die amerikanische Wissenschaftlerin Kristin Neff nennt.

Überhaupt das Grübeln! Wer ständig auf Problemen herumkaut und mit sich selbst hadert, ist nicht nur wenig unterhaltsam als Freund oder Kollege und kein besonders angenehmer Gesprächspartner, sondern neigt auch eher zu Angststörungen und Depressionen.[32] Permanente Grübelei kann sogar als ein Warnsignal verstanden werden, das frühzeitig anzeigt, wenn jemand von diesen psychischen Leiden bedroht ist.[33]

Gesundes Mitgefühl mit sich selbst

> Der Mensch, welcher sich selbst nichts mehr wünscht und
> sich selbst nicht mehr liebt, taugt auch für andere nichts.
> *Giacomo Graf Leopardi*

Selbstmitgefühl steigert nicht nur die Resilienz, wie der Schutz vor psychischen Beschädigungen und die seelische Widerstandskraft genannt wird. Es tut auch unmittelbar dem Körper gut. Wenn Freiwillige darin geschult werden, besonders mitfühlend mit sich selbst umzugehen, vermindert sich dadurch sogleich der Spiegel des Stresshormons Cortisol, und ihre Herzfrequenzvariabilität steigt.[34]

Letzteres bedeutet, dass der Pulsschlag abhängig von seelischen wie körperlichen Belastungen mal schneller und mal langsamer wird und dass er in einem breiten Spektrum variieren kann, um sodann wieder in die Ruhephase zurückzukehren. Diese Anpassungsfähigkeit des Herzens gilt als ein gutes Zeichen für die Herzgesundheit und zeigt, dass die körperliche Reaktion auf Gefühle intakt ist. Ist die Herzfrequenzvariabilität eingeschränkt, gilt dies hingegen als ein prognostisch ungünstiges Zeichen, das dafür spricht, dass die Herzfunktion beeinträchtigt sein könnte.[35]

Wird hingegen weniger von dem Stresshormon Cortisol ausgeschüttet, läuft in der Folge auch die Stressreaktion milder ab. Akut schnellen zwar Puls, Blutdruck und Atemfrequenz bei emotionalen Belastungen in die Höhe, und alle Energiereserven werden mobilisiert. Die Stressreaktion flaut jedoch schneller wieder ab, so dass Blutgefäße, Nervenzellen und innere Organe nicht länger den schädigenden Einflüssen eines inneren Daueralarms ausgesetzt sind. Auch chronische Entzündungsreaktionen, die sich in jüngster Zeit als besonders schädlich für den Organismus erwiesen haben, entwickeln sich nicht so schnell.

Der positive Unterschied, den geübtes Selbstmitgefühl ausmachen kann, ist beachtlich. Wurden Freiwillige in Meditationskursen und Trainingsprogrammen geschult, mitfühlender mit sich selbst umzugehen, gütig und liebevoll auf eigene Fehler und Schwächen zu reagieren und sich nicht ständig selbst zu entwerten, bewirkte das in Körper und Seele wahre Wunderdinge: Depressive Gefühle und Angstattacken wurden weitaus seltener, auch das emotionale Vermeidungsverhalten ließ nach, und die Stressreaktion fiel allenfalls milde aus.[36]

Alle diese positiven Wirkungen haben übrigens wenig mit dem Selbstwertgefühl zu tun, sondern vor allem mit dem Mitgefühl gegenüber sich selbst. Ein ausgeprägtes Selbstwertgefühl gilt zwar besonders in westlichen Kulturkreisen als positiv und erstrebenswert, aber es kommt kaum ohne bewertende Kriterien aus, zu denen eben auch gehört, wie attraktiv, schlau oder leistungsfähig man im Vergleich zu anderen ist, um aus der Bezugsgruppe herauszuragen. Zudem spielen Erfolge und Misserfolge eine Rolle für die Definition des Selbstwerts, und dieser schwankt deshalb oft beträchtlich, abhängig davon, wie man sich im Vergleich – um nicht zu sagen: in der Konkurrenz – zu anderen sieht. Dieses ständige Bemessen, Bewerten und Vergleichen geht zwangsläufig damit einher, sich selbst größer und andere kleiner zu machen. Es kann zu Angst und depressiven Verstimmungen führen, wenn man ständig befürchten muss, die selbstgesteckten Ziele nicht zu erreichen und den Platz nur zu halten, aber nicht mehr zu verbessern – oder den Status wieder zu verlieren. Die sprichwörtliche Angst vor dem Absturz.

Selbstmitgefühl beruht hingegen auf dem Wissen, dass man
schon gut ist, so wie man ist – mit allen Schwächen, Macken und
Fehlern. Um sich wertzuschätzen und gütig mit sich selbst umzugehen, muss man nicht herausragend und erst recht nicht besser
sein als andere.

Bereit für alle guten Vorsätze

> Gute Vorsätze sind der nutzlose Versuch,
> die Naturgesetze außer Kraft zu setzen.
> *Oscar Wilde*

Zugegeben, Selbstmitgefühl hat auch etwas Tantiges. Klingt ein
wenig nach Selbstmitleid und bräsiger Selbstzufriedenheit. Doch
wer vermutet, dass die Fähigkeit, gütig und verständnisvoll mit
sich selbst umzugehen, die Menschen bequem werden lässt, liegt
daneben. Im Gegenteil: Heftige Selbstkritik untergräbt nicht nur
das Selbstvertrauen, sondern sie führt auch dazu, dass Ziele weniger oft erreicht werden – und verstärkt zudem die Neigung zu
Depressionen.[37]
Mitgefühl mit sich selbst verbessert hingegen die Motivation, etwas zu ändern, zu lernen oder anderweitig zu verbessern. Denjenigen, die zu Selbstmitgefühl in der Lage sind, geht es aber weniger darum, Leistungsvorgaben wie etwa bestimmte Noten oder
Punkte zu erreichen.[38] Sie wollen vielmehr die Aufgabe bewältigen und verstehen und lernen. Der Inhalt steht im Vordergrund –
und das befriedigende Gefühl, ein Thema wirklich durchdrungen
zu haben. Dazu passt, dass Menschen mit Selbstmitgefühl wenig
Angst vor Prüfungen haben und sich durchaus eigene Kompeten-
zen zuschreiben.

Wer primär leistungsorientiert denkt, ist hingegen eher davon motiviert, sein Selbstwertgefühl zu steigern, und vergleicht sich gerne in Ranglisten, Noten, Tabellen und anderen hierarchischen Aufstellungen. Versagensängste kommen bei Menschen mit dieser Form von Motivation häufiger vor.[39] Wenn es dann doch mal schlecht läuft, machen sie sich Vorwürfe.

Nach einer Prüfung zeigen sich die Unterschiede deutlich, besonders bei jenen, die durchgefallen sind: Wer zu Selbstmitgefühl in der Lage ist, akzeptiert das Ergebnis und schätzt sich realistisch ein, sei es, dass die Vorbereitung zu kurz ausgefallen ist oder es an Übung mangelt. Am Ende steht der konstruktive Entschluss, aus seinen Fehlern zu lernen und das negative Prüfungsergebnis als Lernerfahrung abzubuchen – als Attacke auf das Selbstwertgefühl werden die schlechten Noten jedenfalls nicht verstanden.

Auch an ihren guten Vorsätzen halten Menschen mit ausgeprägtem Selbstmitgefühl länger und intensiver fest. Selbst wenn es nicht auf Anhieb klappt oder sie Rückschläge erleiden, behalten sie die Motivation, erneut einen Versuch zu starten und sich nicht von ihrem Vorhaben abbringen zu lassen.[40] Das bezieht sich auch auf die Disziplin während einer Diät oder einer anderen Ernährungsumstellung: Menschen mit Selbstmitgefühl halten länger durch und sind konsequenter bei der Sache als jene Verzichtsakrobaten mit ständig schlechtem Gewissen, die sich bei jeder kleinen Diätsünde gleich schuldig und schlecht fühlen und sich mental für ihr vermeintliches Versagen auspeitschen.[41]

Dieser Umstand ist besonders bemerkenswert, denn den meisten Menschen fällt es furchtbar schwer, ihr Verhalten zu ändern. Es ist eher die Regel denn die Ausnahme, dass alles beim Alten bleibt. Typische Gewohnheiten abzulegen oder radikal ändern zu wollen ist erstens Quatsch, und zweitens klappt es in den wenigsten Fällen. Und auf Dauer schon mal gar nicht.[42] Von den vielen guten Vorsätzen, die immerhin mehr als die Hälfte der Menschen zu Silvester fassen, werden nur etwa acht Prozent realisiert. 80 Prozent der Menschen scheitern daran, nur einen einzigen guten Vorsatz in die Tat umzusetzen. 23 Prozent geben sogar schon in der ersten Woche auf.

Sogar in der Not gelingt ein Verhaltensumschwung selten: Nach einem Herzinfarkt behalten 90 Prozent der Patienten ihren bisherigen Lebenswandel bei – trotz vielfältiger Beschwörungen, ab sofort alles anders zu machen, und trotz mahnender Appelle der Ärzte.

Dabei muss man gar nicht alles ändern. Und mit einer versöhnlichen Haltung und ausreichend Selbstmitgefühl kann man auch feststellen: Vieles ist schon richtig, so wie man es macht. Schließlich sind wir alle ein Erfolgsprodukt der Evolution. Es gibt die Menschen schon ziemlich lange, und auch wir leben schon eine ganze Weile auf dieser Erde. Es kann also nicht alles falsch gewesen sein. Und da alle Veränderungen so schwerfallen, lohnt es sich eher, die bisherigen Erfolgsrezepte etwas genauer anzuschauen. Häufig taugen sie nämlich etwas.

Das klingt jetzt wieder nicht nur selbstmitgefühlig, sondern vielleicht sogar ein wenig selbstgefällig, doch das Gegenteil ist der Fall: Menschen, die gut für sich sorgen und sich ihre Fehler verzeihen, schaffen es eher, mit dem Rauchen aufzuhören[43] oder ein ambitioniertes Fitnessprogramm zu starten[44]. Der tiefere Grund dafür liegt aber nicht in überzogenen Leistungsansprüchen oder darin, dass sie ihren Körper nicht mehr ertragen können, sondern vielmehr in mitfühlender Selbstsorge und dem ebenso einfachen wie nachvollziehbaren Wunsch, sich etwas Gutes zu tun und damit glücklich zu sein.

12 nachsichtige Erkenntnisse, die einem selbst guttun

Resonanz, die Wechselseitigkeit der Beziehungen, Erwiderung und Schwingung sind wichtig im Leben. Anerkennung und Liebe tragen zum Resonanzgefühl bei.

Wer dieses Wechselspiel kennt, hat meist auch ein Gespür für sich selbst. Denn wieso sollte man nur gut und mitfühlend gegenüber anderen sein?

Es liegt nahe, sich mit der Einfühlung in die *eigene* Gefühlswelt zu beschäftigen. In den meisten Kulturen wird aber nur Wert darauf gelegt, anteilnehmend gegenüber Freunden, Verwandten und anderen zu sein. Die nach innen gerichtete Haltung ist ungewohnt und wird vernachlässigt.

Typisch sind in unserem Kulturkreis unerbittliche Selbstbestrafung und Selbstvorwürfe. Man ist hart zu sich, macht sich nach Fehlern selbst fertig.

Wir werden emotional stärker und schützen uns besser, wenn wir mitfühlend mit uns selbst sind – und dabei so viel Güte für uns aufbringen wie im Idealfall für andere.

Viele Menschen erkennen nicht, dass ihr Unbehagen damit zusammenhängt, dass sie den eigenen, viel zu hohen Ansprüchen nicht genügen.

Menschen mit Selbstmitgefühl leiden seltener unter Angst und Depressionen.

Wer mitfühlend mit sich selbst umgeht, bei dem sinkt das Stresshormon Cortisol; Belastungen für den Körper fallen geringer aus, Entzündungen sind seltener.

Mitgefühl mit sich selbst verbessert die Motivation, etwas zu lernen oder anderweitig zu verbessern. Wer zu Selbstmitgefühl in der Lage ist, dem geht es weniger darum, Leistungsvorgaben zu erfüllen, sondern darum, die Aufgabe zu verstehen und zu bewältigen.

Wer Selbstmitgefühl zeigt, akzeptiert schlechte Ergebnisse leichter und schätzt sich realistisch ein. Am Ende steht der konstruktive Entschluss, aus Fehlern zu lernen.

An guten Vorsätzen wie Diäten halten Menschen mit Selbstmitgefühl intensiver fest. Selbst wenn es nicht auf Anhieb klappt oder sie Rückschläge erleiden, behalten sie die Motivation, sich nicht von ihrem Vorhaben abbringen zu lassen.

Menschen, die gut für sich sorgen und sich Fehler verzeihen, schaffen es eher, mit dem Rauchen aufzuhören oder ein Fitnessprogramm zu starten. Der Grund liegt in mitfühlender Selbstsorge und dem Wunsch, sich etwas Gutes zu tun.

Körper im Gleichklang

Dieweil nun Affe, Mensch und Kind
zur Nachahmung geboren sind.
Johann Wolfgang von Goethe

Ein paar vorsichtige Schritte hoch unter der Zirkuskuppel. Kein Netz, kein doppelter Boden, die den Fall abbremsen würden. Alle Augen sind nach oben gerichtet. Tritt der Akrobat auf dem Hochseil daneben, wahrt aber gerade noch die Balance, kann das Publikum gar nicht anders, als mit einem ebenso erschrockenen wie mitfühlenden Aufschrei zu reagieren. Manche Zuschauer machen die Ausgleichsbewegung unwillkürlich mit, die den Artisten das Gleichgewicht wahren lässt.

Ohne das »Ah« und »Oh« und ohne die Erleichterung, wenn alles gutgegangen ist, wären der Zirkusbesuch und die Hochseilnummer nur halb so mitreißend. Manche Artisten kalkulieren die Reaktion des Publikums mit ein und treten mit Absicht daneben, weil sie genau wissen, dass die Zuschauer den Atem anhalten und jeden Schritt – und erst recht jeden Ausrutscher – intensiv miterleben, als wäre es ihr eigener.

Wer kein Psychopath oder Soziopath ist, kann sich dem angespannten Mitgefühl in solchen Situationen gar nicht entziehen. Er muss empathisch empfinden und mit Herzklopfen dabei sein, bis alles gutgegangen ist. Menschen reagieren schließlich unbewusst aufeinander und stimmen sich untereinander ab. Wer einem zornigen Menschen gegenübersteht, runzelt unweigerlich die Stirn. Wer glückliche Menschen anschaut, muss selbst schmunzeln und zieht die Mundwinkel nach oben. Gesichtsausdrücke prägen sich nicht nur ein, sie regen auch zur Nachahmung an. Und so gut wie jeder Beifahrer tritt in den leeren Fußraum vor sich, wenn er das Bremsmanöver des Fahrers für zu spät eingeleitet hält.

Der Mensch als Herdentier

> Unter den Menschen gibt's mehr Papageien –
> als unter den Papageien.
>
> *Otto Weiss*

Die eigene Fußballmannschaft führt hauchdünn im entscheidenden Match, kann sich gerade noch der Angriffe des Gegners erwehren. Das Spiel wogt hin und her, es wird knapp ausgehen. Das Team braucht jetzt dringend Unterstützung, das spüren alle. Irgendwer beginnt mit der »Welle«, irgendwoher kommt sie – und es ist schwer, sich der Gruppe zu entziehen.

Im Popkonzert hat die Stimmung ihren Höhepunkt erreicht. Und dann: Sie spielen unser Lied. Alle tanzen und schwingen im gleichen Rhythmus, man wird mitgerissen und kann gar nicht anders, als sich auch zu rühren, zu summen, zu singen, was auch immer, aber auf jeden Fall: parallel mit den anderen die Töne und Bewegungen nachzuahmen.

Oder nach einer Lesung oder einem Vortrag: Egal ob man entzückt ist oder enttäuscht, die Reaktionen der Zuhörer gleichen sich an. Es ist kaum möglich, nicht zu klatschen, wenn alle anderen klatschen – oder als Einziger zu applaudieren, wenn es ringsherum völlig still ist.

Wir sind keine Einzelkämpfer, der Mensch ist auch nicht des anderen Wolf und erst recht kein Steppenwolf, auch wenn sich das so mancher gelegentlich wünscht und aus dieser Sehnsucht eindrucksvolle Romanfiguren entstanden sind. Wir sind vielmehr miteinander verbunden, aufeinander abgestimmt – und dies gilt nicht nur für Stimmungen und Gefühle, sondern auch für die vielen Gelegenheiten, bei denen unsere Körper in Gleichklang schwingen. Wir lassen uns schnell von anderen anstecken, es ihnen gleichzutun.

Der Beweis dafür, dass Menschen sich empathischen Gefühlen gar nicht entziehen können, gelang erst in den 1990er Jahren. Ulf Dimberg konnte zeigen, dass wir mitfühlen müssen, dass es gar nicht anders geht.[45] Sehen wir die mimischen Bewegungen eines anderen Menschen, reagieren wir automatisch und in Bruchteilen von Sekunden und ahmen die Mimik unseres Gegenübers nach. Männern wie Frauen ist diese Reaktion eigen, obwohl sie bei Frauen etwas intensiver ausfällt. In nur 300 bis 400 Millisekunden zucken unsere Gesichtsmuskeln ebenfalls, wenn sich andere ärgern oder freuen.[46]

Auch wenn diese Reaktionen gleichsam automatisch ablaufen, lassen sich dabei interessante Unterschiede feststellen. Menschen, die wenig Angst davor haben, öffentlich aufzutreten und vor anderen zu sprechen, reagieren stärker auf ärgerliche Gesichter, indem sie heftiger den Muskel bewegen, der die Stirn in Falten legt. Zeigt sich das Publikum zufrieden und fröhlich, wird hingegen der große Wangenmuskel stärker angespannt, der ein Lächeln verstärkt.[47] Bei Menschen, die große Ängste ausstehen, wenn sie vor Publikum sprechen müssen, sind diese Eigenheiten nicht festzustellen.

Gähnen für die Freundschaft

> Mit Nachbeten und Nachahmen
> fängt jeder an.
>
> *Jean Paul*

Gähnen steckt an – und wird von Forschern als ein Zeichen der Empathie gewertet. Wenn also ein Zwergschimpanse gähnt, reißen seine Artgenossen dann auch herzhaft ihr Maul auf? Oder lässt sie sein Verhalten kalt?

Dass Gähnen ansteckend ist, weiß jeder, der schon mal an einer langweiligen Sitzung teilgenommen hat. Die Fähigkeit, sich gemeinsam dem Gefühl spontaner Müdigkeit zu ergeben, wird unter Wissenschaftlern aber nicht negativ gesehen, sondern als Zeichen der Empathie gewertet. Ob und wie intensiv Tiere zu diesen Gesten des Mitgefühls in der Lage sind, ist allerdings umstritten. Italienische Biologen haben untersucht, ob auch Bonobos – enge Verwandte des Menschen – vom Gähnen ihrer Artgenossen angesteckt werden und ob es einen Unterschied macht, wie nahe ihnen der Affe steht, in dessen Gesellschaft sie sich befinden.[48]

Im Verlauf von fünf Jahren beobachteten die Forscher 33 Menschen und 16 Affen immer wieder in ihrem Alltag. Menschen wie Bonobos fingen ähnlich oft und in ähnlichem zeitlichem Abstand an zu gähnen, wenn ihnen ihr Gegenüber nur flüchtig bekannt war. Diese Form der allgemeinen Empathie war in beiden Versuchsgruppen vergleichbar stark ausgeprägt.

Waren die Versuchsteilnehmer jedoch miteinander befreundet oder verwandt, reagierten die Menschen öfter und auch schneller als die Bonobos auf ein Gähnen des anderen und gähnten ebenfalls. Die Forscher erklären dieses Verhalten mit den besonders engen emotionalen Bindungen, wie sie wohl nur Menschen eingehen können.

Nähe trägt offenbar zu einem besonders empathischen Verhalten bei. Spielt sie in der Beziehung aber keine Rolle, reagiert der Mensch auf sein Gegenüber genauso dezent empathisch wie jeder andere Affe auch. Dieser Befund könnte zwar eine Erklärung dafür liefern, warum Menschen zu besonderem Mitgefühl fähig sind. Andererseits wurden die Spiegelneuronen zuerst an Affen entdeckt, erst dann am Menschen. Spiegelneuronen sind jene Nervenregionen im Gehirn, die in ähnlichem Ausmaß aktiviert werden, egal ob eine Handlung selbst ausgeführt oder nur beobachtet wird.

Ich möchte gehn wie du, stehn wie du …

Oh dubidu (hubgiwi),
ich wäre gern wie duhuhu (habdibudibubao),
ich möchte gehn wie du (tschip),
stehn wie du (tschoop), duhuhu (wibidibidi).

Das Dschungelbuch

Menschen ahmen einander in vielen Situationen nach, sie können das gar nicht verhindern. Als Beifahrer auf dem Motorrad oder Gepäckträger erfolgt es zumeist ganz automatisch, dass man sich genauso in die Kurve legt wie der Fahrer. Beim Tanzen ist es erwünscht und zeigt enge Verbundenheit – meist geschieht es unbewusst und ohne Worte. Schon das Baby ahmt den Erwachsenen nach, der ihm die Zunge entgegenstreckt. Und beim Spaziergang werden zwei Freunde nach kurzer Zeit im Gleichschritt nebeneinander herlaufen, auch wenn sie ins Gespräch vertieft sind und gar nicht darauf achten, wer welchen Fuß zuerst aufsetzt.

Diese Fähigkeit gibt es auch bei Tieren. Bekannt ist beispielsweise der kanadische Schlittenhund Isobel, der auch dann noch synchron mit den anderen laufen konnte, als er längst erblindet war und sich lediglich an den Geräuschen der anderen Tiere und ihrem Geruch orientierte. Er kam nicht aus der Spur, sondern zog genauso wie die anderen, weil er es gewohnt war, seine Bewegungen auf die der anderen Hunde abzustimmen.

Schlägt ein Gesprächspartner in einer kleinen Runde die Beine beiläufig übereinander, tut das derjenige, der ihm gegenübersitzt, unweigerlich auch – dieser Impuls ist kaum zu unterdrücken. Und es ist geradezu ein körperlicher Zwang, dem sich übrigens auch Schimpansen nicht entziehen können, selbst gähnen zu müssen, wenn der andere gähnt. Die Angleichung geht sogar noch weiter: Viele Menschen fangen bereits an zu gähnen, wenn nur darüber gesprochen wird – und sehen sie Bilder von gähnenden Pferden, Zebras oder Affen, müssen sie ebenfalls sofort den Mund aufreißen.

Die körperliche Synchronisierung kann ein Zeichen von Einverständnis, Einklang und Harmonie sein. Manchmal erfolgt sie allerdings auch aus rein pragmatischen Gründen, etwa wenn der Vogelschwarm plötzlich auffliegt und einfach keine Zeit mehr dazu bleibt, jedem Einzeltier klarzumachen, dass gerade Gefahr droht. Das Gleiche gilt für die Landung zur Futtersuche oder für die Rast: Die Anführer werden schon wissen, warum hier und jetzt der günstigste Moment dafür ist – ähnlich dem Busfahrer der Reisegruppe, dessen Aufforderung zum Toilettengang man besser nachkommen sollte, weil vielleicht so bald keine Gelegenheit mehr dazu besteht.

Manchmal kann die Angleichung der Bewegungen und Körperrhythmen auch Leben retten – zumindest das von Pferden. Nach einer Hochwasserkatastrophe waren etliche Vierbeiner auf einer Weide vom Wasser eingeschlossen und einige von ihnen bereits ertrunken. Hilfe war nicht leicht zu organisieren – bis ein paar Reiter aus der Region vorschlugen, etwas anderes auszuprobieren: Sie ritten zu viert durch das Wasser und gelangten auf diese Weise zu der Herde. Dann ritten sie zu einer flacheren Stelle, durch die die Tiere waten konnten, anschließend mussten sie aber auch einen Teil der Strecke schwimmen. Die Pferde folgten den Vorreitern und konnten auf diese Weise problemlos gerettet werden.

Manche Tierarten versuchen sogar dann noch, Bewegungen nachzuahmen, wenn sie gar nicht über die gleichen Körperteile verfügen. So wedeln Delphine entschieden mit den Brustflossen, wenn sich ein Mensch vor sie stellt und mit den Armen rudert.[49]

Hallo, Echo

> Was wäre der Mensch ohne Empfindung?
> Sie ist die musikalische Macht im Menschen.
> *Ludwig Feuerbach*

Der Mensch giert nach Resonanz. Er braucht einen Widerhall, einen Gegenpart. Etliche Forscher sind inzwischen der Ansicht, dass die schlimmste Form des Missbrauchs erstaunlicherweise nicht in körperlicher Misshandlung, sondern in der totalen Isolation und Vernachlässigung besteht. Da ist niemand, auf den man seine Wut, seine Angst oder andere Gefühle der Hilflosigkeit richten kann – man kommt sich vor wie Luft und macht die furchtbare Erfahrung, dass man keinerlei Reaktion hervorruft. Die Erfahrung, nicht beachtet zu werden und auf seine Lebensäußerungen keine Antwort zu bekommen, hallt noch für Jahre und Jahrzehnte nach.

Oft bieten wir anderen Menschen ein Echo, auch wenn sie gar nicht danach fragen. Eltern kauen selbst im Leerlauf mit, wenn sie ihr Baby füttern, das geschieht ganz unbewusst. Fahrlehrer oder andere Beifahrer können es sich nicht verkneifen: Wer neben dem Fahrer sitzt, führt häufig die Bewegungen des Kuppelns, Bremsens und Gasgebens mit aus, obwohl auf seiner Seite weder Pedale noch andere Möglichkeiten zur Einflussnahme bestehen. Tennislehrer und -eltern zeigen die perfekte Vorhand auf der Tribüne, wenn der Zögling gerade den Ball ins Netz gedroschen hat. Und versucht jemand etwas zu greifen, was über ihm hängt, ahmen Menschen wie Affen die Bewegung häufig nach und fiebern mit, ob es denn wohl gelingen wird.

Kommt Musik ins Spiel, ist der Wunsch nach Widerhall und Synchronisierung geradezu unwiderstehlich. Wer ein Konzert besucht, der schunkelt automatisch mit, klopft den Rhythmus mit dem Fuß, wippt und klatscht mit; manche Menschen müssen sogar mitsingen und wiegen sich dabei wie in Trance und aufgehoben in der Gruppe. Das feierliche Miteinander wird noch verstärkt durch die im Einklang angezündeten Feuerzeuge, Wunderkerzen oder leuchtenden Handys, die aus den Wellen der Bewegung auch noch ein Lichtermeer zaubern. Legendär auch die Gesänge von Gospelchören, die im Gottesdienst das Miteinander feiern, so dass jeder Kirchenbesucher im Gleichklang mit den anderen singt und schwoft und sich als Teil des Ganzen sieht.

Wer selbst Musik macht, kennt das empathische Miteinander umso besser. Ob in einer Rockband oder dem Streichquartett – es geht nicht darum, stur seinen Part durchzuspielen, sondern die anderen mitzunehmen, auf sie zu hören und sich dem gemeinsamen Klang verpflichtet zu fühlen. Nichts ist unpassender für eine Combo als der perfekt aufspielende Solist, der in der Gruppe aber kein Ohr für die anderen hat.

Vor diesem Hintergrund ist es umso erstaunlicher, dass die

abendländische Kultur den Besuch klassischer Konzerte, die emotional genauso mitreißend sein können wie Rock- oder Popveranstaltungen, mit einem so starren Verhaltenskodex belegt hat, dass ein empathisches »Mitschwingen« kaum möglich ist – oder höchstens in strenger Sitzordnung und ohne zu singen, zu summen, zu klatschen oder gar sich im Rhythmus zu bewegen. Sogar der richtige Zeitpunkt für den Applaus ist streng reglementiert. Wer zwischen den Sätzen eines Stückes klatscht und nicht erst am Ende, outet sich schnell als Kulturbanause.

Der richtige Ton

> Die Musik drückt aus, was nicht gesagt werden kann
> und worüber es unmöglich ist, zu schweigen.
>
> *Victor Hugo*

Menschen, die miteinander Musik machen, müssen sich nicht zwangsläufig gut verstehen. Es gibt in der Klassik wie in der Rockgeschichte genügend Beispiele für hässliche Streitereien zwischen Musikern. Eitelkeit, Geltungssucht und die Frage, wer denn nun die sprichwörtliche erste Geige spielt, haben schon viele Combos auseinandergebracht. In dem Moment, in dem die Harmonien erklingen, erleben die meisten Band- oder Orchestermitglieder jedoch auch eine große emotionale Harmonie. Wenig ist befriedigender, als gemeinsam zu einem Gleichklang beizutragen, der die Stimme des Einzelnen gelten und zugleich im großen Ganzen aufgehen lässt.

Tiere kennen das ebenfalls. Das sprichwörtliche Wolfsrudel, das gemeinsam heult, und die beeindruckenden Laute der Brüllaffen sind typische Beispiele aus dem Tierreich. Ein faszinierendes

Beispiel sind die als Siamangs bezeichneten Gibbonaffen, die im Dschungel Indonesiens heimisch sind. Frans de Waal berichtet davon: Sie können melodisch, heiter und mit vollem Klang singen, und Ohrenzeugen erzählen, dass die Darbietungen der Affen schöner klingen als die aller bekannten Vogelarten. Der Gesang der Affen ist zudem erstaunlich komplex und zeigt an, dass sich die Affenfamilien wohl fühlen und zufrieden sind.

Allerdings hört der Feind mit. Denn es dauert eine Weile, bis sich ein Siamang-Paar aufeinander abgestimmt hat und der Klang ihres Gesangs keine Dissonanzen mehr aufweist, sondern tatsächlich harmonisch ist. Bis es so weit ist, befindet sich das junge Paar allerdings in einer prekären Lage, denn feindliche Siamangs können am Gesang erkennen, wie weit das Paar schon ist. Hören sie aus den Gesängen Zwietracht und fehlende Harmonie heraus, dringen sie in das Revier ein und zerstören das junge Glück.

Aber auch wenn keine fremden Rabauken die Partnerschaft zerstören, ist der Gesang ein wichtiger Gradmesser für das soziale Miteinander der Affen. Affenpaare, die viel miteinander singen und ihr Duett passend aufeinander abstimmen, verbringen viel Zeit gemeinsam und ergänzen sich besser. Der Ton macht also auch in der Affenehe die Musik.

Rausch und Sucht des Mitmachens

> Das Schlechte gewinnt durch Nachahmung
> an Ansehen, das Gute verliert dabei.
> *Friedrich Nietzsche*

Die Suche nach Resonanz, nach Widerhall, nach einem Gegenüber scheint ein instinktives Verhalten des Menschen zu sein. Leider zeigt sich diese Tendenz zur sozialen Mimikry auch dann, wenn es um weniger erwünschte Eigenschaften und Verhaltensweisen geht. Abhängigkeit und Sucht werden in hohem Maße davon geprägt, welche Nähe zu Gleichaltrigen aufgebaut wird und wie sich das sonstige soziale Umfeld verhält.

So konnten Wissenschaftler aus den Niederlanden zeigen, unter welchen Umständen Jugendliche und junge Erwachsene das Rauchverhalten Gleichaltriger nachahmen.[50] Für die Untersuchung wurden junge Menschen, die sich zuvor nicht kannten, in einer halbstündigen Pause zusammengebracht. Die erste Zigarette zündeten sich nach kurzer Zeit noch alle Teilnehmer an, die ab und zu gerne eine rauchten.

Ob es jedoch zur zweiten oder dritten Zigarette kam, hing entscheidend vom Verhältnis der Gruppenmitglieder untereinander ab. War die Atmosphäre warmherzig und freundlich, rauchten die Teilnehmer ähnlich viele Zigaretten wie die Mitarbeiter des Versuchs, die sich unerkannt unter die Probanden gemischt hatten. Herrschte in einer vergleichbaren Situation hingegen ein kühles, abweisendes Klima vor, bei dem kaum Nähe und Kontakt gesucht wurde, glichen die Teilnehmer ihr Rauchverhalten kaum an.

Auch der Konsum von Alkohol ist eindeutig von Rollenbildern und den Möglichkeiten zur Identifikation abhängig – in jüngeren Jahren weitaus stärker als in höherem Alter. So haben Untersuchungen in einer Bar gezeigt, dass die mehrheitlich jüngeren Besucher deutlich mehr Alkohol zu sich nahmen, wenn nebenher ein Film lief und sowohl im Film als auch in der Werbung zwischendurch immer wieder Szenen gezeigt wurden, in denen mit Lust und Freude Alkohol konsumiert wurde.[51] Innerhalb von nur einer Stunde tranken die Gäste eineinhalb Gläser mehr im Vergleich zu ihrem Konsum während eines Films mit Werbung, in dem keine Trinkszenen vorkamen. Wer den Alkoholkonsum in seinem Etablissement ankurbeln möchte, sollte also darauf achten, die richtigen Filme zu zeigen.

Sich gemeinsam hängenlassen

Das bedeutet noch nicht einen Menschen nachahmen,
nur zu furzen und zu husten wie er.
Charles Sorel

Die körperliche Angleichung beim Gähnen, Laufen oder Sitzen findet zumeist unbewusst statt und ist ein Zeichen der Anpassung wie auch der Anteilnahme. Jungen ahmen häufig den Gang ihrer Väter nach, und das liegt nicht in erster Linie an den ähnlichen anatomischen Gegebenheiten des Skelettsystems. Am Telefon imitieren Kinder automatisch die Stimme ihrer Eltern, deren Betonung oder den Sprachduktus.

Während des Studiums verbrachte ich ein Jahr in Montpellier. In meinem Jahrgang gab es noch zwei andere deutsche Studenten – wir konnten ähnlich gut Französisch, aber einer der beiden ahmte auch die Umgangssprache der Franzosen nach und streute immer wieder das Wort »quoi« ein, was so viel wie »ne«, »gell« oder das badische »weisch« bedeutet. Mir kam das zunächst aufgesetzt vor, aber ich merkte, dass er den französischen Kommilitonen damit näherkam. Sie fühlten sich offenbar besser verstanden.

Mit den körperlichen Anverwandlungen kommen wir aber auch der Gefühlswelt unseres Gegenübers entscheidend näher. Die körperlichen Erfahrungen und Erlebnisse beeinflussen die Wahrnehmung – wer müde und erschöpft ist, der wird den Anstieg zu einem Hügel als steiler empfinden als in ausgeruhtem Zustand. Wenn jemand von seinen Sorgen und Nöten erzählt und dabei einen besorgten Gesichtsausdruck macht, legen wir automatisch auch die Stirn in Falten oder lassen ebenfalls die Schultern hängen. Neigt der Gesprächspartner den Kopf auf die Seite, tun wir das Gleiche. Diese Veränderung unserer Haltung führt erstaunlicherweise dazu, dass wir den Gefühlen des anderen näherkommen und selbst vielleicht zwar nicht in einer ähnlich niedergeschlagenen Stimmung sind, aber besser nachempfinden können, wie sich der andere fühlt. Der Ausdruck »sich herunterziehen lassen« bezeichnet – wenn auch auf übertriebene Weise –, wie sehr wir körperlich und geistig mit unserem Gegenüber mitschwingen können.

Umgekehrt trägt eine heitere und zufriedene Atmosphäre dazu bei, selbst munterer in die Welt zu schauen. Verhaltenstherapeuten empfehlen niedergeschlagenen Menschen deshalb gerne, auf ihre Haltung zu achten, wenn es ihnen gerade besonders schlechtgeht. Oft haben sie dann den Kopf eingezogen, sitzen in sich gekauert mit hängenden Schultern, den Bauch eingeklemmt und mit angespannten Muskeln, obwohl sie keine körperliche Anstrengung vollbringen müssen.

Kurz die eigene Haltung durchzugehen und zu korrigieren kann bereits Abhilfe schaffen: Lässt man etwas Spannung aus den Muskeln, hält den Kopf gerade, streckt die Schultern nach hinten und atmet ein paarmal tief durch, fühlt sich das Leben augenblicklich etwas besser an.

Angesteckt von den Gefühlen anderer

> Das Empfindungsvermögen des Menschen
> für die kleinen Dinge und die Unempfindlichkeit für die
> größten Dinge, ein Zeichen für eine sonderbare Umkehrung.
>
> *Blaise Pascal*

Dass gute Laune ansteckend ist, hat sich schon einigermaßen herumgesprochen. Offenbar muss man sich dazu nicht mal kennen und direkt gegenübersitzen. Der Verhaltensforscher Frans de Waal erzählt die schöne Anekdote, dass er morgens aus einem Frühstückscafé kam und auf der Straße gutgelaunt vor sich hin pfiff. Er hatte zunächst keine Erklärung dafür. Dann fielen ihm die beiden Männer ein, die im Café ein paar Tische von ihm entfernt gesessen hatten und bester Laune waren. Sie hatten sich offenbar nach längerer Zeit wiedergesehen und waren darüber so froh, dass sie die ganze Zeit lachten, sich auf die Schultern schlugen, sich prustend an frühere Erlebnisse erinnerten oder lustige Begebenheiten austauschten.[52] Die gute Stimmung war schlicht ansteckend.

Ehepartner, die sich wirklich gut verstehen und einander auch nach Jahrzehnten noch mögen, machen im Verlauf ihrer Beziehung ebenfalls eine erstaunliche Verwandlung durch. Als Freiwillige die Fotos von frisch getrauten Paaren mit jenen vergleichen sollten, die von den Eheleuten nach 25 Jahren Partnerschaft aufgenommen wurden, war das Ergebnis beeindruckend: Während die Fremden bei keinem der Eheleute am Tag der Hochzeit mit Sicherheit sagen konnten, wer zu wem gehörte, war dies nach langen Jahren der Ehe problemlos möglich. Die Partner hatten sich äußerlich angeglichen.

Besonders groß war die äußere Ähnlichkeit zwischen den Eheleuten, wenn beide Partner ihre Beziehung als glücklich und har-

monisch beschrieben. Das Bemühen, den anderen zu verstehen
und an seinen Gedanken und Gefühlen Anteil zu nehmen, drückte sich so intensiv in den Gesichtszügen und der Körperhaltung
beider aus, dass sogar Unbeteiligte erkennen konnten, wer zu-
sammengehörte – und wer nicht.

Dieses Phänomen ist nicht auf die Interaktion zwischen Menschen beschränkt. Häufig sehen sich ja auch Hunde und ihre
Halter nach Jahren trauter Zweisamkeit erstaunlich ähnlich. Die
Wahl der Rasse mag zwar bereits zu bestimmten Übereinstim-
mungen führen, etwa wenn sich der bullige Choleriker einen Pit-
bull zulegt oder das aufgeregte Schlagersternchen einen hysteri-
schen Pinscher. Mit der Zeit lernen Tier und Mensch aber voneinander, kopieren manche Bewegungsmuster und beginnen, in
ähnlicher Weise die Stirn zu runzeln oder den Kopf auf die Seite
zu legen.

Du fühlst, was du siehst

> Der Mensch hat überhaupt nichts gesehen,
> wenn er nichts gefühlt hat.
> *Henry David Thoreau*

Wer glücklich strahlende Gesichter sieht, dem geht es automatisch besser. Die Stimmung hebt sich, man schaut freundlicher in
die Welt. Betrachtet man hingegen zornige, unzufriedene Gesichter, wirkt sich die schlechte Laune ziemlich schnell negativ
auf das eigene Empfinden aus, die Stimmung wird gedämpft.
Forscher sprechen von einer »Gefühlsansteckung«, der man sich
nicht willentlich entziehen kann. Diese erstaunliche Form der
Ansteckung funktioniert auch, wenn man gar nicht weiß, warum

die anderen zornig oder heiter sind. Erklärungen sind nicht nötig, der bloße Augenschein reicht. Man muss einen Witz also nicht verstehen, um darüber lachen zu können. Es reicht, wenn die anderen lachen.

Jeder kennt diese Lach-Flashs, die besonders bei jungen Frauen vorkommen, aber zu denen alle Menschen in der Lage sind. Eine sagt ein Stichwort oder erzählt eine Albernheit, und plötzlich kichern alle los. Von diesem Moment an hat sich die Reaktion verselbständigt: Egal was jetzt noch gesagt wird, sofort prusten die anderen los und können sich nicht mehr einkriegen. Für Außenstehende ist das schwer zu verstehen; manchmal möchten sie wissen, was gerade so lustig ist. Das lässt sich ganz einfach erklären: Lustig ist es, weil die anderen lachen. Und wenn sie weiterlachen, wird es immer lustiger.

Die Nachahmung von Gesichtsausdrücken und Verhaltensweisen findet gleichsam automatisch statt. Menschen bewegen die gleichen mimischen Muskeln wie ihr Gegenüber – und das funktioniert sogar, wenn sie die Gesichter der anderen nur auf dem Bildschirm sehen.

Lange wurde angenommen, dass Menschen nicht von sich aus empathisch reagieren und unwillkürlich lächeln oder zornig sind, sondern dass dazu zuvor eine Identifikation mit dem Gegenüber stattfinden muss. Doch dann zeigten Versuche in den 1990er Jahren, dass sich das eigene Gesicht nicht nur dann zu einem Lachen oder zornigen Stirnrunzeln verzieht, wenn wir ausführlich das Antlitz eines anderen betrachten und die Gelegenheit haben, uns in ihn einzufühlen. Vielmehr lässt sich ein Gleichklang der Mimik mit Hilfe kleiner Elektroden im Gesicht auch dann registrieren, wenn die Bilder von zornigen oder gutgelaunten Menschen nur so kurz über den Bildschirm huschen, dass sie nicht bewusst wahrgenommen werden können.[53] Empathie ist also offenbar ein Teil von uns, die Menschen sind von Natur aus einfühlsam – auch wenn sie sich manchmal gerne schroff und hart geben. Der Körper schreibt anscheinend dem Geist vor, wie er empfinden soll, nicht umgekehrt. Diese überraschende Erkenntnis zeigt sich beispielsweise in dem Test, bei dem Menschen einen Stift zwischen die Zähne nehmen und dabei versuchen müssen, dass der Stift nicht ihre Lippen berührt. Dabei nimmt der Mund automatisch die Form an, die er vom Lächeln oder Lachen gewohnt ist. Wird diese Mimik bei ihnen hervorgerufen, finden Freiwillige die Witze und Cartoons, die ihnen vorgelegt werden, amüsanter, als wenn sie aufgefordert werden, die Stirn zu runzeln, und deshalb eine skeptisch-ärgerliche Stimmung annehmen.

Dass die Empathie dem Menschen wie auch vielen anderen Lebewesen angeboren ist, erklärt sich womöglich aus den evolutionären Vorteilen, die ein mitfühlendes Verhalten mit sich bringt. Wer nicht erkennt, dass sein Neugeborenes gerade bedürftig ist und dringend Nahrung, Wärme oder Schutz braucht, wird das Kind kaum großziehen können. Bei Hunger, Kälte oder in Gefahr müssen Tiere wie Menschen schnell die Gefühlslage ihrer Nachkommen erkennen und handeln. Wer nicht einfühlsam ist, stirbt aus.

Von Angesicht zu Angesicht

> Gefühl schadet dem Teint,
> Einbildungskraft macht blaue Ringe um die Augen
> und verdirbt die Suppe.
> *Christian Dietrich Grabbe*

Wenn wir mit jemandem sprechen, der sein Gesicht nicht verzieht und ungerührt eine bewegungslose Miene aufsetzt, fallen wir emotional in ein Schwarzes Loch. Um uns verstanden und aufgehoben im anderen zu fühlen, brauchen wir die Rückmeldung, eine Reaktion und müssen in seinen Zügen lesen, dass er uns zuhört, zustimmt oder auch widerspricht. Das Gesicht gibt nun mal am zuverlässigsten wieder, was unser Gegenüber denkt und fühlt.

Wie abhängig Menschen von einer Reaktion in den Gesichtszügen des anderen sind, zeigen die irritierenden Erfahrungen, die Parkinson-Patienten regelmäßig machen. Die Kranken zittern nicht nur – besonders im Bereich der Arme – und haben einen kleinschrittigen Gang, sondern ihre Mimik verändert sich ebenfalls. Die Gesichtszüge der Patienten erstarren, sie leiden am sogenannten Maskengesicht. Von anderen Menschen werden sie daher nicht mehr so oft angesprochen, man hält sie für geistig eingeschränkt oder gar nicht mehr zurechnungsfähig.

Erstaunlicherweise verhalten sich auch Pflegepersonal und Ärzte anders gegenüber den Patienten. Obwohl sie um die Symptome wissen müssten, gehen sie mit den Kranken um wie mit Kleinkindern. In einer Gruppe mit mehr als 30 älteren Patienten gab es fünf mit starren Gesichtszügen. Von den anderen wurden sie gemieden oder höchstens um einfache Antworten auf Ja-oder-nein-Fragen gebeten. Statt mit den Kranken direkt zu reden, wurden über ihren Kopf hinweg die Angehörigen angesprochen.[54] Dabei sind Patienten mit Parkinson sehr wohl noch zu Gesprächen und

Verständnis in der Lage. Ihre geistige Leistungskraft ist nicht beeinträchtigt oder allenfalls erst im Spätstadium der Erkrankung. Man muss sich lediglich etwas mehr Mühe geben, die Gefühle dieser Patienten zu verstehen.

Empathie aus egoistischen oder altruistischen Gründen?

Sobald sich Gefühle in festen Begriffen ausdrücken lassen,
hat ihre Stunde geschlagen.

Voltaire

Es gibt verschiedene Erklärungen dafür, warum Menschen und viele Tiere sich von den Gefühlen anderer Lebewesen anstecken lassen. Dass Empathie und die daraus folgende Hilfsbereitschaft dem Überleben der eigenen Art dient, leuchtet zwar ein. Es gibt aber auch gerade unter Menschen das typische Verhalten, dass man sich vom Elend abwendet, weil man es nicht aushält. Schon Kleinkinder rennen verschreckt zu Vater oder Mutter, wenn sie ein anderes Baby weinen hören. Sie suchen dort Schutz und Trost vom Unglück der anderen.

Als »egoistische Besorgtheit« hat der Biologe Frans de Waal dieses Verhalten bezeichnet, doch auch diese Reaktion kann dazu dienen, die eigene Art zu erhalten. Schließlich ist es möglicherweise lebensrettend, davonzulaufen, wenn ein Artgenosse in höchster Angst und Aufregung schreit oder quiekt. Man weiß zwar noch nicht, welche Gefahr droht, aber besser ist es, vorsorglich schon Reißaus zu nehmen. Diese Art von Verhalten schützt die Gemeinschaft, auch wenn es nicht durch eine tief empfundene Sorge um den anderen motiviert ist.

Die Begriffe Egoismus und Altruismus führen hier aber womöglich in die Irre, denn wenn das Mitgefühl mit der Bedrohung des anderen dazu führt, zu handeln und sich selbst in Sicherheit zu bringen, ist durchaus eine selbstbezogene Komponente zu erkennen. Andererseits entsteht erst durch die Not des anderen und die Anteilnahme daran die Möglichkeit für Flucht oder Versteck. Und diese Anteilnahme kann man wohl kaum als rein egoistisch bezeichnen.

Des Menschen bester Freund

> Manchmal sitzen sie vor dir, mit Augen,
> so hinschmelzend, so zärtlich und so menschlich,
> dass sie dir beinahe Angst machen,
> denn es ist unmöglich zu glauben,
> dass da keine Seele in ihnen ist.
> *Théophile Gautier*

Nähe kann sich auf vielerlei Weise zeigen. Auch wenn man kein ausgesprochener Tierfreund ist, muss man anerkennen, dass die Bedeutung einer harmonischen Beziehung für die Gesundheit mittlerweile sogar für die Verbindung zu Haustieren und Zimmerpflanzen nachgewiesen worden ist.

Wer sich täglich um seinen Hund oder die Katze kümmert, das Tier füttert und sich für es verantwortlich fühlt, genießt allein dadurch bereits einen gewissen Schutz vor Herzinfarkt, Schlaganfall und anderen Zivilisationskrankheiten.[55] Sich kümmern ist gesund! Verantwortung übernehmen auch. Ähnliches gilt sogar in Bezug auf Pflanzen: Wer sie hegt und pflegt oder auch nur regelmäßig danach schaut, ob die Gewächse genug Wasser bekommen, tut etwas Gutes für sein Herz und unterliegt einem geringeren Risiko, frühzeitig an Infarkt oder Schlaganfall zu sterben. Die schützenden Auswirkungen auf das Herz finden sich nicht nur bei Menschen, die freundlich zu Haustieren sind und sie versorgen, sondern auch unter Tieren selbst. Wenn Affen sich gegenseitig kraulen, lecken, streicheln und es sich gutgehen lassen, sinkt ihr Puls und der Herzschlag beruhigt sich.[56] Das liegt nicht allein daran, dass sie sich dann von Läusen und anderem Ungeziefer befreien, sondern sie fühlen sich offensichtlich wohl. Ähnliche Effekte gibt es sogar bei Gänsen, deren Herzrhythmus ebenfalls davon abhängig ist, ob sie Zeuge freundlicher oder feindlicher Verhaltensweisen sind. Fühlen sie sich gestresst, schlägt ihr Herz schneller und heftiger.[57]

Man sollte sich übrigens aussuchen, mit welchem Lebewesen man seine Zeit verbringt und ob es wirklich ein Mensch sein muss. Einer Untersuchung der Universität Buffalo im Staat New York zufolge sind Haustiere womöglich gesünder für Herz und Kreislauf als der Ehepartner.[58] Vermutlich liegt das daran, dass man sich mit dem Kanarienvogel wie mit dem Dobermann nur schlecht streiten kann. Haustiere widersprechen auch selten, und man kann sich kaum beleidigt von ihnen fühlen.

33 harmonische Erkenntnisse über Körper im Rhythmus

Tritt der Akrobat auf dem Hochseil daneben, muss das Publikum mit einem ebenso erschrockenen wie mitfühlenden Aufschrei reagieren. Es kann nicht anders.

Menschen reagieren aufeinander. Wer zornigen Menschen gegenübersteht, runzelt die Stirn. Wer glückliche Menschen anschaut, muss schmunzeln.

Im Stadion beginnt die »Welle«, im Konzert singen alle mit, nach dem Vortrag klatschen alle – es ist schwer, sich der Gruppe zu entziehen.

Wir sind verbunden, aufeinander abgestimmt – und dies gilt nicht nur für Stimmungen und Gefühle. Wir lassen uns von anderen anstecken, es ihnen gleichzutun.

Sehen wir die mimischen Bewegungen eines anderen, reagieren wir automatisch und in Bruchteilen von Sekunden und ahmen die Mimik nach. Männer wie Frauen, obwohl Frauen etwas intensiver reagieren.

Menschen, die wenig Angst haben, vor anderen zu sprechen, reagieren stärker auf ärgerliche Gesichter mit dem Muskel, der die Stirn in Falten legt. Ist das Publikum zufrieden, wird jener Wangenmuskel stärker angespannt, der ein Lächeln verstärkt.

Gähnen steckt an – ein Zeichen der Empathie. Viele Menschen fangen an zu gähnen, wenn nur darüber gesprochen wird. Sehen sie Bilder von gähnenden Pferden, Zebras oder Affen, müssen sie sofort den Mund aufreißen.

Menschen reagieren öfter und schneller auf ein Gähnen des anderen und gähnen ebenfalls eher, wenn es sich um Freunde oder Verwandte handelt.

Menschen ahmen einander nach, sie können das nicht verhindern. Als Beifahrer auf dem Motorrad in der Kurve, beim Tanzen. Beim Spaziergang werden zwei Freunde nach kurzer Zeit im Gleichschritt laufen.

Schlägt ein Gesprächspartner die Beine übereinander, tut das derjenige gegenüber unweigerlich auch – dieser Impuls ist kaum zu unterdrücken.

Körperliche Synchronisierung kann ein Zeichen von Harmonie sein. Manchmal erfolgt sie aus pragmatischen Gründen, etwa wenn der Vogelschwarm auffliegt, weil Gefahr droht. Das Gleiche gilt für die Landung zur Futtersuche. Die Anführer wissen, warum jetzt der günstigste Moment ist.

Manche Tiere ahmen Bewegungen nach, ohne entsprechende Körperteile zu haben. So wedeln Delphine mit den Brustflossen, wenn ein Mensch mit den Armen rudert.

Der Mensch braucht Resonanz, einen Gegenpart. Die schlimmste Form des Missbrauchs ist nicht körperliche Misshandlung, sondern totale Vernachlässigung.

In dem Moment, in dem Töne erklingen, erleben die meisten Bands oder Orchester große emotionale Harmonie.

Die Suche nach Resonanz zeigt sich auch bei weniger erwünschten Eigenschaften. Abhängigkeit und Sucht sind davon abhängig, welche Nähe zu Gleichaltrigen aufgebaut wird und wie sich das sonstige soziale Umfeld verhält.

Eine warmherzige Atmosphäre verleitet zu ähnlichem Rauch- und Trinkverhalten. Bei abweisendem Klima gleichen Jugendliche ihr Rauch- und Trinkverhalten kaum an.

Jungen ahmen den Gang ihrer Väter nach. Am Telefon imitieren Kinder automatisch die Stimme ihrer Eltern, deren Betonung oder Sprachduktus.

Körperliche Erfahrungen beeinflussen die Wahrnehmung – wer müde und erschöpft ist, wird den Anstieg zu einem Hügel als steiler empfinden als in ausgeruhtem Zustand.

Erzählt jemand seine Sorgen, legen wir die Stirn in Falten oder lassen die Schultern hängen. Neigt der Gesprächspartner den Kopf, tun wir das Gleiche. Die Veränderung der Haltung führt dazu, dass wir besser nachempfinden, wie sich der andere fühlt.

Gute Laune ist ansteckend – selbst von Fremden im Café.

Ehepartner gleichen sich an. Während Fremde über Fotos vom Tag der Hochzeit nie mit Sicherheit sagen konnten, wer zu wem gehörte, war dies nach langen Jahren der Ehe problemlos möglich. Die Partner hatten sich äußerlich angeglichen.

Die äußere Ähnlichkeit zwischen Eheleuten ist besonders groß, wenn beide Partner ihre Beziehung als glücklich beschreiben. Das Bemühen, den anderen zu verstehen, drückt sich in den Gesichtszügen und der Körperhaltung von beiden aus.

Häufig sehen sich Hunde und ihre Halter nach Jahren trauter Zweisamkeit ähnlich.

Wer glückliche Gesichter sieht, dem geht es gleich besser. Forscher sprechen von Gefühlsansteckung, der man sich nicht entziehen kann. Die Ansteckung funktioniert auch, wenn man nicht weiß, warum andere zornig oder heiter sind. Man muss Witze nicht verstehen, um darüber zu lachen. Es reicht, wenn die anderen lachen.

Gleichklang der Mimik entsteht auch dann, wenn Bilder zorniger oder gutgelaunter Menschen nur so kurz zu sehen sind, dass sie nicht bewusst wahrgenommen werden können.

Der Körper schreibt dem Geist vor, wie er empfinden soll, nicht umgekehrt. Nehmen Menschen einen Stift zwischen die Zähne, so dass der Stift nicht die Lippen berührt, nimmt der Mund die Form an, die er vom Lächeln gewohnt ist. Mit dieser Mimik finden Menschen Witze und Cartoons amüsanter.

Wenn wir mit jemandem sprechen, der sein Gesicht nicht verzieht, fallen wir emotional in ein Schwarzes Loch. Um uns verstanden und aufgehoben zu fühlen, brauchen wir eine Reaktion und müssen in den Zügen des anderen lesen.

Parkinson-Patienten haben kaum Mimik. Die Gesichtszüge erstarren. Von anderen Menschen werden sie daher nicht mehr so oft angesprochen, man hält sie für geistig eingeschränkt oder gar nicht mehr zurechnungsfähig.

Manche Einfühlung geschieht aus »egoistischer Besorgtheit«. Man weiß zwar noch nicht, welche Gefahr droht, nimmt aber vorsorglich Reißaus. Dieses Verhalten schützt die Gemeinschaft, auch wenn es nicht durch Sorge um andere motiviert ist.

Die Bedeutung einer harmonischen Beziehung zueinander oder zu anderen engen Gefährten für die Gesundheit ist mittlerweile sogar in der Verbindung zu Haustieren und Zimmerpflanzen nachgewiesen worden.

Wer sich täglich um Hund oder Katze kümmert, genießt dadurch Schutz vor Herzinfarkt, Schlaganfall und anderen Leiden. Sich kümmern ist gesund!

Wer Pflanzen hegt und pflegt, tut etwas Gutes für sein Herz und unterliegt einem geringeren Risiko, frühzeitig an Infarkt oder Schlaganfall zu sterben.

Haustiere sind womöglich gesünder für Herz und Kreislauf als der Partner. Haustiere widersprechen seltener, und man kann sich kaum gekränkt von ihnen fühlen.

Wohltuend teilnahmsvoll:
Vom Nutzen der Empathie

Gedanken machen groß, Gefühle reich.

Quintilian

Charles Darwin wusste, dass sich Menschen den Gefühlen anderer nur schwer entziehen können. »Selbst das Heucheln einer Gemütsbewegung erregt dieselbe leicht in unserer Seele«, schrieb der große englische Naturforscher in seiner Abhandlung *Der Ausdruck der Gemütsbewegung bei den Menschen und den Tieren.* Instinktiv verstehen Menschen die seelischen Zustände anderer Menschen, wenn sie sich nur ein wenig darauf einlassen. Man spürt es oder hat zumindest eine Ahnung davon, wie sich das Gegenüber gerade fühlt.

Bei wem nicht schon alle inneren Regungen abgestorben sind, tritt die Wirkung zuverlässig ein. Er oder sie fühlt mit – sogar wenn die Gefühle nur simuliert werden wie in einem berührenden Theaterstück oder im Film. Guten Schauspielern gelingt es in wenigen Augenblicken, die Zuschauer in ihren Bann zu ziehen. Sie sind wahlweise ergriffen, tief bewegt und manchmal sogar verzaubert – obwohl doch jeder im Publikum weiß, dass diese Gefühle eigens für die Vorstellung inszeniert worden sind und der Akteur nicht mit seiner Rolle identisch ist.

Irritierende Ausnahmen finden sich bei Psychopathen, die es leider im wirklichen Leben ebenso gibt wie im Film. Der Terrorist Renard in dem James-Bond-Streifen *Die Welt ist nicht genug* aus dem Jahr 1999 kann beispielsweise nach einem Schuss in den Kopf nicht mehr riechen, nicht mehr schmecken, nicht mehr fühlen – und auch keine Schmerzen mehr spüren. Nach und nach werden alle seine Emotionen ausgeschaltet – deshalb kennt er auch keinerlei Mitgefühl.

Ungehorsame Untergebene bestraft er schon mal, indem er ihnen ein Stück heißes Vulkanmagma in die Hand drückt und sie dabei lange gedrückt hält. Sowenig er die Hitze des glühenden Gesteins selbst in seiner Hand spüren kann, so wenig fühlt er den Schmerz der anderen, wenn ihnen der feurige Brocken langsam die Haut versengt.

Ähnlich teilnahmslos und hochintelligent wird der kannibalische Serienmörder Hannibal Lecter im *Schweigen der Lämmer* dargestellt. Beide Figuren sind die ideale Besetzung für Schurken, die ihre Gegenüber gnadenlos quälen und dabei keinerlei Empathie empfinden. Lecters Ruhepuls steigt der Romanvorlage zufolge nicht über 85 Schläge in der Minute an, während er einer Krankenschwester die Zunge abbeißt.

Wissenschaftler haben herausgefunden, dass Empathie nicht nur ein diffuses Verständnis von Lust und Leid des Gegenübers ist, sondern dass im Gehirn ganz ähnliche Regionen aktiviert werden, wenn man die Pein oder das Vergnügen anderer spürt oder mitfühlend beobachtet. Das Gehirn stellt buchstäblich einen neuronalen Gleichklang mit dem anderen her. »Ich fühle, was du fühlst« ist daher nicht nur eine Betroffenheitsfloskel in Psychokreisen, sondern entspricht durchaus auch den Erregungsmustern der Nervenbahnen.

Warum Mitgefühl nicht nur anderen guttut, sondern auch gesund ist

> Mitfühlendes Handeln ist gut
> für unsere geistige Gesundheit.
>
> *Dalai Lama*

Menschen spüren geradezu intuitiv, was der andere fühlt oder gleich tun wird. Besonders gut funktioniert das, wenn man sich gut kennt: Zwei Verliebte stehen sich mit Schmetterlingen im Bauch gegenüber, und plötzlich merken beide, dass sie jetzt nicht mehr reden wollen, sondern sich in den Arm nehmen und küssen müssen. Sie ahnen, dass genau jetzt der richtige Moment dafür ist.

Hirnforscher erklären auch das seltsame Verhalten frischgebackener Eltern mit der Gleichschaltung der mitfühlenden Nervenzellen: Kaum stecken Vater oder Mutter dem Baby einen Löffel mit Brei in den Mund, machen sie selbst den Mund auf und tun so, als ob sie kauen würden. Auch im Berufsalltag gleichen viele Menschen ihr Verhalten einander an. Lehnt sich der eine während der Besprechung entspannt im Sessel zurück, tut es ihm der Gesprächspartner oft nach. Stützt der eine die Ellbogen auf den Tisch, landen sie auch beim Gegenüber dort. Gähnt der eine, gähnt auch der andere.

Sind wir Menschen also nur Nachmacher – schließlich funktioniert das einfühlende Verhalten ja auch unter Wildfremden? Geht es uns wie den Affen, die jede Geste imitieren müssen und deren »Nachäffen« sprichwörtlich für dieses imitierende Verhalten geworden ist? Die Wissenschaft ist den mitfühlenden und nachahmenden Impulsen des Menschen tatsächlich zunächst durch Untersuchungen ihrer nächsten Verwandten auf die Spur gekommen. Im Scheitellappen des Gehirns von Affen befinden sich nämlich besondere Zellen, die ihre Neigung zu Mitgefühl und Empathie erklären könnten.

Beim Menschen gibt es diese sogenannten Spiegelneuronen auch, allerdings sind auch Nervenzentren des limbischen Systems, unseres »emotionalen Gehirns«, daran beteiligt, dass wir das Verhalten anderer vorausahnen können und manchmal schon anhand minimaler Bewegungen wissen, was gleich passieren wird. Wie sonst ist es zu erklären, dass wir in der Fußgängerzone nicht mit fremden Menschen, die uns entgegenkommen, zusammenprallen, sondern ausweichen, ohne uns zuvor darüber verständigt zu haben, wer an welcher Seite vorbeigeht?

Der Physiologe Giacomo Rizzolatti aus Parma hat in den frühen 1990er Jahren die mitfühlenden Nervenzellen zuerst beschrieben. Er beobachtete bei Affen, dass spezielle Neuronen nicht nur feuern, wenn die Tiere selbst Handlungen ausführen und beispielsweise nach einer Frucht greifen, sondern auch dann, wenn sie die Handlung nur beobachten. Die neuronale Feinabstimmung im Gehirn funktioniert sogar so genau, dass die Affen erkennen, zu welchem Zweck eine Handlung ausgeführt wird – und davon abhängig unterschiedliche Nervenzentren aktiviert werden.

In der Tat bereitet es Menschen wie Affen ja keinerlei Schwierigkeiten, am Griff der Hand und den ersten Bewegungsfolgen zu erkennen und zu unterscheiden, ob eine Flasche angefasst wird, um gleich daraus zu trinken oder um sie in den Schrank zu stellen. Für die Nervenforscher überraschend war auch, dass diese feinen Unterschiede sich in kaum abweichenden Erregungsmustern im Gehirn zeigen – egal ob die Tätigkeit selbst ausgeführt oder nur beobachtet wird.

Aber warum betreibt das Gehirn überhaupt einen solchen Aufwand, um die Wahrnehmung und das Gespür für unsere Mitmenschen zu schärfen? Welchen Sinn könnte es schon haben, nicht nur mit seinen Liebsten und den Verwandten, sondern auch mit anderen mitzufühlen, statt ihnen gleichgültig zu begegnen und weiter unbehelligt seiner Wege zu gehen? Sich egoistisch zu verhalten scheint vielen Forschern auf den ersten Blick viel naheliegender zu sein. Oder sind die Menschen nur deshalb einfühlsam, damit sie rechtzeitig erkennen können, was der Feind Böses im Schilde führt? Demnach wäre Empathie doch in erster Linie egoistisch motiviert.

Eine Antwort könnte darin bestehen, dass in jüngster Zeit die positiven Folgen von Empathie und Mitgefühl für Gesundheit und Wohlbefinden immer deutlicher werden. In diesem Forschungsbereich gibt es inzwischen eine Vielzahl erstaunlicher Erkenntnisse, die allesamt belegen, dass empathisches Verhalten nicht nur die Mitmenschen erfreut und berührt, sondern auch eine Wohltat für denjenigen ist, der mitfühlt.

Länger leben mit Mitgefühl

> Das Gefühl unserer Kraft vergrößert alles.
>
> *Marquis de Vauvenargues*

Vereinfacht gesagt, tut Mitgefühl nicht nur dem anderen gut, der spürt, dass seine Emotionen nachempfunden und verstanden werden. Es hat auch viele positive Auswirkungen auf das eigene Wohlergehen. Und weil es nicht nur die Seele, sondern auch den Körper stärkt, hilft es nebenbei, den Zusammenhalt nicht nur von Familien, sondern auch von Gruppen und größeren Gemeinschaften zu festigen, indem es deren Mitglieder gesund erhält. Das soziale Verhalten stärkt den Zusammenhalt der Gemeinschaft und trägt damit nebenbei zum Artenschutz bei.

Eine Auswertung von 160 Fachartikeln kam zu dem Fazit, dass es »klare und überzeugende Beweise« dafür gibt, dass glückliche, einfühlsame Menschen länger und gesünder leben.[59] »Ich war fast schockiert und überrascht, wie einheitlich diese Ergebnisse sind«, sagt der Psychologe Ed Diener, der die Daten ausgewertet hat. »Gesundheitsempfehlungen konzentrieren sich ja immer darauf, dass man gesund essen soll, das Gewicht halten, Sport treiben und nicht rauchen – aber vielleicht sollte man auch hinzufügen: Seid glücklich, nett zu euren Nächsten und vermeidet chronischen Ärger und Depressionen.«

Wer anderen gegenüber feindselig eingestellt ist, besonders ehrgeizig, hektisch und aggressiv und immer nur an seinen eigenen Vorteil denkt, tut sich hingegen gar nichts Gutes. Eine Untersuchung an mehr als 5600 Sarden ergab, dass bei denjenigen, die sich negativ und unangenehm im Umgang mit ihren Nachbarn und Bekannten zeigten, die Wände der Halsschlagadern stärker verdickt waren.[60] Diejenigen Inselbewohner, die oft gereizt und verärgert reagieren, die sich nicht für ihre Mitmenschen interessieren und die auch keiner gerne mag, erleiden demnach früher einen Herzinfarkt oder Schlaganfall als zugewandte und einfühlsame Menschen. Die Wanddicke der Halsschlagader gilt als Indiz dafür, wie hoch das Risiko für Herz-Kreislauf-Leiden ist.

Die Beweise werden immer eindeutiger, dass Unglück, Unzufriedenheit und Aggressionen das Leben verkürzen können – während Empathie und zugewandte Freundlichkeit gesund erhalten. So sterben in dem Monat nach dem Tod ihrer Frau doppelt so viele Männer, wie sonst im gleichen Alter üblich wären.[61] Bei Frauen verdreifacht sich die Sterblichkeit in den Monaten nach dem Tod ihres Partners sogar. Vor diesen persönlichen Schicksalsschlägen kann sich zwar niemand schützen. Wie man mit anderen umgeht und in die Welt blickt, hat man hingegen durchaus selbst in der Hand.

Schutzschirm gegen Stress

Geschäftige Torheit ist der Charakter unserer Gattung.

Immanuel Kant

Wer angestrengt ist, sich überlastet fühlt und darüber klagt, wie »stressig« alles ist, verhält sich nicht gerade besonders mitfühlend und fürsorglich gegenüber anderen. Sein Blick ist nur auf sich und kaum auf andere gerichtet. Empathie entfaltet sich unter sozial anstrengenden Umständen nämlich nicht gut. Fühlen sich Menschen gar ausgeschlossen und von einer Gruppe isoliert, zu der sie gerne gehören würden, nehmen ihre Anteilnahme und ihr soziales Verhalten stark ab.[62]

Wird Freiwilligen in einem psychologischen Experiment prophezeit, dass sie am Ende ihres Lebens vermutlich einsam und alleine sein werden oder dass andere Teilnehmer der Untersuchung nichts mit ihnen zu tun haben wollen, verhalten sie sich sofort anders: Sie sind weniger generös und spenden dann beispielsweise weniger für einen Studentenfonds, sie machen nicht bei weiteren freiwilligen Experimenten mit und zeigen sich weniger hilfsbereit, wenn jemandem ein Missgeschick geschieht. Mit anderen kooperieren sie kaum, auch wenn sie dazu aufgefordert werden.

Diese Verhaltensweisen haben nichts damit zu tun, ob sie zum eigenen Nachteil oder dem anderer ausfallen, und sind auch nicht von der Stimmung und dem allgemeinen Selbstwertgefühl abhängig. Vermutlich schränkt es das empathische Verständnis für andere empfindlich ein, wenn man zurückgewiesen wird, und führt in der Folge dazu, dass der emotionale wie auch der handfeste Beistand für andere deutlich geringer ausfallen.

Wird den Probanden, die unter Stress stehen, hingegen mittels Nasenspray das sogenannte Bindungshormon Oxytocin verabreicht, reagieren sie nicht nur deutlich mitfühlender, sondern auch ihre Stressreaktion wird gedämpft. Die Momente der Ausgrenzung, aber auch bedrohliche Bilder werden dann als weniger belastend wahrgenommen, und die körpereigene Reaktion auf Stress wie auch die damit verbundene Cortisol-Ausschüttung fallen geringer aus.[63] Das Herz schlägt nicht so schnell, der Blutdruck steigt geringer, und die Atmung beruhigt sich schneller wieder.

Liegt eine bestimmte Genvariante für die Ausprägung des Bindungsrezeptors für Oxytocin vor, lässt sich die Belastungsreaktion hingegen nicht so stark dämpfen.[64] Sowohl das subjektive Stressgefühl als auch typische Folgeerscheinungen wie Blutdruckanstieg, Pulserhöhung, Schweißausbruch und innere Unruhe lassen die inneren Qualen länger weiterbestehen. Und das Stresshormon Cortisol befeuert die körpereigene Alarmreaktion weiterhin.

Wenn Stress und der damit verbundene Cortisol-Anstieg das Mitgefühl vermindern und empathische Reaktionen einschränken, könnte man annehmen, dass soziale und emotionale Belastungen es schwermachen, sich in andere einzufühlen. Unter akutem Stress ist es ja tatsächlich nicht leicht, auch noch für andere Gefühle zu entwickeln, aber insgesamt sind Menschen, die eine ausgeprägte körperliche Belastungsreaktion zeigen, dennoch empathischer. Wer hingegen auf Stress, Ausgrenzung und die Not anderer mit einer nur mäßigen körperlichen Belastungsreaktion antwortet, neigt viel eher zu Gefühlskälte und dauerhaft wenig empathischen Reaktionen.[65]

Folgerichtig zeigen Kinder und Jugendliche, die auf Belastungen kaum eine körperliche Stressreaktion zeigen und niedrige Cortisol-Spiegel aufweisen, auch weniger Empathie und neigen zu schwierigem Verhalten und psychischen Erkrankungen. Die fehlende Einfühlung bezieht sich nicht nur auf andere – auch in Momenten, in denen sie selbst bedroht werden, geraten solche Zeitgenossen kaum in Stress. Typisch für diese Menschen mit wenig Empathie ist es nicht nur, dass sie insgesamt über niedrige Cortisol-Spiegel verfügen, sondern auch, dass der zyklische Tagesrhythmus abgeflacht oder komplett gestört ist, in dem das Hormon normalerweise ausgeschüttet wird. Dieses Phänomen findet sich sonst nur bei Menschen mit psychischen Störungen sowie einer schweren Depression – die wiederum häufig mit wenig empathischem Verhalten einhergeht.[66]

Bei Teilnehmern von Mitgefühlstrainings, wie sie mittlerweile zur Schulung von Achtsamkeit und Empathie vielfältig angeboten werden, ergibt sich ein interessantes Bild: Wer häufig während der Übungsphasen zusätzlich zu Hause meditiert, erlebt zwar ebenfalls einen Anstieg der Stressreaktion und des Cortisol-Spiegels unter Belastung. Doch der Körper kehrt wesentlich schneller wieder in die Ruhephase zurück, und die Alarmsignale, die Herz, Blutdruck, Atmung und Schweißdrüsen aussenden und die nahezu alle Organe betreffen und in Mitleidenschaft ziehen können, normalisieren sich schneller wieder.

Dies kommt dem gesunden Prinzip von Stress erstaunlich nahe: In der akuten Belastung reagiert der Körper angemessen mit einer Aktivierung seiner Alarmsignale und ist auf Kampf oder Flucht eingestellt. Ist die erste Wut und Aufregung verklungen, kann man den Ärger aber schnell wieder vergessen, sich beruhigen, und es kommt erst gar nicht dazu, dass sich die gesundheitsschädigenden Folgen einer chronischen Stressreaktion entfalten können, die bekanntermaßen das Risiko für zahlreiche organische Erkrankungen und Depressionen erhöhen.[67] Wer ständig hadert und herumgrübelt und sich nicht von den belastenden Gedanken lösen kann, ist besonders anfällig für psychische Leiden.

Der Erkältung keine Chance

> Zufriedenheit hält einem sogar
> eine Erkältung vom Leib.
>
> *Friedrich Nietzsche*

Auch auf banale Alltagsleiden wirkt sich ein gedeihliches Miteinander in erfreulicher Weise aus: Wer häufig im Austausch mit anderen ist und munter seine sozialen Kontakte pflegt, leidet deutlich seltener an Erkältungen, obwohl die Ansteckungsgefahr durch mehr Kontakt mit mehr Menschen naturgemäß größer ist.[68] Aber das Immunsystem wird durch das bunte Miteinander eben vor allem gestärkt, nicht angegriffen. Sogar eine HIV-Infektion schreitet offenbar langsamer bis zur manifesten Aidserkrankung voran, wenn sich die Infizierten anderen Menschen nahe fühlen und in ein großes Netzwerk von Freunden und guten Bekannten eingebunden sind.[69]

In jüngster Zeit haben Forscher genauer beschrieben, wie Mitgefühl die Immunabwehr stärkt. Körpereigene Botenstoffe wie die Interleukine, die bei Infektionen vermehrt ausgeschüttet werden und feindliche Erreger in Schach halten helfen, sind in größerem Maße im Körper vorhanden, und die Abwehrmechanismen richten sich weniger aggressiv gegen den eigenen Organismus, wenn jemand mitfühlend ist. Dies führt dazu, dass Entzündungsreaktionen, wie sie auch bei vermehrtem Stress häufiger sind, weniger heftig ablaufen und den Körper schonen. Auch Autoimmunkrankheiten sind deswegen bei mitfühlenden Menschen seltener.

In einer originellen Untersuchung erholten sich Krankenhauspatienten, die ihre Ärzte als empathischer empfanden, schneller von banalen Infektionen als jene, die sich mit weniger einfühlsamen Medizinern konfrontiert sahen.[70] Sogar Erkältungen dauern immerhin einen Tag kürzer und sind bei jenen Menschen seltener, die auf konstruktive Weise zu Anteilnahme und Mitgefühl in der Lage sind und dieses von ihren Ärzten auch erfahren. Untersucht man das Nasensekret dieser Patienten, zeigt sich, dass darin mehr akut aktivierte Abwehrstoffe enthalten sind, beispielsweise das Interleukin-8.

Die alte Weisheit, wonach eine Erkältung mit Arztbesuch eine Woche dauert und ohne sieben Tage, muss also modifiziert werden: Ohne Arztbesuch dauern Husten, Schnupfen, Heiserkeit acht Tage, mit hingegen lediglich sieben – allerdings nur dann, wenn sich der Doktor besonders einfühlsam verhält und auf die Nöte und Sorgen der Patienten angemessen eingeht.

Der Zusammenhang zwischen Schnupfen und Mitgefühl zeigt sich auch bei einem recht drastischen Versuch: Werden Freiwillige gezielt einer Ladung Erkältungsviren ausgesetzt, bekommen jene häufiger und intensivere Symptome, die emotional wenig ausgeglichen sind und weder viel Interesse an anderen Menschen zeigen noch sozial eingebunden sind. Die Analyse ihrer Abwehrzellen und spezifischer Botenmoleküle, der Interleukine, zeigt ebenfalls, dass ihr Körper weniger abwehrbereit für Infektionen ist.[71]

Mitgefühl ist also nicht nur gesünder für denjenigen, der es empfindet, sondern auch für das Umfeld, das davon profitiert. Diese Befunde ergänzen prima die bekannte Tatsache, dass Menschen, die von ihrem Umfeld unterstützt und getragen werden, seltener eine Erkältung bekommen, auch wenn sie mit den Viren per Nasenspray ziemlich direkt konfrontiert werden.[72]

Stärkere Immunabwehr mit Mitgefühl

> Kein Mensch auf der Welt hat so viel Macht
> wie der Despot auf dem russischen Zarenthron,
> aber auch er kann das Niesen nicht unterdrücken.
>
> *Mark Twain*

Vermutlich führen sozial und emotional belastende Situationen, in denen Menschen wenig Empathie entwickeln und kaum Mitgefühl gegenüber anderen zeigen, dazu, dass die Immunabwehr beeinträchtigt wird und chronische Entzündungsvorgänge aktiviert werden. Während akute Entzündungen zur Sofortreaktion des Körpers auf Keime und andere Eindringlinge gehören und wichtig sind, um schnell wieder gesund zu werden und Feinde abzuwehren, können chronische Entzündungen den Körper dauerhaft schwächen und alle Organe angreifen. Damit sie entstehen, müssen keine Bakterien oder andere Erreger eindringen. Permanenter Stress führt ebenfalls dazu, dass die Entzündungswerte dauerhaft erhöht sind.

Von Kindern, die in jungen Jahren vernachlässigt oder traumatisiert wurden, ist beispielsweise bekannt, dass sie häufiger chronische Entzündungen entwickeln, auch wenn es ihnen als Jugendlichen oder Erwachsenen schon seit Jahren wieder gutgeht.[73] Sie haben sich nicht infiziert, aber im Vergleich zu nicht traumatisierten jungen Erwachsenen reagiert das Immunsystem von Menschen mit frühkindlichen Belastungen mit einer verstärkten entzündlichen Reaktion; das Abwehrsystem ist offenbar permanent auf Kampf und Auseinandersetzung eingestellt.

Damit diese Entzündungen entstehen können, sind, wie schon erwähnt, keine äußeren Erreger nötig. Die medizinisch so bezeichneten »inflammatorischen Prozesse« entstehen vielmehr von innen heraus und damit anders als eine Halsentzündung oder eine oberflächliche Wunde an der Hand, die eitert. Mittlerweile sind sich Forscher einig, dass derartige Entzündungsreaktionen ein Grund dafür sind, dass psychische Leiden wie Depressionen und Schizophrenie häufiger werden. Zudem befördern chronische Entzündungen langfristig die Entwicklung körperlicher Leiden wie Diabetes, Demenz, Krebs, einer Verkalkung der Herzkranzgefäße, Schuppenflechte und rheumatoider Arthritis.[74] Dass die Intensität der Stressreaktion unmittelbar die Entzündungsprozesse im Körper beeinflusst, ist mittlerweile unbestritten.[75] Die alltäglichen Verhaltensmuster modulieren in beachtlichem Ausmaß, wie sehr Psyche und Organe belastet werden: Wer sich beispielsweise regelmäßig in Mitgefühl übt, indem er bestimmte Meditationstechniken trainiert, zügelt sein Immunsystem und trägt damit zu einer gesunden Abwehrreaktion bei: Im Dauerzustand werden weniger Abwehrmoleküle wie Interleukin-6 produziert, und die Stressreaktion fällt nicht so überschießend aus. Bei akuter Belastung ist das Immunsystem aber dennoch in der Lage, angemessen auf den äußeren Stress zu reagieren. Langfristig wird der Körper auf diese Weise besser vor chronischen Entzündungen geschützt, und die Organe werden weniger angegriffen.

Derartige Erfolge lassen sich in erstaunlich kurzer Zeit erzielen. Ein nur sechswöchiges Programm, in dessen Rahmen schwer erziehbare Jugendliche aus Heimen und staatlichen Pflegeeinrichtungen ein Mitgefühlstraining absolvierten, führte zu einer deutlich abgemilderten Entzündungsreaktion bei ihnen.[76] In dieser Untersuchung konnte nicht nur das Abwehrsystem der Jugendlichen von ständiger Alarmbereitschaft auf einen gesünderen Aktivitätsgrad gedämpft werden, die verminderte körpereigene Entzündungsbereitschaft zeigte sich auch in niedrigeren Spiegeln des Akut-Phase-Proteins CRP.

Dieses Molekül zeigt an, wie schnell Entzündungen entstehen können, und war bei den Jugendlichen aus dem Heim, die zumeist eine schwere Kindheit hatten, anfangs besonders stark erhöht. Forscher wissen mittlerweile, dass ein dauerhaft hohes CRP oft ein Hinweis auf frühkindliche Belastungen wie Traumata und Vernachlässigung ist und auch bei Menschen mit Depression häufig in höheren Konzentrationen vorliegt.[77]

Labsal für das Herz

> Ein verwundet Herz hat keinen bessern Trost
> als eine mitfühlende Seele.
>
> *Gottfried Keller*

Auch für das Herz sind Schwankungen der Leidenschaft und Mitgefühl offenbar gesund. Dies konnten Wissenschaftler eindrucksvoll beobachten, als sie die Nervenerregung freiwilliger Probanden im Hirnscanner aufzeichneten, während diese ein ergreifendes Theaterstück erlebten. Die funktionellen Aufnahmen im Kernspin zeigten an, wann das Publikum der Darbietung besonders intensiv folgte und sich von den Schauspielern mitreißen ließ. Die Teilnehmer waren, anders als man vermuten sollte, nicht etwa gestresst und aufgeregt, während sie das Geschehen auf der Bühne nachfühlten. Im Gegenteil: Waren die Zuschauer »ganz bei der Sache«, sank ihre Herzfrequenz – und ihr Pulsschlag stabilisierte sich in jenen Momenten, in denen sie besonders innig die Dialoge auf der Bühne verfolgten.

Das Herz profitiert unmittelbar von Nähe, Einfühlung und Freundschaft.[78] Wer sich gut fühlt, in seinem Umfeld aufgehoben und von netten Menschen umgeben, bei dem verkalken und verstopfen die Herzkranzgefäße nicht so schnell, und in der Folge kommen Infarkte seltener vor. Aber auch Rhythmusstörungen und die als Insuffizienz bezeichnete Herzschwäche sind weniger häufig. Umgekehrt ist die Prognose für Gesunde wie bereits am Herz Erkrankte schlechter und die Wahrscheinlichkeit größer, einen Infarkt zu erleiden, wenn Feindseligkeit und Missgunst dominieren und wenig soziale Bindungen bestehen.[79] Diese vielen positiven Folgen der Nähe für die Gesundheit wirken sich naturgemäß auch auf die Lebenserwartung aus. Eine Analyse zum Einfluss der Gefühle auf Krankheit und Sterblichkeit hat dies eindeutig belegt – und zwar leben sowohl Gesunde als auch Kranke länger, wenn sie offen und an anderen Menschen interessiert sind, ihre emotionale Schwingungsfähigkeit behalten und daher insgesamt zufriedener und glücklicher sind.[80] Neben diesen konkreten gesundheitlich erfreulichen Auswirkungen eines Lebens mit Freunden und in Freude zeigen sich auch eine Reihe anderer positiver Nebenwirkungen. Wer eher zufrieden als unzufrieden ist, sich in Gesellschaft weiß, statt einsam zu sein, positiv und aufgeschlossen denkt statt negativ und destruktiv, der ist offenbar auch erfolgreicher im Beruf, verdient mehr, ist glücklicher in der Partnerschaft und besser darin, Probleme zu lösen und Konflikte zu bereinigen.[81] Diese umfassenden Erfolgsgeschichten sind offenbar nicht allein darauf zurückzuführen, dass freundliche, aufgeschlossene und einfühlsame Menschen eher als Mitarbeiter eingestellt, befördert oder mit Führungsaufgaben betraut werden oder zum Lebenspartner auserkoren werden als unzufriedene Motzköpfe. Vielmehr führen positive Emotionen und Mitgefühl dazu, dass Menschen insgesamt offener sind und sich ihre Gedanken und Interessen weiten, so dass sie sich ein größeres menschliches wie intellektuelles Umfeld erschließen und nicht nur ihr Herz öffnen, sondern auch die Augen und den Kopf.

Die Bereitschaft, zu lernen, zu verstehen, das eigene Bewusstsein zu erweitern und kreativer und flexibler auf andere Menschen und neue Situationen zu reagieren, ist ausgeprägter, wenn man bereit ist, mit anderen mitzufühlen, und positiver eingestellt ist. Inzwischen ist dieser Zusammenhang auch experimentell bewiesen worden und zeigt sich an der Vielfalt der Augenbewegungen, den Hirnströmen und dem Verhalten insgesamt.[82]

Ruhig Blut aus lauter Mitgefühl

Bei den meisten Menschen altert das Herz mit dem Körper.
Guy de Maupassant

Dass Liebe gesünder ist als Hass, ist keine besonders überraschende Erkenntnis. Erstaunlich ist hingegen, dass schon kleine Gesten der Freundlichkeit sich positiv auf den Körper auswirken. Die Art und Weise, wie man nach getaner Arbeit zu Hause empfangen wird, hat beispielsweise starken Einfluss auf das Wohlbefinden und die Gesundheit.

Für Herz und Kreislauf bedeutet es einen großen Unterschied, ob sie ihn liebevoll herzt und mit einem Kuss begrüßt oder an ihm herummäkelt, wenn er erschöpft heimkommt. Auch umgekehrt ist es etwas anderes, wenn er mit Kerzen und einem liebevoll zubereiteten Abendessen auf sie wartet – und nicht nur gereizt bemerkt, dass der Abwasch immer noch nicht erledigt ist.

Was viele stressgeplagte Berufstätige schon länger spüren, wurde inzwischen auch wissenschaftlich bestätigt: Kardiologen aus Kanada konnten zeigen, dass eine herzliche oder, besser: eine zärtliche Begrüßung durch den Partner den Blutdruck senkt. Auf dem weltweit größten Herzkongress, der Jahrestagung der amerikanischen Kardiologen, stellten die Ärzte ihre Ergebnisse vor. Zuvor hatten sie bereits ähnlich erfreuliche Wirkungen für Patienten mit Bluthochdruck beschrieben.[83] Die gute Nachricht gilt übrigens für Mann und Frau.

Die Wissenschaftler hatten zunächst an Patienten mit Bluthochdruck untersucht, wie sich Nähe und liebevolle Unterstützung durch den Partner auf Herz und Gefäße auswirkten. Nach drei Jahren ging es jenen Probanden mit freundlichen, einfühlsamen Gefährten in vielerlei Hinsicht besser: Die Dicke der linken Herzwand hatte abgenommen – ist sie verbreitert, zeigt das an, dass sie durch Bluthochdruck geschädigt ist. Bei Patienten in einer unzufriedenen und lieblosen Beziehung hatte die Herzwand hingegen an Breite zugelegt.

Der Blutdruck war ebenfalls über die Jahre leicht gesunken, wenn die Partner chronisch freundlich zueinander waren, während er in der anderen Gruppe etwas anstieg. »Die Qualität des Austauschs und intensiver partnerschaftlicher Kontakt der Eheleute haben den Blutdruck gesenkt und die Folgen des Hochdrucks abgemildert«, sagt Sheldon Tobe, der die Studie initiiert hat.

In der späteren Untersuchung ging es hingegen um den positiven Einfluss einer liebevollen und zärtlichen Beziehung auf Gesunde, die bereits eine Zeitlang mit ihrem Partner zusammen waren. »Die Belastung am Arbeitsplatz hat erheblichen Einfluss auf den Blutdruck«, sagt Tobe. Für die Studie hatte das Ärzteteam 216 Männer und Frauen ein Jahr lang beobachtet. Zu Beginn wurden bei allen Teilnehmern in einer 24-stündigen Aufzeichnung die Blutdruckschwankungen während eines Arbeitstages ermittelt. Im Jahresverlauf und am Ende der Studie wurde erneut der Blutdruck bestimmt.

Die Testpersonen mussten zudem angeben, in welchen Familienverhältnissen sie lebten und wie gut sie selbst ihren »partnerschaftlichen Zusammenhalt« einschätzten. Zudem wurde der subjektiv empfundene Stress während der Arbeit ermittelt. »Wir brauchen zwar eine gewisse Anspannung, um motiviert zu sein«, sagt Charmaine Griffiths von der Britischen Herzstiftung.»Aber der Blutdruck steigt, wenn die Belastungen zu viel werden.«Erhöhter Blutdruck gilt als die wichtigste Ursache für Herzinfarkt, Schlaganfall und andere Kreislaufkrankheiten.

Zum Ende der Studie zeigte sich, dass der Blutdruck bei denjenigen um 2,5 Millimeter auf der Quecksilbersäule (diese Maßeinheit wird in mmHg abgekürzt) gegenüber dem Durchschnitt gesunken war, die während der Arbeit zwar Stress, Ärger und andere Belastungen erlebten, aber am Feierabend Zuwendung von ihrem Partner bekamen und sich unterstützt fühlten. Obwohl sich der Blutdruck nur wenig verringerte, ist dieses Ergebnis von gesundheitlicher Bedeutung. Denn mit zunehmendem Alter steigt der Druck in den Blutgefäßen normalerweise kontinuierlich an. Bei denjenigen, die Stress während der Arbeit hatten und von keinem sehnenden Herz erwartet wurden, pochte das Blut im Gegensatz dazu mit einem um 2,8 Maßeinheiten erhöhten Druck in den Adern.

Natürlich gibt es auch Kritik an der Untersuchung. Aber eine Studie zur Herzlichkeit unter Partnern kann schlecht»geblindet« werden, der Placebovergleich für einen Kuss zur Begrüßung muss erst noch erfunden werden.

Immerhin haben die Forscher störende Einflüsse wie akute Verliebtheit ausgeschlossen. Denn weiche Knie können den Blutdruck in gefährliche Höhen treiben. Deshalb beschränkte sich die Forscher auf Paare, die schon mindestens ein halbes Jahr zusammenlebten. Der Einwand, dass es nicht wünschenswert sei, durch Zärtlichkeit den Blutdruck zu senken, lässt sich auch entkräften: Schließlich waren die untersuchten Paare bereits zwischen 40 und 65 Jahre alt. In dieser Lebensphase geht es in erster Linie nicht mehr um heftige Aufwallungen in den Adern, sondern vor allem darum, ruhig Blut zu bewahren.

Das Kreuz mit dem Kreuz

Das ist meine allerschlimmste Erfahrung: Der Schmerz macht
die meisten Menschen nicht groß, sondern klein.

Christian Morgenstern

So ein Rücken macht den Eindruck, als ob es vor allem um Statik, Mechanik und das richtige Verhältnis von Knochen, Sehnen, Bandscheiben und Muskeln ginge, wenn er keine Beschwerden machen soll. Dabei ist kaum ein Bereich des Körpers so sehr vom psychischen Befinden abhängig wie das Kreuz. Stress, dauernder Ärger, aber vor allem das Gefühl fehlender Wertschätzung lösen fürchterliche Schmerzen auf der Hinterseite aus – unabhängig davon, ob das Röntgenbild den Eindruck erweckt, dass nichts eingeklemmt und alles am richtigen Platz ist.

Für die Entstehung von Rückenschmerzen spielt es daher eine wichtige Rolle, wie man sich selbst und anderen begegnet. Etwa 70 Prozent der Menschen hierzulande klagen mindestens einmal im Jahr über Schmerzen im Kreuz. Doch bei sechs von sieben Patienten mit chronischen Problemen der Wirbelsäule lässt sich keine körperliche Ursache dafür finden.

Besonders deutlich wurde dieses Phänomen, als in der Schweiz vor Jahren Aufnahmen der Wirbelsäule von beschwerdefreien Erwachsenen angefertigt wurden. Radiologen und Orthopäden sollten die Bilder beurteilen, ohne dass sie mit den Menschen Kontakt hatten oder wussten, von wem die Aufnahmen stammten. Bei etwa einem Drittel der Menschen, deren Bilder sie sahen, empfahlen sie eine Operation oder eine andere eingreifende Behandlung – und das, obwohl keiner der Versuchsteilnehmer über Schmerzen oder andere Symptome geklagt hatte. Das Bild führt in die Irre und sagt manchmal wenig darüber aus, wie es dem Patienten tatsächlich geht.

Orthopäden aus Stanford haben untersucht, welche Menschen Rückenschmerzen entwickeln und ob man diese Anfälligkeit schon lange vor Beginn der Symptome erkennen kann, um vorbeugend etwas dagegen zu tun.[84] Sie beobachteten fünf Jahre lang 50 Probanden, die anfangs keinerlei Beschwerden hatten. Es zeigte sich, dass spätere Rückenschmerzen am besten anhand eines Persönlichkeitsprofils vorhergesagt werden konnten. Wer gehemmt war und seine Gefühle selten auslebte, erwies sich als besonders anfällig. Ein besonders starker Hinweis auf spätere Rückenschmerzen waren starke Unzufriedenheit im Beruf und das Gefühl, ausgegrenzt oder gar gemobbt zu werden.

Die von den Orthopäden ursprünglich favorisierten Prognosefaktoren erwiesen sich demgegenüber als nur wenig aussagekräftig: Weder eine Verkleinerung des Zwischenwirbelraums im Röntgenbild noch Schmerzen bei einer Injektion in die Bandscheibe taugten dazu, die Pein im Kreuz vorherzusagen. »Wir waren selbst überrascht, dass die technische Diagnostik überhaupt nicht viel gebracht hat«, sagt Eugene Carragee, der die amerikanische Studie geleitet hat.

Die Wirkung des seelischen Befindens auf das Kreuz ist nicht zu leugnen. Wer unzufrieden ist, gestresst und in Lethargie verfällt, dessen Schmerzrisiko ist sogar um das Siebenfache erhöht. Ärzte für Psychosomatik, Psychiater und Psychologen wissen das. Eine Untersuchung erbrachte, dass keine Besonderheiten an Knochen, Bandscheibe oder Muskulatur, aber vier psychosoziale Faktoren dafür ausschlaggebend sind, ob jemand Rückenschmerzen entwickelt oder nicht. Die vier Faktoren sind: 1. Außer Rückenschmerzen tut es noch an mindestens fünf anderen Stellen im Körper weh, 2. Die Patienten haben im Durchschnitt mehr als zwei verschiedene Ärzte pro Jahr wegen der Beschwerden aufgesucht, 3. Die Schmerzen sind schon früh, das heißt im Alter von unter 35 Jahren, erstmals aufgetreten, 4. Angst und Depression sind stark ausgeprägt, gleichzeitig ist das Einfühlungsvermögen in andere ziemlich gering. Schlimme Erfahrungen in der Kindheit wie Missbrauch oder Vernachlässigung erwiesen sich hingegen als nicht so starker Einfluss auf den Rücken, wie lange gedacht wurde.[85] Die Wirbelsäule ist eben nicht nur ein statisch starres Knochengerüst, das nach zu vielen mechanischen Belastungen Beschwerden verursacht, sondern der Rücken reagiert stark auf seelische Nöte. Noch immer ist das vielen Orthopäden oder Chirurgen nicht leicht zu vermitteln. Die Sprache kennt viele schöne Bilder für den Zusammenhang zwischen Rückenschmerzen und Psyche: Menschen, die zu viel buckeln, die es nicht im Kreuz haben oder auch zu viel Haltung bewahren, die zu hartnäckig sind, zu starr oder auch den Kopf zu oft hängen lassen.

Trotz einiger gravierender körperlicher Ursachen für Rückenschmerzen lässt sich bei sechs von sieben Patienten mit chronischen Problemen der Wirbelsäule kein orthopädischer Grund finden. Und die, bei denen zufällig ein Schaden festgestellt wird – so ein weiteres Paradox –, haben häufig keinerlei Beschwerden. So hat beispielsweise fast die Hälfte aller Erwachsenen über 40 Jahren einen Bandscheibenvorfall – doch die meisten von ihnen merken nichts davon. Und das ist auch besser so. Diagnosen und Untersuchungen schaden manchmal mehr, als dass sie nutzen. Denn was haben Gesunde von Befunden ohne Bedeutung? Nichts folgt daraus, außer dem Gefühl, doch irgendwie krank zu sein – obwohl man nichts davon spürt.

Wenn der Schmerz chronisch wird

> Der Schmerz dient in der Erschöpfung
> als Warner vor Gefahr.
>
> *Rudolf von Ihering*

Viele schmerzgeplagte Menschen machen das Schlimmste, was sie tun können: Sie »katastrophisieren«. Darunter verstehen Ärzte das ängstliche Vermeidungsverhalten von Patienten, die nichts mehr bewegen und sich nichts mehr trauen, weil sie mit dauerhaften Schäden rechnen, und daher panisch versuchen, die Schmerzen abzuwehren. Sie treiben keinen Sport mehr und ruhen sich lieber aus, statt aktiv zu sein.

Alles, was mit den Schmerzen in Verbindung gebracht wird – das kann auch ihr gesamter Körper sein –, wird abgelehnt. »Schmerzen, besonders Rückenschmerzen, überdecken oft Gefühle wie Wut, Aggression oder Trauer«, sagt Carl Scheidt, Professor für Psychosomatik an der Universitätsklinik Freiburg. »Therapeutisch ist es hilfreich, wenn die Patienten lernen, verdeckte Emotionen zuzulassen. Dann stellt sich oft Linderung ein.«

Mehrere Faktoren können Schmerzen fördern: Erstens geht es um das Lernen von Vorbildern, was aber wenig mit echter Einfühlung zu tun hat. Lösten beispielsweise schon geringe Unpässlichkeiten massive Ängste in der Familie aus? »Wenn sich die Mutter mit Rückenschmerzen immer gleich aufs Sofa gelegt hat, wird dieses Verhalten später oft nachgeahmt«, sagt Scheidt. Der zweite Faktor ist der »emotionale Kontext«. Wer in einem Umfeld aufgewachsen ist, das ihm das Ausleben von Gefühlen erschwert hat, oder wer schmerzhafte Trennungen erlebt hat, neigt dazu, bei psychischen Belastungen ebenfalls mit Schmerzen zu reagieren.

Der dritte Faktor: Früher Schmerz hinterlässt Spuren. Die Nerven zur Weiterleitung des Schmerzimpulses werden empfänglicher, der Schmerz wird gleichsam »gebahnt«. Wenn Schmerz oft unter psychischen Belastungen erfahren wurde, prägt sich auch dies ein. Die Zentren für die Schmerz- und jene für die Gefühlsverarbeitung liegen im Gehirn dicht beieinander. Das Gehirn vernetzt beide Zustände, denn Schmerzen bedeuten für den Körper vor allem Stress und schlechte Laune – beides nicht gerade ideale Zustände, um sich in andere einzufühlen. Durch Angst vor Schmerz wird der Stress noch größer. »Wenn diese Spur erst einmal genügend befahren wurde, funktioniert es auch umgekehrt«, sagt Carl Scheidt. »Dann lässt sich durch Stress Schmerz auslösen.«

Leider merkt sich der Körper nicht nur positive Erfahrungen, sondern er erinnert sich auch an negative Muster. In den Gehirnregionen des limbischen Systems werden Schmerzreize und Gefühlswahrnehmungen miteinander verknüpft. Dort entscheidet sich, wie intensiv der Schmerz aus dem Rückgrat in das Bewusstsein gelangt. Dort wird ausgewählt, welche Schmerzreize aus der Peripherie überhaupt im Gehirn ankommen. Gesunde verfügen über etliche Kontrollposten, die den Schmerz auf seinem Weg zum Gehirn hemmen, bei Schmerzkranken funktioniert dies nicht mehr.

Ähnlich wie der Türhüter in Kafkas Erzählung *Vor dem Gesetz* den Mann vom Lande daran hindert, sein Anliegen vorzubringen, gibt es hemmende Nervenbahnen, die einzig dazu da sind, bestimmte Schmerzreize zu unterdrücken. Sie hemmen auf Rückenmarksebene die Schmerzweiterleitung. »Durch chronische Schmerzerfahrung und negative Gefühle wird die Schmerzschwelle gesenkt, und der hemmende Einfluss auf die Schmerzbahnung entfällt«, sagt Scheidt. Stress, Ärger, Angst und andere schlechte Gefühle tun weh.

Negative Gefühle schlagen sich sogar neurobiologisch nieder, sie gehen buchstäblich auf die Nerven. Der Türhüter wird durchlässig für äußere Begehren. »Rückenschmerz ist keine Einbahnstraße, auf der Impulse nur von den peripheren Nerven zum Gehirn verlaufen«, sagt Ulrich Egle von der Universität Mainz. »Mindestens ebenso wichtig ist das, was durch Gefühle und Wahrnehmungsmuster von oben nach unten zurückgemeldet wird.«

Weitere Risikofaktoren für Rückenschmerzen sind frühkindliche Gewalterfahrungen. Unter erwachsenen Patienten mit unklaren Schmerzsyndromen finden sich deutlich mehr, die als Kinder misshandelt wurden. Auch Kinder kranker Eltern, die ihrem Nachwuchs nicht genügend Schutz bieten konnten, sind vermehrt darunter. In Deutschland geben 12 bis 14 Prozent aller Erwachsenen an, als Kinder geschlagen worden zu sein. »Wenn sie später Probleme haben, kommen sie mit allem, was körperliche Ursachen zu haben scheint, zum Arzt«, sagt der Heidelberger Orthopäde Marcus Schiltenwolf.

Manche Reaktionen zur Schmerzvermeidung sind zwar sinnvoll, etwa sich auszuruhen, wenn es weh tut. Was bei akuten Schmerzen nützt, schadet bei chronischen Schmerzen jedoch eher. Dabei könnte die Therapie so einfach sein: »Patienten müssen lernen, dass sie selbst etwas tun können. Etwa keine Angst mehr vor den Schmerzen zu haben«, sagt Schiltenwolf. »Dann beenden sie oft ihr Vermeidungsverhalten, und die Schmerzschwelle erhöht sich langsam wieder.« Wenn sie sich bewegen und wieder Vertrauen in ihren Körper gewinnen, erleben selbst chronisch Schmerzkranke das schöne Gefühl, wenn der Schmerz nachlässt.

Mitgefühl als Schmerzkiller

> Es gibt nur wenige Dinge,
> die wir ganz richtig zu beurteilen vermögen,
> weil wir an den meisten auf die eine oder andere Art
> allzu persönlich Anteil nehmen.
>
> *Michel de Montaigne*

Dass geteiltes Leid halbes Leid ist, wie das Sprichwort sagt, wird fast ausschließlich als Entlastung für den Leidenden verstanden. Hat er jemanden, der sich seiner Nöte, Ängste und Sorgen annimmt, geht es ihm gleich besser. Sogar der Schmerz lässt nach, wenn ein einfühlsamer Mensch nicht nur sein Bedauern ausdrückt, sondern auch glaubhaft Mitgefühl zeigt.

Erstaunlicherweise hilft Mitgefühl aber nicht nur dem Leidenden, sondern kann auch beim Mitfühlenden Leiden lindern. Wer sich empathisch einfühlt, tut also nicht nur anderen etwas Gutes, sondern schützt und hilft automatisch auch sich selbst. Der zugrundeliegende Mechanismus ist in der körpereigenen Hirnchemie zu suchen und könnte erklären, warum Mitgefühl regelrecht süchtig machen kann.

Verschiedene Forschungsbefunde haben zu dieser Vermutung geführt: Zunächst ist erkannt worden, dass seelische Schmerzen nahezu die gleichen Hirnregionen aktivieren wie körperliches Leid. Wer von einer Gruppe ausgeschlossen wird, dem tut der psychische Schmerz auch körperlich weh – und das schlägt sich in den identischen Nervenzentren nieder.[86] Beobachten wir, dass andere Menschen physische Schmerzen erleiden oder seelische Qualen, werden auch bei uns die Schmerzzentren aktiviert.[87]

Dieses Mitgefühl der Pein fällt umso stärker aus, je näher wir dem anderen stehen. Ist beispielsweise der Partner betroffen oder auch nur ein Fan desselben Sportvereins, ist das Ausmaß unserer

Empathie ungleich größer als gegenüber einem Fremden oder jemandem, der keine Interessen mit uns teilt. Dies ist der Grund, warum man mit den Schmerzen der Liebsten besonders stark mitfühlt und es nicht ertragen kann, wenn sie beim Arzt eine Spritze bekommt oder Schlimmeres erdulden muss[88] – und es eine seit Jahrhunderten eingeübte Praxis der Folter und Erpressung ist, zunächst die Partner oder Kinder eines Gefangenen leiden zu lassen oder wenigstens damit zu drohen.

Dass die Einfühlung bei Wildfremden stärker ist, auch wenn sie nur mit demselben Fußballverein sympathisieren, hat eine Forschergruppe aus Zürich gezeigt.[89] Der Versuchsaufbau war ziemlich originell: Anhänger des lokalen Fußballvereins bekamen ein Trikot mit dem Wappen ihres Teams angezogen sowie ein Armband, das sie unzweifelhaft als Fans klassifizierte. Dann wurden Anhänger des örtlichen Rivalen mit ihren Mannschaftsfarben ausstaffiert und bekamen ein andersfarbiges Armband.

In der Folge erhielten einzelne Freiwillige Elektroschocks am Handrücken in zunehmender Stärke. Die anderen Teilnehmer des Versuchs hatten drei Optionen: Sie konnten a) einen Teil der Schmerzen selbst übernehmen, so dass die Intensität der Pein buchstäblich geteilt wurde, b) ein Fußballspiel ihres Lieblingsvereins am Bildschirm betrachten, so dass sie abgelenkt waren, oder c) dabei zusehen, wie der andere gepeinigt wurde.

Handelte es sich um einen Fan der eigenen Mannschaft, waren die Teilnehmer viel eher bereit, Mitgefühl zu empfinden, ihre entsprechenden Hirnzentren zu aktivieren und in der Folge ebenfalls Schmerzen auf sich zu nehmen. Litten die Anhänger der anderen Mannschaft, blieb diese Geste der Hilfsbereitschaft hingegen weitgehend aus, die für Empathie zuständigen Nervenregionen waren kaum aktiviert. Das zarte Band einer gemeinschaftlichen Schwärmerei für ein paar Kicker entschied also in diesem Fall über den Grad der Güte und Menschlichkeit.

Eine ziemlich geringe Übereinstimmung mit den Interessen anderer löste also bereits die Hilfe aus, und das auf Kosten eigener Schmerzen. Diese Reaktion ist besonders erstaunlich, wenn man die Künste der Züricher Fußballer in den vergangenen Jahren berücksichtigt. Manchmal spielen die Schweizer Kicker ja so grausam, dass es weh tut.

Süchtig nach Mitgefühl

> Ein feines Gefühl lässt sich so wenig lernen
> wie ein echtes. Man hat es – oder man hat es nicht.
>
> *Theodor Fontane*

Fürsorge, Herzlichkeit und Mitgefühl werden vermutlich hauptsächlich über das Belohnungs- und Glückssystem im Gehirn vermittelt. Dabei spielen neben Oxytocin und Dopamin vor allem die sogenannten Endorphine eine Rolle, körpereigene Opiate.[90] Damit wäre der Schutz vor allzu schmerzhaftem Mitgefühl gleichsam inklusive: Sehen wir Menschen, die leiden, und begegnen ihnen so mitfühlend, dass uns selbst der Schmerz zu übermannen droht, wird mal eben das körpereigene Schmerzmittel aktiviert, und die Opiate dämpfen das eigene Leiden. Der stellvertretend empfundene Schmerz ist dann plötzlich gar nicht mehr so schlimm – und nebenbei rufen die durch Einfühlung hervorgekitzelten Endorphine noch ein paar weitere, angenehme, wohlig-warme Wirkungen hervor und bergen das Potenzial in sich, süchtig zu machen.[91] Gefühle der Herzlichkeit und Zuneigung könnten sich dann aus sich selbst heraus verstärken – ein wirklich mitfühlender Mechanismus, der automatisch nach mehr verlangt.

Die Idee ist faszinierend: Mitgefühl lindert demnach nicht nur die Schmerzen und das Leid anderer, die uns nahestehen, sondern verringert auch die eigene Pein. Und weil sich das so gut anfühlt, kann die einfühlende Haltung sogar so erfreulich sein, dass man davon regelrecht abhängig wird. Setzte sich das als Schneeballeffekt unter allen Menschen auf dem Globus fort, befände sich die ganze Welt bald im wohligen Rausch von Hilfsbereitschaft und Mitgefühl.

Buddhisten haben diesen biologischen Zusammenhang vermutlich schon lange geahnt: Eine ihrer Kernaussagen besagt ja, dass Mitgefühl der Weg ist, um frei von Leid zu werden. Nach jüngsten Forschungsergebnissen hätte diese Weisheit tatsächlich auch eine neurobiologische Grundlage.

Ausgegrenzt und voller Schmerzen

Allein zu sein!
Drei Worte, leicht zu sagen,
und doch so schwer,
so endlos schwer zu tragen.
Adelbert von Chamisso

Weil Mitgefühl ziemlich anstrengend sein kann und womöglich sogar negative Gefühle hervorruft, heißt das nicht, dass man erst gar nicht den Versuch unternehmen sollte, sich in andere einzufühlen. Wissenschaftler fanden etliche Belege dafür, dass fehlende Anteilnahme nicht nur herzlos wirken mag, sondern auch ungesund ist.

Verschiedene Forscherteams haben untersucht, wie über das Ausmaß des Mitgefühls reguliert wird, in welcher Intensität

Schmerzen wahrgenommen werden. Nicht mitmachen zu dürfen und von einer Gruppe ausgeschlossen zu werden tut zwar zunächst vor allem psychisch weh. Die Kränkung durch Zurückweisung wirkt sich aber auch physisch aus.

Vermutlich wird hier ein tief verwurzeltes evolutionäres Signal ausgelöst: Du bist nicht dabei, du gehörst nicht mehr zur Gruppe – und ohne die stützende Gemeinschaft bist du in Gefahr. Die kalifornische Neurowissenschaftlerin und Sozialpsychologin Naomi Eisenberger hat entdeckt, dass der Schmerz über die Zurückweisung durchaus auch wörtlich zu verstehen ist:»Soziales und physisches Leid überschneiden sich«, sagt die Forscherin.»Wer sich ungeliebt und abgewiesen fühlt, dem tut das auch körperlich weh.«

Eisenberger hat gezeigt, wie empfindlich Freiwillige auf den Ausschluss aus der Gemeinschaft reagieren. Die Forscherin nutzt dazu ein Computerspiel, bei dem sich mehrere Teilnehmer Bälle zuspielen. Was die Probanden nicht wissen: Das Spiel lässt sich manipulieren. Durch einen Trick bekommt einer der Probanden plötzlich keinen Ball mehr – und zwar völlig überraschend und ohne weitere Erklärung. Ein gemeines Detail: Ohne Grund ausgeschlossen zu werden ist offenbar noch verletzender, als wenn man versteht, warum man nicht mehr mitmachen darf.

Die Nervenverschaltung im Gehirn reagiert schnell: Wer aus der Gemeinschaft ausgeschlossen ist, bei dem sinkt sofort die Schmerzschwelle. Berührungen mit einem heißen Gegenstand und andere lästige Reize, denen sich die Probanden freiwillig aussetzen, werden sogleich als unangenehmer empfunden. Die Teilnehmer reagieren sogar dann empfindlicher auf Schmerzen, wenn sie in kurzen Filmszenen Menschen mit ablehnendem Gesichtsausdruck zu sehen bekommen. Der Grad der Schmerzempfindlichkeit ist aber offenbar vom Persönlichkeitstyp abhängig. Wer schnell alles auf sich bezieht und leicht zu kränken ist, reagiert nach der Zurückweisung schmerzempfindlicher als robustere Naturen.

Auch andere physiologische Prozesse werden im Körper aktiviert, wenn statt freundlichem Miteinander soziale Ausgrenzung droht. Entzündungswerte wie die sogenannten Akut-Phase-Proteine steigen an, diverse Botenstoffe des Immunsystems und der Abwehr werden vermehrt ins Blut abgegeben und tragen dazu bei, dass Schmerzen noch schmerzhafter sind und chronischer Stress auf die Organe ausgeübt wird. Nähe und das Gefühl von Gemeinschaft lindern hingegen die Beschwerden. Kann man die Hand seines Partners halten oder auch nur ein Bild von ihm sehen, tun nicht nur die Schmerzen nicht mehr so stark weh. Auch der Anstieg zu einem Berg wirkt dann weniger steil.

Schmerzmittel gegen die Kaltherzigkeit

> Alle unsere Leiden kommen daher,
> dass wir nicht allein sein können.
> *Arthur Schopenhauer*

Wie ähnlich körperliche und soziale Schmerzen empfunden werden, zeigt sich an einem weiteren Experiment aus dem Umfeld von Naomi Eisenbergers Arbeitsgruppe. So lässt sich das seelische Leid durch Ausgrenzung auch mit Arzneimitteln verringern, die eigentlich körperliche Beschwerden lindern sollen: Mit Paracetamol und vergleichbaren Schmerzmitteln behandelt, fallen für Probanden die Schmerzen der Zurückweisung nicht mehr so stark aus wie bei jenen Teilnehmern, die auch ausgegrenzt werden, aber nur ein Placebo aus Traubenzucker bekommen. Mitgefühl und Empathie spielen bei etlichen Sinneserfahrungen eine Rolle. Jeder, der sie gesehen hat, erinnert sich an die Szene, wie eine Tarantel über James Bonds mächtigen Brustkorb krabbelt. Die Szene geht unter die Haut. Man kann gar nicht anders, als ein Gefühl zu entwickeln, als würde die Spinne gerade über den eigenen Körper krabbeln. Menschen verfügen offenbar über eine Art »taktiles Mitgefühl«. Berührungen, besonders wenn sie verstörend sind, berühren auch beim bloßen Betrachten.

Irgendwo zwischen Stirn- und Scheitellappen, im sogenannten sekundären prämotorischen Kortex des Gehirns, wird der Tastsinn aktiviert, wenn Menschen am Brustkorb, am Bein oder anderswo angefasst werden oder sich dort etwas auf der Haut bewegt. Dort, in der Großhirnrinde, registrieren und verarbeiten spezialisierte Nervenzellen die Art und Weise der Berührung und erkennen blitzschnell, was sich da tut: freundlich und angenehm oder feindlich und bedrohlich? Evolutionsgeschichtlich alte Prägungen vermitteln das Signal einer Bedrohung, wenn kleinteilige Krabbelberührungen zu spüren sind – schließlich ist nicht ausgemacht, ob sie von einem zärtlichen Menschen oder von gefährlichen Insekten, Spinnen oder Schlangen herrühren.

Die Nervenverarbeitung im Gehirn unterscheidet sich also kaum – egal ob wir die Berührung selbst spüren oder ob wir sie bei anderen sehen und sie uns nahegeht. In der Tat haben Kernspinaufnahmen gezeigt, dass die Erregung im Gehirn ganz ähnlich abläuft – und dies einer der Gründe ist, warum uns Filmszenen, aber auch spannende Erzählungen so sehr berühren. »Sozialer und physischer Schmerz teilen sich viele gemeinsame Nervenbahnen und Signalwege im Gehirn«, sagt Eisenberger. »Vermutlich werden Ablehnung und der Verlust von etwas Geliebtem als eine elementare Bedrohung wahrgenommen.« Naomi Eisenberger sieht den Überlebensvorteil in der Gruppe, ohne die der Einzelne in Gefahr wäre, als evolutionäre Wurzel für die Nähe von psychischem wie physischem Leid: Es ist schon deshalb sinnvoll, sich zusammenzutun und füreinander zu empfinden, um in der Gemeinschaft den vielfältigen Gefahren besser begegnen zu können. Auch für Patienten sind diese Erkenntnisse von praktischer Bedeutung. Wer seine Arbeit verliert oder seinen Partner, reagiert darauf oft mit körperlichen Schmerzen und anderen Symptomen. Ärzte finden zumeist keine andere Erklärung dafür. Das körperliche Leid steigt, wenn die psychischen Belastungen zunehmen. Fühlt sich jemand therapeutisch aufgefangen und unterstützt, werden die Schmerzen hingegen wieder weniger oder lassen sich zumindest besser ertragen.

Das gesunde Gefühl der Zusammengehörigkeit

> Wir müssen immer trachten, nicht nur, was uns trennt, sondern was wir gemeinsam haben, herauszufinden.
>
> *John Ruskin*

Dass es Gemeinschaften gibt, die um den Nutzen wissen, den es hat, wenn sie ihre Mitmenschen integrieren, statt sie auszuschließen, zeigt das Beispiel des afrikanischen Stammes der Babemba. Dort wird ein Übeltäter nicht etwa bestraft, sondern so lange von seinen Nachbarn an seine Qualitäten und positiven Eigenschaften erinnert, bis er sich wieder von den anderen aufgenommen fühlt.

Wissenschaftliche Untersuchungen haben belegt, dass der Grad der Nähe die Intensität des Mitgefühls bestimmt. Es ist zwar nicht verwunderlich, dass wir mit unseren Kindern, Partnern und Freunden weitaus intensiver mitfühlen als mit Menschen, die uns tendenziell gleichgültig sind. Erstaunlicherweise ist aber auch die Bereitschaft größer, mit jenen Menschen mitzufühlen, die Anhänger derselben Partei, Fußballmannschaft oder Musikgruppe sind. Die neuronalen Wege und Umwege des Mitgefühls deuten auf ein »einmaliges Prinzip des Gehirns hin, um das Selbst mit einem Fremden zu verbinden«, wie es der japanische Physiologe Kiyoshi Nakahara nahezu poetisch ausdrückt. Vorausgesetzt, der Fremde ist nicht allzu weit entfernt, muss man wohl hinzufügen. Es ist ja nicht nur eine Frage des Anstandes, sondern auch des Abstandes, wie nahe einem das Leiden anderer kommt.

34 berührende Erkenntnisse über Körper und Seele

Empathie aktiviert im Gehirn ähnliche Regionen, egal ob man Pein oder Vergnügen erlebt oder mitfühlend beobachtet. Das Gehirn stellt neuronale Gleichklänge mit den anderen her: Ich fühle, was du fühlst.

Empathisches Verhalten erfreut und berührt nicht nur die Mitmenschen, sondern ist auch eine Wohltat für denjenigen, der mitfühlt.

Einfühlsame Menschen leben länger und gesünder. Nicht nur gesund essen, Gewicht halten, Sport treiben und nicht rauchen hilft – sondern auch, mitfühlend zu sein und chronischen Ärger zu vermeiden.

Wer feindselig ist, lebt kürzer, erleidet eher Infarkt und Schlaganfall. Unzufriedenheit und Aggressionen machen krank, Empathie und Freundlichkeit erhalten gesund.

Wer angestrengt ist, sich überlastet fühlt, verhält sich nicht mitfühlend. Sein Blick ist auf sich gerichtet. Empathie entfaltet sich unter Stress kaum. Fühlen sich Menschen ausgeschlossen, sind sie gestresst, ihre Anteilnahme nimmt stark ab.

Oxytocin macht mitfühlend und dämpft die Stressreaktion. Ausgrenzung, aber auch bedrohliche Bilder werden als weniger belastend wahrgenommen.

Unter akutem Stress ist es nicht leicht, Gefühle für andere zu entwickeln. Wer sich in Achtsamkeit und Empathie schult, kehrt schneller in die Ruhephase zurück.

Wer häufig im Austausch mit anderen ist, ist seltener erkältet. Das Immunsystem wird gestärkt, nicht angegriffen.

Erkältungen dauern einen Tag kürzer und sind seltener bei jenen, die zu Anteilnahme und Mitgefühl in der Lage sind.

Patienten, die ihre Ärzte als empathischer empfinden, erholen sich eher von Infektionen.

Eine HIV-Infektion schreitet langsamer voran, wenn sich die Infizierten anderen nahe fühlen und in ein Netzwerk eingebunden sind.

Körpereigene Abwehrstoffe sind erhöht, wenn jemand zu Mitgefühl in der Lage ist. Entzündungsreaktionen, die bei Stress häufiger sind, verlaufen weniger heftig. Auch Autoimmunkrankheiten sind deshalb seltener.

Kinder, die vernachlässigt oder traumatisiert wurden, entwickeln häufiger chronische Entzündungen. Ihr Abwehrsystem ist offenbar permanent auf Kampf eingestellt.

Wer Mitgefühl übt, zügelt sein Immunsystem und trägt zur gesunden Abwehrreaktion bei. Bei akuter Belastung kann das Immunsystem angemessen auf Stress reagieren.

Für das Herz ist Mitgefühl gesund. Sind Theaterzuschauer »ganz bei der Sache«, sinkt ihre Herzfrequenz, und ihr Pulsschlag stabilisiert sich.

Das Herz profitiert von Nähe und Einfühlung. Herzkranzgefäße verstopfen nicht so schnell, Infarkte, Rhythmusstörungen, Insuffizienz kommen seltener vor.

Menschen mit Mitgefühl sind erfolgreicher und verdienen mehr. Sie sind offener, ihre Gedanken und Interessen weiten sich, so dass sie ein größeres menschliches wie intellektuelles Umfeld erschließen.

Die Bereitschaft, zu lernen, zu verstehen und kreativ, flexibel auf andere und Neues zu reagieren, ist ausgeprägter, wenn man mitfühlt und positiv eingestellt ist.

Wer einen freundlichen, einfühlsamen Partner hat und liebevoll zu Hause empfangen wird, schont sein Herz und senkt den Blutdruck.

Bei sechs von sieben Patienten mit chronischen Rückenschmerzen findet sich keine körperliche Ursache.

Für die Entstehung von Rückenschmerzen spielt es eine wichtige Rolle, wie man sich selbst und anderen begegnet.

Wer Gefühle selten auslebt, ist anfällig für Rückenschmerzen. Unzufriedenheit im Beruf und das Gefühl, ausgegrenzt oder gemobbt zu werden, erhöhen das Risiko.

Gegen chronische Schmerzen hilft es, verdeckte Emotionen zuzulassen. Dann stellt sich oft Linderung ein.

Schmerzen bedeuten für den Körper vor allem Stress. Durch Angst vor Schmerz wird der Stress noch größer. Kein idealer Zustand, um sich in andere einzufühlen.

Negative Gefühle schlagen sich neurobiologisch nieder, sie machen anfälliger für Schmerzen, weil die Schmerzschwelle gesenkt wird.

Geteiltes Leid ist halbes Leid, denn der Schmerz lässt nach, wenn ein Mensch glaubhaft Mitgefühl zeigt.

Mitgefühl der Pein fällt umso stärker aus, je näher wir anderen stehen. Das gilt sogar für Fremde, die nur die Begeisterung für denselben Fußballclub teilen.

Wer sich empathisch einfühlt, hilft sich selbst. Fürsorge und Mitgefühl werden über das Belohnungs- und Glückssystem im Gehirn vermittelt. Endorphine dämpfen das eigene Leiden, wenn wir Menschen sehen, die leiden, und mit ihnen mitfühlen.

Stellvertretend empfundener Schmerz ist nicht so schlimm, denn durch Einfühlung hervorgekitzelte Endorphine wirken angenehm und können süchtig machen. Gefühle der Zuneigung verstärken sich aus sich selbst heraus.

Mitgefühl lindert nicht nur Schmerzen und Leid derer, die uns nahestehen, sondern verringert auch die eigene Pein.

Von einer Gruppe ausgeschlossen zu werden kränkt, wirkt sich aber auch physisch aus. Wer sich abgewiesen fühlt, dem tut das auch körperlich weh.

Ablehnung senkt die Schmerzschwelle, lästige Reize werden als unangenehmer empfunden. Unter Schmerzmitteln verletzt die Zurückweisung nicht so stark.

Berührungen, besonders wenn sie verstörend sind, berühren auch beim Betrachten. Deshalb berühren Filme und spannende Erzählungen so sehr.

Wer Arbeit oder Partner verliert, reagiert oft mit Schmerz. Das körperliche Leid steigt, wenn psychische Belastungen zunehmen. Fühlt sich jemand aufgefangen und unterstützt, werden die Schmerzen weniger und lassen sich besser ertragen.

Der Lebenslauf der Empathie

Wer nicht zuweilen zu viel und zu weich empfindet,
der empfindet gewiss immer zu wenig.

Jean Paul

Man muss es so deutlich sagen: Eigentlich haben Jungen von Anfang an kaum eine Chance. Von klein auf sind sie benachteiligt, schließlich werden sie schon in jungen Jahren weniger emotional behandelt und erzogen. Ihnen wird die weibliche Gefühlswelt geradezu vorenthalten, statt ihre Defizite auszugleichen. So ist beispielsweise schon länger bekannt, dass Neugeborene anfangen zu weinen, wenn sie andere Babys weinen hören.[92] Sie weinen sogar dann, wenn die Laute nur denen von Babys ähneln, aber in Wirklichkeit von Schimpansen stammen. Kleine Mädchen reagieren auf die Klagelaute allerdings häufiger und intensiver mit eigenem Weinen als kleine Jungen.[93]

Auch unter Kleinkindern gibt es Unterschiede im Ausmaß der Empathie zwischen den Geschlechtern. Zweijährige Mädchen sind deutlich fürsorglicher als Jungen in diesem Alter, sie kümmern sich aufmerksamer um Gleichaltrige in Not. Später dann, als Teenagern, wird weiblichen Jugendlichen ein größeres Maß an Empathie zugeschrieben; Jungen gelten in der Pubertät hingegen als sozial ungelenk oder gar als Gefühlskrüppel. Und später, als Männern, wird ihnen vorgeworfen, dass sie zu wenig über ihre Gefühle reden und sie nicht zeigen können.

Höchste Zeit, einen Blick auf die Éducation sentimentale zu werfen, die Erziehung zum Gefühl – und was sich daraus an Empfindsamkeit entwickelt.

Empathie in der Erziehung:
Liebe statt Küchenpsychologie

> Man kann in Kinder nichts hineinprügeln,
> aber vieles herausstreicheln.
>
> *Astrid Lindgren*

Noch immer glauben viele Eltern, wenn ihr Säugling schreit, schade ihm das nicht. Doch die rigorose Einstellung, weinende Babys zu ignorieren, geht auf krude Empfehlungen aus der Nazizeit zurück. Schon klar, wenn Eltern von ihren Kindern Nacht für Nacht um den Schlaf gebracht werden, sind sie zu vielem bereit. Sie werden leichtgläubig – bevor sie ausrasten und verzweifeln. Ein beliebter Rat in dieser Zeit lautet, die Kinder doch schreien zu lassen. Angereichert ist diese Empfehlung mit viel Schwarzer Pädagogik: Die Kinder würden nur aus Langeweile schreien und hätten durchschaut, dass sie mit dem Schreien erreichen, dass sich Mutter oder Vater sofort um sie kümmern. Zudem habe es noch niemandem geschadet, wenn er als Kind eine Zeitlang habe schreien müssen.

Diese Vermutungen haben eines gemeinsam: Sie sind allesamt falsch. Säuglinge können in den ersten Lebensmonaten noch gar nicht durchschlafen. Ihr Tag-Nacht-Rhythmus ist nicht ausreichend entwickelt, zudem reicht die Nahrung in den ersten Wochen oft noch nicht für die ganze Nacht.

Die meisten Säuglinge haben auch noch nicht die Fähigkeit, sich selbst zu beruhigen. Wie sie sich am besten ins Bett kuscheln oder den Daumen benutzen, lernen sie erst später. »Nach wie vor haben Eltern in Deutschland große Angst davor, ihr Kind zu verwöhnen«, sagt Karl Heinz Brisch, Chef der Psychosomatik am Haunerschen Kinderspital der Universitätsklinik München. »Dabei weiß man, dass Kinder auf lange Sicht länger schreien, wenn

sie erst warten müssen, anstatt dass die Eltern prompt auf ihr Schreien reagieren.«
Der Rat von Ärzten ist deshalb eindeutig: Wenn Babys schreien, sollten Eltern sie umgehend beruhigen. »Schreien Kinder, ist das ein für Eltern deutlich zu lesendes Signal: Hier braucht es Achtsamkeit, Behutsamkeit und natürliches Interesse – schlicht Liebe«, sagt Florian Heinen, Chef der Abteilung für Neuropädiatrie und kindliche Entwicklung am Haunerschen Kinderspital. »Was es hingegen nicht braucht, ist Verunsicherung der Eltern und Küchenpsychologie. Das hat nur negative Folgen.«

Karl Heinz Brisch führt die rigorose Einstellung mancher Eltern auf wirkmächtige Empfehlungen aus dem Dritten Reich zurück. »Das Buch von Johanna Haarer *Die deutsche Mutter und ihr erstes Kind* wurde von den Nazis jeder Mutter als Erziehungsratgeber an die Hand gegeben«, sagt Brisch. Dort stehe klar: Wenn ein Baby gewickelt und gefüttert ist, legt man es in sein Bett und geht die ganze Nacht auf keinen Fall mehr ins Zimmer, sonst wird das Kind verwöhnt. Schreie das Kind, kräftige das die Lungen – Haarer war Lungenfachärztin. In nur wenig abgeänderten Auflagen wurde diese ebenso unsinnige wie kaltherzige Empfehlung bis in die 1990er Jahre verbreitet.

Noch in den 1960ern bekamen Paare zur Trauung den in der Nazizeit entstandenen Pädagogikratgeber von Johanna Haarer geschenkt, der 1938 unter dem Titel *Die deutsche Mutter und ihr erstes Kind* erschien und seit 1946 kaum überarbeitet unter dem Titel *Die Mutter und ihr erstes Kind* auch weiterhin Millionenauflagen erreichte. Dieser war bis Anfang der 1990er Jahre im Handel – die letzte Auflage wurde 1987 nachgedruckt – und hat daher mehrere Generationen von Geburt an in Lieblosigkeit depriviert.

»Kaltstellen« nannte Haarer das, und das Ziel war es, Kinder gegen die Widrigkeiten des Lebens abzuhärten und ein wehrtaug-

liches Heer heranzuziehen. Diese Ziele wurden auch in der über-
arbeiteten Auflage von 1946 nicht in Frage gestellt. Von Sigrid
Chamberlain liegt eine kritische Auseinandersetzung mit Haarers
Pädagogik vor.

Heute weiß man, dass Kinder auf diese Weise vor allem frustriert
werden und das Gefühl existenzieller Einsamkeit erfahren.»Sie
lernen früh, auf ein Notfallprogramm im Gehirn umzuschalten,
das analog dem Totstellreflex bei Tieren dem Überleben in abso-
luter Todesbedrohung dient«, sagt Brisch. Das Gehirn entwickelt
sich dann nicht so gut, und das Kind lernt nicht, angemessen mit
Stress umzugehen. Wenn Eltern Babys schreien lassen, sind die
Kleinen in der Tat nach ein paar Tagen ruhiger. Sie haben dann
verinnerlicht, dass sich keiner um sie kümmert, wenn sie jemanden brauchen.

»Kinder brauchen verlässliche körperliche Nähe, um ihre seelischen Grundbedürfnisse zu befriedigen und Stress abzubauen«,
sagt Fabienne Becker-Stoll, Direktorin des Staatsinstituts für
Frühpädagogik in Bayern.»Nur dann können sie sichere, ver-
trauensvolle Bindungen zu den Eltern und später zu anderen
Menschen aufbauen.« In bundesweit angebotenen Kursen
(»SAFE – Sichere Ausbildung für Eltern«) bringen Brisch und
sein Team werdenden und jungen Eltern bei, feinfühlig auf die
Signale ihres Kindes einzugehen. Florian Heinen sagt, worauf es
ankommt:»Wir würden gerne elterliches Selbstvertrauen verord-
nen und nicht elterliche Überreflexion.«

Der Evolutionsbiologe Jared Diamond hat in seinem Buch auf
die Umgangsweisen traditioneller Gesellschaften mit unruhigen
und schreienden Kindern hingewiesen.[94] Viele indigene Stämme
wenden sich ihren Kindern sofort zu, wenn diese danach verlangen. Der Erfolg gibt ihnen recht, und Hochlandbewohner in Pa-
pua-Neuguinea oder Amazonasindianer stehen ja nicht gerade in
dem Ruf, ihre Kinder zu verzärteln.

Schreiende Kinder einfach liegen zu lassen geht aber nicht nur auf die beschriebenen Traditionen des Dritten Reiches zurück, sondern ist eine autoritäre, wilhelminische Erziehungsform, die vor Ländergrenzen nicht haltgemacht hat – wie einschlägige Erziehungsratgeber zum Beispiel aus Frankreich zeigen. Das Bild vom Kleinkind als Tyrannen, den es zu bändigen gelte, hält sich standhaft. Die Urangst deutscher Eltern, ihr Kind zu sehr zu verwöhnen, ist tief verankert.

Schüler als Gefühlsanalphabeten

Mit den Kindern muss man zart und freundlich verkehren.

Otto von Bismarck

In der sechsten oder siebten Klasse müssen die meisten Schüler irgendwann Deutschaufsätze schreiben, in denen besonderer Wert auf die sogenannte innere Handlung gelegt wird. Das heißt, sie sollen ihre Gedanken, Gefühle und Stimmungen ausdrücken und anschaulich darstellen, was die Hauptperson ihrer Geschichte bewegt. Jungen tun sich häufig schwerer mit dieser Aufgabe als Mädchen und beschreiben in erster Linie Fakten und äußere Umstände (»Es regnet«, »Das rote Auto kam von links«), aber kaum Emotionen.

Vielleicht ist es an der Zeit, über eine mildere Bewertung des männlichen Nachwuchses nachzudenken. Dies legen zumindest Untersuchungen von Psychologen nahe, die Alltagsgespräche zwischen Eltern und Kindern analysiert haben. Demnach reden Mütter mit ihren Töchtern viel häufiger über Gefühle, Stimmungen und die eigene psychische Verfassung als mit Jungen, die es daher von klein auf auch nicht so gut kennen und können.[95]

Ein Forscherteam hat die Unterhaltungen von Vätern und Müttern mit ihren vier- bis sechsjährigen Kindern analysiert und beobachtet, dass Mütter insgesamt deutlich emotionsgeladener mit ihrem Nachwuchs reden als die Väter. Frauen benutzen viel häufiger emotional gefärbte Adjektive wie »traurig«, »heiter« oder »verängstigt«. Die Gespräche der Väter mit ihren Kindern sind hingegen weniger von Gefühlen geprägt.

Noch deutlichere Unterschiede zeigen sich allerdings, wenn die Mütter mit ihren Töchtern reden – dann sind sie besonders gefühlsbetont und verwenden vermehrt emotionale Ausdrücke, während sie mit ihren Söhnen spürbar sachlicher kommunizieren und auch nicht so viel von ihren eigenen Gefühlen preisgeben. »Gespräche zwischen Eltern und Kindern weisen geschlechtsspezifische Unterschiede auf«, sagt die Studienleiterin Harriet Tenenbaum. »Mütter reden ausdrucksstärker und gefühlsbetonter mit den Töchtern.«

Die langfristigen Folgen sind naheliegend: »Zwangsläufig erlernen aufwachsende Mädchen von Anfang an einen direkteren Zugang zu ihren Gefühlen«, sagt Tenenbaum. »Das wirkt sich hilfreich im Bekanntenkreis, in der Familie, aber besonders im Beruf aus, denn viele Arbeitgeber legen inzwischen Wert auf die emotionale Intelligenz ihrer Mitarbeiter.« Männern werden Gefühle hingegen eher aberzogen, und sie bekommen von jungen Jahren an weniger Gelegenheit, von Vorbildern zu lernen, wie sie sich emotional ausdrücken.

Frühere Untersuchungen haben gezeigt, dass Frauen aus Gesprächsfetzen eher emotionale Inhalte heraushören als Männer, die sich stärker auf die Fakten konzentrieren. Auch in Studien, in denen es darum ging, die Eifersucht zu stimulieren, waren Frauen empfänglicher für emotionale Zwischentöne in Gesprächen und die Bereitschaft ihrer Partner, eine andere Frau seelisch attraktiv zu finden. Männer hatten hingegen hauptsächlich Ohren dafür, wenn ihre Partnerin von körperlichen Vorzügen eines anderen schwärmte oder es gar handfest um Seitensprünge ging.

Für Männer ist es schon ein Kreuz: Von klein auf werden sie weniger emotional auf die Fährnisse des Lebens vorbereitet, und dann müssen sie sich später ständig von ihren Frauen anhören, dass sie so wenig über ihre Gefühle reden und nie zeigen, wie es ihnen wirklich geht. Dass sie weitgehend emotionale Analphabeten sind, ist jedoch meistens eine Frage der Erziehung – von Frauen.

Immerhin, es gibt Hoffnung. Mit zunehmendem Alter holen die Männer auf und müssen nicht mehr das Gefühl haben, in der Schule der Empfindsamkeit ewig nachgesessen zu haben. Sie erreichen in mittleren Jahren nahezu jene tieferen Zustände der Empathie, die Frauen schon seit ihrer frühen Kindheit kennen.

Kinder – das erwachende Gefühl für Ungerechtigkeit

> In jedem Kinde liegt eine wunderbare Tiefe.
> *Robert Schumann*

»Das ist aber unfair!« Jeder kennt diesen empörten Satz aus Kindermund. Und zwar von klein auf. Kinder entwickeln bereits im Alter zwischen sechs und acht Jahren einen objektiven Sinn für Gerechtigkeit, ein Gespür für Fairness haben sie sogar schon viel früher. Um dies zu erforschen, müssen Psychologen im Experiment allerdings einen zuverlässigen Fairnessindikator wählen: Süßigkeiten.

Wer die Fußball-WM 2014 in Brasilien in Erinnerung hat, mag kaum glauben, dass der Mensch als ein faires und gerechtes Lebewesen gilt. Da wurde getreten, geschubst, gegrätscht und sogar gebissen – und hinterher mit großer Unschuldsgeste beteuert, dass überhaupt nichts vorgefallen sei. Wahrscheinlich ist dieses Verhalten auf die Sozialisation als Fußballer zurückzuführen. Leugnen, Reklamieren und zur Schwalbe abheben lernen die Spieler von klein auf im Sportverein. Neuere Forschungsergebnisse zeigen jedoch, dass Menschen bereits im Kindesalter einen Sinn für Objektivität und Fairness entwickeln. »Das ist ungerecht«, rufen sie schon in ganz jungen Jahren, wenn sie selbst oder andere benachteiligt werden.

Allerdings neigt der Mensch dazu, Unfairness, begangen von Freunden oder Gleichgesinnten, nicht so stark zu verurteilen wie das ungerechte Verhalten Fremder. Psychologen der Universitäten Harvard und Yale haben gezeigt, dass diese Parteilichkeit offenbar altersabhängig ist.[96] Während Sechsjährige Ungerechtigkeiten in der eigenen Gruppe noch milder bewerten als die von anderen, ist ihr Gerechtigkeitssinn mit acht Jahren deutlich objektiver. Sie gehen auch dann gegen Unfairness vor, wenn sie aus den eigenen Reihen kommt.

Forscher um Jillian Jordan hatten zunächst Sechsjährige untersucht. Die Kinder wurden nach ihrer Lieblingsfarbe in blaue und gelbe Gruppen eingeteilt und trugen Hüte der entsprechenden Farbe. Dann schaute jeweils ein Kind zu, wie sechs Süßigkeiten zwischen einem Mitglied der eigenen und der anderen Gruppe geteilt wurden. Empfanden die »Schiedsrichter« die Aufteilung als fair, bekamen beide Empfänger die Naschereien. Wenn sie die Verteilung missbilligten, mussten die Schiedsrichter mit einer eigenen Süßigkeit die Ungerechtigkeit ausgleichen – die Bonbons eines unfairen Aufteilers kamen weg.

Bei den Sechsjährigen zeigte sich, dass sie weniger streng gegenüber Mitgliedern der eigenen Gruppe waren, Unfairness bei anderen jedoch hart ahndeten. In einer zweiten Versuchsreihe wurden Achtjährige mit dem identischen Versuch konfrontiert. Jetzt zeigte sich, dass die älteren Kinder weniger bestechlich in ihrem Urteil waren und sich von der Gruppenzugehörigkeit kaum beeinflussen ließen. »Die Sechsjährigen waren noch nachsichtig gegenüber ihresgleichen«, sagt Jordan. »Bei den Achtjährigen war hingegen deutlich zu spüren, dass sie auch dann um Gerechtigkeit bemüht waren, wenn es auf ihre eigenen Kosten ging. Sie hatten das Gefühl, dass Egoismus schlecht ist, egal ob er sich bei Mitgliedern der eigenen Gruppe zeigt oder bei Fremden.« Bereits im Grundschulalter entwickeln Kinder offenbar so viel Empathie, dass sie andere als unfair behandelte Opfer ansehen können, egal wie fremd sie ihnen sind.

Die Forscher fragen sich, ob das gezeigte Verhalten kulturspezifisch für den Westen ist oder es sich um Normen der Fairness handelt, die überall auf dem Globus gelten. Erneut bestätigt diese Untersuchung, dass sich Mitgefühl und Gerechtigkeitssinn schon bei kleinen Kindern finden und der Mensch nicht »von Natur aus« egoistisch ist, wie manche Ökonomen und Politiker gerne mittels biologistischer Blaupausen behaupten, um ungezügelten Wettbewerb zu rechtfertigen und Egoismus als Tugend darzustellen.

Das Gegenteil ist vielmehr der Fall: Der Biologe Frans de Waal hat anhand vieler Beispiele von Mensch und Tier gezeigt, warum sich fast alle Lebewesen »im richtigen Moment solidarisch und kooperativ verhalten«. Nämlich dann, wenn es der Gemeinschaft dient und unfaires Verhalten gebrandmarkt werden soll.

O weh – Jungen in der Pubertät

> Ich habe überhaupt keine Hoffnung mehr in die Zukunft
> unseres Landes, wenn einmal unsere
> heutige Jugend die Männer von morgen stellt.
> Unsere Jugend ist unerträglich, unverantwortlich
> und entsetzlich anzusehen.
>
> *Aristoteles*

Es gibt kaum eine Phase im Leben des Menschen, in der die Unterschiede zwischen körperlicher Entwicklung und geistig-emotionaler Reife so groß sind wie bei Jungen in der Pubertät. Im Alter zwischen 14 und 18 Jahren stehen da schon körperlich ausgewachsene Kerle mit Bartwuchs und tiefer Stimme vor einem. Meistens stehen sie sich aber selbst im Weg, denn oftmals wissen die jungen Männer kaum etwas mit sich anzufangen. Kein Wunder, dass sie nur selten in der Lage sind, sich mitfühlend in andere hineinzuversetzen.

Man kann deshalb durchaus zu der Schlussfolgerung kommen: Jungs sind das eigentliche schwache Geschlecht. Sie sind aggressiver als Mädchen – aber auf der anderen Seite auch ängstlicher. Unter Kindern und Jugendlichen mit Aufmerksamkeitsdefizit und Hyperaktivität (ADHS) sind 80 Prozent Jungen. In Förderschulen gibt es mehr Jungs als Mädchen – unter Abiturienten sind sie hingegen in der Minderheit. Jungs sind auch biologisch empfindlicher – ihre Säuglingssterblichkeit ist höher als die von Mädchen. Und Jungs sind zumindest in der frühkindlichen Zeit stärker als Mädchen auf emotionale Nähe angewiesen. Doch ihr ruppiges Verhalten führt dazu, dass sie oftmals »nicht gesehen« werden. Ärzte, Psychologen und Biologen wissen um den Zusammenhang von Angst, Aggression und geringer frühkindlicher Bindung.

Bei Primaten lässt sich gut nachverfolgen, wie mangelhafte Bindung zur Mutter bei einer entsprechenden Veranlagung zunächst zu Aggressionen und dann zur sozialen Isolation der männlichen Heranwachsenden führt. Verhaltensforscher am Nationalen Institut für Kindergesundheit und -entwicklung der USA haben gezeigt, dass ein gestörter Serotonin-Stoffwechsel junge Rhesusaffen anfällig für auffälliges Verhalten macht.[97] Kann weniger von dem Überträgerstoff im Gehirn gebunden werden, eskaliert das normale Spiel der Tiere schnell zum Kampf. Die aggressiven männlichen Jungaffen sprechen in Versuchen zudem deutlich stärker dem Alkohol zu.[98] »Diese streitsüchtigen Tiere haben angefangen zu trinken und weitergemacht, bis sie umfielen«, sagt Stephen Suomi, der die Untersuchungen geleitet hat. »Von der Horde werden sie gemobbt, andere Mütter sehen sie als Bedrohung ihres Nachwuchses an.« Soziale Fähigkeiten entwickelten diese isolierten Affen nicht. Sie bringen nicht nur andere, sondern auch sich selbst in Gefahr. »Etwa die Hälfte dieser Affen überlebt diese gefährliche Zeit nicht«, sagt Suomi.

Variationen in der genetischen Ausstattung sind jedoch kein unabänderliches Schicksal. Es kommt auf die Interaktion mit der Umwelt an, ob sich die Unterschiede im Erbgut auch im Verhalten ausprägen. Wuchsen die Tiere bei ihrer Mutter auf, verhielten sich alle untersuchten Jungaffen ähnlich, erst in der sozialen Isolation wurden manche der Tiere auffällig. »Gute mütterliche Versorgung kann alle genetischen Unterschiede aufwiegen«, sagt Suomi. »Kümmert sich die Mutter hingegen nicht, oder herrscht starker Stress, wirken sich die Gen-Unterschiede jedoch aus, und die Tiere zeigen die ganze Bandbreite eines psychopathologischen Verhaltens.«

Zwar werden viele prägende Erfahrungen in der frühesten Kindheit vermittelt, in der Jugend sind jedoch nicht nur junge Affen, sondern auch junge Männer besonders verletzlich. »Der größte

Unterschied zwischen intellektuellen und emotionalen Fähigkeiten besteht im Alter zwischen 14 und 19 Jahren«, sagt auch der Psychologe Nick Allen von der Universität Melbourne. »Das zeigt schon die Gehirnentwicklung.« Die seelische Reifung kommt bei den männlichen Jugendlichen selten mit ihrer körperlichen Entwicklung mit.[99] Wichtig für die Söhne ist neben mütterlicher Zuwendung aber auch das Vorbild des Vaters. »Väter sind nötig, um aggressives Verhalten zu begrenzen«, sagt Frank Dammasch, Professor für psychosoziale Störungen von Kindern und Jugendlichen in Frankfurt am Main. Streit und Kampf sind dann durchaus erlaubt, aber eben auch mit klaren Grenzen. »Aber viele Kinder kennen das ja gar nicht, sie sind bis zum zehnten Lebensjahr ja nur von Frauen umgeben – von Müttern, Erzieherinnen, Lehrerinnen.«

Wenn Männer weinen

> Von sentimentalen Liedern –
> wem fiel es nicht schon auf? – werden viele Leute
> mehr gerührt als von unglücklichen Menschen.
>
> *Otto Weiss*

Warum müssen eigentlich Männer, die sonst eher selten ihre Gefühle zeigen und kaum eine Träne verdrücken, ausgerechnet während eines Fußballspiels so häufig weinen? Mehrere Jahre lang war ich Inhaber einer Dauerkarte des SC Freiburg. Kein leichtes Schicksal, da das Team – bis heute – beständig zwischen den mittleren bis unteren Rängen der Bundesliga und den vorderen Plätzen der Zweiten Liga hin und her wechselt. Wer Anhänger des SC Freiburg ist, ist Kummer gewöhnt.

Die Freiburger hatten 1997 das georgische Nachwuchstalent Aleksandre Iaschwili verpflichtet. Der kleine, schmächtige Außenstürmer war damals erst 20 Jahre alt, ein flinker, ballsicherer Dribbler mit überraschenden Finten – ein Spieler, den wahre Fußballfans sofort in ihr Herz schließen mussten. Zudem war er ein leiser, zurückhaltender Zeitgenosse, dem jedwede Starallüren fremd waren. Irgendwann verletzte sich Iaschwili schwer. Ein halbes Jahr fiel er aus, und es war fraglich, ob er es schaffen würde, sich wieder in die Mannschaft zurückzukämpfen. Das erste Spiel, bei dem er wieder mitmachen konnte, gewann der SC Freiburg mit 2 : 0. Ich stand auf der Tribüne und weinte, denn beide Treffer hatte der georgische Linksaußen erzielt. Kaum jemand im Stadion, der Iaschwili diesen Erfolg nicht gegönnt hätte, denn etliche Fans hatten mitgebangt, wie sich der Kicker nach der langen Zwangspause wohl zurechtfinden würde.

Ist es das Kind im Manne, das da so hemmungslos mitweint? Spielt hier der geheime Wunschtraum so vieler Jungs eine Rolle, später selbst als gefeierter Fußballstar in den großen Stadien dieser Welt aufzulaufen? Und erinnern sich die erwachsen gewordenen Jungen als Zuschauer daran, wie sehr sie als Kinder dem Wunsch nachhingen – und können sich deshalb so gut in die Stimmung eines Kickers hineinversetzen, der nach einem schweren Rückschlag wieder zu alter Form findet und ein triumphales Comeback feiert?

Die genauen Gründe sind unklar, und vermutlich muss man dieses irrationale Verhalten auch gar nicht verstehen. Als Tipp für die Beziehung gilt: Vielleicht sollten Frauen mit ihren Männern einfach mal ins Stadion gehen, wenn sie sie wirklich verstehen und nahe bei ihren Gefühlen erleben wollen …

Nur auf sich bezogen: Midlife-Crisis

Da ist diese Angst, niemals den Gipfel zu erreichen
(und nicht einmal zu wissen, welcher Weg hinaufführt),
andererseits ist da die Angst, ihn tatsächlich zu erklimmen
(und nun zu wissen, dass es nicht mehr höher geht).

Zygmunt Bauman, Soziologe

Es gibt verschiedene heikle Phasen im Leben, in denen die Menschen erheblich selbstbezogener sind als sonst. Ein Höhepunkt der Egozentrierung ist neben der Pubertät sicherlich die Midlife-Crisis. Man kreist nur noch um sich, um die nachlassende Spannkraft, fehlende Energie und weniger Leistungsfähigkeit. Und nur mühsam stellt sich die Erkenntnis ein, dass es fortan nicht nur körperlich, sondern auch beruflich nicht zwangsläufig weiter aufwärtsgeht und manche Möglichkeiten im Leben unwiderruflich vorbei sind. Wer damit hadert, findet wenig Muße, sich auch noch in das Seelenleben anderer einzufühlen.

Aber halt, nicht aufgeben. Es besteht schließlich noch Hoffnung für die geplagten Fortysomethings, die eine Talsohle nach der anderen durchschreiten und ihr Selbstmitleid kultivieren: Nach der Krise geht es wieder aufwärts. Spätestens in den Fünfzigern beginnt der Aufschwung, und mit 60 Jahren ist die Lebenszufriedenheit oft wieder ähnlich groß wie bei den 25- oder 30-Jährigen – sofern die Gesundheit nicht beeinträchtigt ist. Zu diesem Ergebnis kommen die Wissenschaftler aufgrund einer umfangreichen Analyse in fast allen Regionen der Welt.[100]

Über diese Aussichten können sich allerdings nur jene Menschen freuen, die im wohlhabenden Teil des Globus leben. Wer hingegen in Osteuropa und den Ländern auf dem Gebiet der ehemaligen Sowjetunion beheimatet ist, in Lateinamerika oder in Afrika südlich der Sahara lebt, wird mit zunehmendem Alter immer unglücklicher. Die Gründe sind vielfältig: In diesen Weltregionen nimmt mit dem Alter auch die Armut stark zu, körperliche Gebrechen und Schmerzen werden häufiger, und in der Folge ist die Lebensqualität äußerst bescheiden.

Die Forscher – ein Gesundheitswissenschaftler, ein Ökonom und ein Psychiater – beschreiben für die westlichen Länder einen U-förmigen Verlauf der Lebenszufriedenheit, mit dem Tiefpunkt im Alter zwischen 45 und 54 Jahren.»In dieser Periode werden zumeist die höchsten Gehälter bezahlt, es ist oft die produktivste Arbeitsphase, und die Leute wollen viel schaffen und verdienen«, sagt Angus Deaton.»Allerdings geht das oft auf Kosten des Wohlbefindens und der Gesundheit – man will für später vorsorgen und ein Polster anlegen und vergisst darüber die Gegenwart.«

Zudem stellen sich in der heiklen Lebensphase zwischen 40 und 50 oft ein paar schmerzliche Erkenntnisse ein, die sich auch mit dem größten Talent zur Schönfärberei nicht wegdiskutieren lassen: Für den Karriereneustart ist es dann meist schon zu spät, und im gewohnten Beruf sind die Grenzen erreicht oder eng abgesteckt. Der Traumpartner ist längst vergeben, die Glut der eigenen Beziehung erkaltet, und auch die Marathonanmeldung, die Mitgliedschaft im Fitnessstudio und die Fünf Tibeter am Morgen können nicht darüber hinwegtäuschen, dass die Knochen knirschen, das Kreuz drückt und es immer irgendwo zwickt und zwackt. Und dann muss auch noch die Lesebrille her.

Ärzte und Therapeuten kennen die Probleme von Menschen, die das ernüchternde Gefühl haben, dass sie zwar manche Ziele erreicht haben, es von nun an aber nicht mehr weiter nach oben gehen kann. In dieser»Plateauphase« nehmen Schlafstörungen, Grübeleien, Freudlosigkeit und innere Abstumpfung zu, die Leistungskraft lässt nach. Häufig klagen Menschen in dieser Zeit über unklare Kopf- oder Rückenschmerzen und rennen von Arzt zu Arzt.

Ungeduldige Naturen mit einem leicht zu aktivierenden Belohnungssystem überbrücken diese prekäre Phase – bei entsprechendem Kontostand – mit einem Sportwagen, dem hauseigenen Weinkeller, in fremden Betten, auf dem Golfplatz oder mit anderen Ersatzbefriedigungen. Andere machen eine veritable Depression durch.

Nach einigen Jahren geht die Stimmungskurve wieder nach oben, und eine gewisse Gelassenheit stellt sich ein. »Sich einzugestehen, dass der Aufstieg nicht unbegrenzt weitergeht, ist wichtig für das seelische wie körperliche Wohlbefinden«, sagt Peter Henningsen, Chefarzt für Psychosomatik an der Technischen Universität München. »Wer sich hingegen nicht mit den alterstypischen Grenzen auseinandersetzt, erhöht sein Risiko, später in umso größere Zustände der Erschöpfung oder Depression zu geraten.« Die Einsicht, dass es gut ist, so wie es ist, trägt offenbar entscheidend dazu bei, eine Midlife-Crisis zu bewältigen.

Die Wissenschaftler aus Großbritannien und den USA hatten Daten aus 160 Staaten zum subjektiven Wohlbefinden und zum Gesundheitszustand der Menschen ausgewertet. In einigen dieser Länder werden in Langzeitstudien Hunderte Erwachsene jeden Tag danach befragt, wie zufrieden sie mit ihrem Leben sind, ob Glück oder Ärger und Traurigkeit bei ihnen vorherrschen und welchen Sinn sie ihrem Leben beimessen. Demnach sind in den westlichen Nationen Sorgen, Stress, Ärger und Unglück im Alter zwischen 40 und 50 so häufig wie nirgends sonst auf der Welt. Allerdings gibt es auch keine Region, in der diese Schwierigkeiten bald darauf so stark wieder nachlassen.

Eine frühere Untersuchung war zu dem Schluss gekommen, dass im globalen Durchschnitt das Stimmungstief mit 44 Jahren erreicht ist – in Deutschland gar schon mit 42,9 Jahren.[101] Wer die zweite Hälfte der Vierziger erreicht hat, kann also aufatmen – es kann nur noch besser werden.

21 einfühlsame Einsichten
von der Wiege bis zur Bahre

Jungen werden von klein auf weniger gefühlsbetont erzogen als Mädchen. Ihnen wird die weibliche Gefühlswelt geradezu vorenthalten.

Zweijährige Mädchen sind empathischer als Jungen in diesem Alter und kümmern sich aufmerksamer um Gleichaltrige in Not.

Die Einstellung, Babys schreien zu lassen, geht auf die Nazizeit zurück. Säuglinge können in den ersten Monaten nicht durchschlafen. Ihr Tag-Nacht-Rhythmus ist nicht ausreichend entwickelt, zudem reicht die Nahrung oft nicht für die ganze Nacht.

Schreien Babys, sollten Eltern sie beruhigen. Lässt man Kinder schreien, entwickelt sich das Gehirn nicht gut, und das Kind lernt nicht, mit Stress umzugehen. Lassen Eltern Babys schreien, haben diese das Gefühl, dass sich keiner um sie kümmert, wenn sie jemanden brauchen.

Kinder brauchen verlässliche körperliche Nähe, um ihre seelischen Grundbedürfnisse zu befriedigen und Stress abzubauen.

Das Bild vom Kleinkind als Tyrannen, den es zu bändigen gilt, hält sich standhaft. Die Urangst vieler Eltern, ihr Kind zu sehr zu verwöhnen, ist tief verankert.

Mütter reden mit Töchtern häufiger über Gefühle. Frauen benutzen öfter emotional gefärbte Adjektive. Gespräche der Väter sind weniger von Gefühlen geprägt.

Männern werden Gefühle eher aberzogen, und sie bekommen von jungen Jahren an weniger Gelegenheit, von Vorbildern zu lernen, wie sie sich emotional ausdrücken.

Frauen hören aus Gesprächsfetzen eher emotionale Inhalte heraus als Männer, die sich vermehrt auf Fakten konzentrieren.

Männer werden weniger emotional auf das Leben vorbereitet, müssen sich später aber von Frauen anhören, dass sie wenig über Gefühle reden.

Männer holen auf in der Schule der Empfindsamkeit. Sie erreichen in mittleren Jahren jenes Maß an Empathie, das Frauen seit ihrer frühen Kindheit kennen.

Kinder entwickeln bereits im Alter zwischen sechs und acht Jahren einen nahezu objektiven Sinn für Gerechtigkeit.

Unfairness von Freunden oder Gleichgesinnten wird nicht so stark verurteilt wie das ungerechte Verhalten Fremder.

Nie sind die Unterschiede zwischen körperlicher Entwicklung und emotionaler Reife so groß wie bei Jungen in der Pubertät. Sie sind selten in der Lage, sich mitfühlend in andere hineinzuversetzen.

Jungs sind in frühkindlicher Zeit stärker als Mädchen auf Nähe angewiesen. Doch ihr ruppiges Verhalten führt oft dazu, dass sie »nicht gesehen« werden.

Männer, die selten Gefühle zeigen, weinen während Fußballspielen öfter. Erinnern sich die Erwachsenen daran, wie sie als Kind selbst Kicker werden wollten?

In der Midlife-Crisis kreisen viele Menschen um sich selbst. Oft stellt sich die schmerzliche Erkenntnis ein, dass es körperlich wie beruflich nicht mehr aufwärtsgeht und manche Möglichkeiten vorbei sind.

Sich einzugestehen, dass der Aufstieg nicht unbegrenzt weitergeht, ist wichtig für das seelische wie körperliche Wohlbefinden. Wer sich nicht mit alterstypischen Grenzen auseinandersetzt, erhöht sein Risiko für Depressionen.

In den westlichen Nationen sind Sorgen, Stress und Ärger im Alter zwischen 40 und 50 so häufig wie nirgends sonst auf der Welt. Es gibt aber auch keine Weltregion, in der die Schwierigkeiten bald darauf so stark nachlassen.

Im globalen Durchschnitt ist das Stimmungstief mit 44 Jahren erreicht, in Deutschland schon mit 42,9 Jahren.

Mit 60 Jahren ist die Lebenszufriedenheit oft wieder genauso groß wie bei 30-Jährigen.

Verliebt und auf der gleichen Wellenlänge

Empathie bietet den direkten Zugang zum fremden Ich.
*Theodor Lipps, 1851–1914, prägte die Begriffe
»Einfühlung« und »Empathie«*

Im Jahr 2014 haben gute Freunde geheiratet. Es war im Herbst und für beide nicht die erste Hochzeit; sie sind bereits Anfang 50 und haben schon einiges im Leben hinter sich. Doch dann das: Wie sie sich unendlich und übermütig freuten und man ihnen dabei zusehen konnte, wie ihr Herz überging! Die Braut war überwältigt und gerührt an ihrem großen Tag und immer wieder sprachlos, wie sehr alle mit ihr fühlten und ihr von ganzem Herzen ihre Glückseligkeit gönnten. Der Bräutigam freute sich so herzig und rein und mit geradezu kindlicher Ausgelassenheit, dass man den Eindruck haben konnte, die Liebe wäre extra für die beiden erfunden worden. An diesem Tag war sie das bestimmt auch.

Während der Zeremonie im Standesamt kamen den Gästen immer wieder die Tränen, im Verlauf der Feier passierte das ebenfalls recht häufig. Nicht weil die Ansprache der Standesbeamtin so berührend war, sondern wegen des Paares. Die Freunde und Verwandten fühlten sich nahe und nahmen Teil am Glück und der Innigkeit der frisch getrauten Eheleute. Sie spürten oder ahnten zumindest, wie sich die Brautleute fühlten, es war ein großes Fest des Mitgefühls – und damit das nicht zu feierlich und pathetisch klingt: Die Hochzeit war außerdem auch ausgesprochen ausgelassen und heiter.

Die Anteilnahme an der Hochzeit der beiden war aber nicht nur deswegen so groß, weil sich viele Freunde und Verwandte so sehr mit Braut und Bräutigam freuten. Einen großen Anteil an der berührenden Veranstaltung hatte die augenscheinliche Freude und Begeisterung der frischgebackenen Eheleute selbst, die kaum fassen konnten, wie wohl ihnen war. Sie zeigten ihr ganzes Glück und wie überwältigt sie waren und was sie füreinander empfanden. Sie lachten gemeinsam, umarmten sich und schienen sich sogar auf ganz ähnliche Weise zu bewegen, ein bisschen wie zwei miteinander turtelnde Synchronschwimmer.

Die gleiche Körpersprache

> Es ist etwas Schönes, sein eigenes Bild
> im liebenden Auge zu erblicken.
> *Johann Wolfgang von Goethe*

Wer verliebt ist, der spürt und sieht etwas im anderen. Da ist etwas, das ihn permanent anzieht und die Nähe des anderen suchen lässt. Es muss nicht unbedingt die komplette Ähnlichkeit der Charaktere sein, man muss sich vom anderen auch nicht in allen Lebenslagen verstanden fühlen und die gleichen Interessen haben. Und trotzdem ist da dieser Wunsch, sich permanent zu sehen, sich zu berühren und dem anderen nahe zu sein. Die Bindung ist da, sie ist innig – und sie funktioniert oftmals auch ohne Worte.

Immer wieder entstehen Liebesverhältnisse zwischen Menschen, die kaum die Sprache des anderen sprechen. Das funktioniert auch deshalb, weil sich Verliebte in kurzer Zeit körperlich stark angleichen. Sie gehen nebeneinander spazieren und verfallen automatisch in den Gleichschritt, sie gehen Hand in Hand – und ein erstes Zeichen dafür, wie gut sich die beiden verstehen, besteht darin, den richtigen Rhythmus zu finden, wenn man schmusend nebeneinander hergeht, den Arm um die Schulter oder die Hüfte des anderen geschmiegt.

Wenn Jugendliche das erste Mal verliebt sind, fragen sie sich und andere manchmal, woran sie das denn merken würden, woher sie wissen sollen, dass es an der Zeit ist, sich zu küssen oder überhaupt anzufassen. Soweit überliefert, haben das bisher noch alle Paare hinbekommen, dazu braucht es keine Unterredung – diese Form der Einfühlung klappt bei Verliebten besonders gut.

Die Synchronisierung geht aber noch viel weiter. Ein Blick sagt oft alles – jedenfalls mehr, als die Sprache ausdrücken kann. Gemeinsam lächeln und lachen stellt sich wie von selbst ein, beim gemeinsamen Essen und Tanzen werden die Körper ebenfalls aufeinander abgestimmt und zeigen an: Wir verstehen uns, wir gehen eine Bindung ein.

Erstaunlicherweise ist der Grad der empfundenen Nähe sogar davon abhängig, wie synchron sich die Körper der Menschen verhalten, die es miteinander zu tun haben. Wer bei einem Rendezvous zum ersten Mal aufeinandertrifft, findet sich viel sympathischer und ist positiver gestimmt, wenn sich die Bewegungen gleichen. Erhebt man beispielsweise im selben Moment das Glas, wenn es der andere tut, und lehnt man sich zurück, nachdem der andere ebenfalls gerade diese entspannte Sitzhaltung eingenommen hat, fühlt man automatisch eine größere Verbundenheit mit ihm. Der Mensch ist ein Beziehungswesen, und dieses Im-Austausch-Sein drückt sich eben nicht nur in der Sprache aus, sondern besonders in den Nuancen der Bewegung.

Nur kein Stress –
im Rausch der Liebesdrogen

> Menschen zu finden, die mit uns fühlen und empfinden,
> ist wohl das schönste Glück auf Erden.
> *Carl Spitteler*

Es ist vom ersten Lebenstag an wichtig, eine intensive und liebe-volle Bindung zu seinem Kind aufzubauen. Das spüren Eltern eigentlich intuitiv; besonders die Mütter merken, wie sie sich zu den Neugeborenen hingezogen fühlen. Die Natur hilft dabei ein bisschen nach und geht auf Nummer sicher, dass sich auch innige Muttergefühle entwickeln: Mit dem ersten Milcheinschuss in die mütterliche Brust wird vermehrt das Hormon Oxytocin freige-setzt. Es ist mittlerweile ziemlich populär geworden als »Ku-schelhormon« oder »Bindungshormon«, da es das Bedürfnis nach Nähe, Berührung und Harmonie vermittelt und verstärkt.

Die Mütter können unter diesem Hormoneinfluss gar nicht an-ders, als das Kind immer wieder in den Arm zu nehmen, es zu streicheln und zu sich an die Brust zu nehmen. Sie gehorchen ihrem Instinkt. Eine ähnliche Wirkung zeigt das Oxytocin bei Paaren, die sich anfangs ständig anfassen und kuscheln. Das Hor-mon macht zudem herzlicher, generöser und verständnisvoller und führt dazu, dass man den anderen immerzu berühren und herzen will.

Oxytocin stärkt aber nicht nur das Bedürfnis nach Nähe, sondern auch das Vertrauen. In zahlreichen Untersuchungen zeigte sich, dass freiwillige Teilnehmer, die sich Oxytocin-Spray in die Nase sprühten, eher bereit waren, fremden Menschen Geld zu leihen. Diese Wirkung hielt sogar an, wenn es Anzeichen dafür gab, dass die Fremden unzuverlässig und unfair handelten, und nicht sicher war, dass sie das Geld zurückgaben.

Das Kuschelhormon Oxytocin scheint nicht nur Nähe und Vertrauen zu stiften, sondern der körpereigene Botenstoff hat auch andere positive Eigenschaften. Bei Stress wirkt er beruhigend und stabilisiert die Stimmung, zudem aktiviert er das körpereigene Belohnungssystem. Das heißt, Belastungen werden zwar als anstrengend empfunden, aber trotzdem kommt nicht das Gefühl auf, überfordert zu sein. Menschen, die in ihrem Umfeld als besonders herzlich gelten, andere eher umarmen und ihnen öfter ihre Zuneigung und Wertschätzung zeigen, sind deshalb zumeist auch deutlich widerstandsfähiger gegen Stress.[102]

Originelle Versuche zum Stressempfinden haben gezeigt, wie unterschiedlich die Reaktionen auf Belastungen ausfallen: Bei anstrengenden Denkaufgaben oder wenn er einen Konflikt beobachtet reagiert zwar jeder Mensch mit einer stressinduzierten Belastungsreaktion. Wer herzlich und umgänglich ist, kann jedoch besser damit umgehen. Dieses Verhalten spiegelt sich auch in deutlich höheren Oxytocin-Spiegeln im Blut wider. Ist das Hormon während der Belastungstests erhöht, spricht dies dafür, dass der Stress leichter abgepuffert und aufgefangen werden kann und gleichzeitig die Beziehungen zu anderen Menschen als tiefer und dauerhafter erlebt werden.

Wie viel des Kuschelhormons bei Jugendlichen und Erwachsenen zur Verfügung steht und bei Bedarf aktiviert werden kann, kann man nicht selbst beeinflussen. Die Konzentration des Oxytocins scheint vielmehr hauptsächlich davon abhängig zu sein, wie eng und liebevoll die mütterliche Bindung während der ersten Lebensjahre war.[103] Von der Intensität der frühkindlichen Bindungserfahrung ist es auch abhängig, wie in späteren Jahren Stress verarbeitet werden kann und ob jemand eher aggressiv und feindselig oder gelassen und ausgeglichen reagiert, wenn es mal anstrengend oder konfliktbeladen zugeht.

Drum prüfe, wer sich ewig bindet

> Heirate, wen du willst, aber versprich mir,
> dass immer ich dein Liebhaber sein werde.
>
> *Oscar Wilde*

Es ist gar nicht so leicht, wie es manchmal von außen wirkt, sich auf andere einzulassen. Viele Menschen leiden unter ausgeprägter Bindungsangst und vermeiden es daher lange, dass ihnen andere nahekommen und sie sich öffnen. Das Bild, das jene bindungsängstlichen Menschen von anderen Menschen haben, ist nicht gerade positiv: Sie halten sie tendenziell für unzuverlässig und unehrlich – und vermuten noch dazu, dass die anderen unselbständig sind und sich wie eine Klette an sie hängen werden. Werden mit Hilfe von Oxytocin das Einfühlungsvermögen und das Vertrauen bei Freiwilligen gesteigert, sind sie jedoch eher dazu bereit, sich offen und bindungswillig zu zeigen.[104] Gerade jene, die eine besonders starke Abneigung gegen zu enge Bindungen haben, vertrauen ihrem Gegenüber mehr, sind kooperativer und haben weniger Angst davor, abgelehnt und betrogen zu werden, wenn sie auf freiwilliger Basis das Oxytocin in die Nase gesprüht bekommen und sich auf diese Weise ihr Mitgefühl und ihr Vertrauen steigern. Für Beziehungsneurotiker wie für zerstrittene Paare wäre es vielleicht eine Option, sich mittels Oxytocin zu einem verträglicheren Mitmenschen zu dopen.

Mitgefühl im Streit

> Wer seine Gedanken nicht aufs Eis zu legen versteht,
> soll sich nicht in die Hitze des Streites begeben.
>
> *Friedrich Nietzsche*

Weil es das Mitgefühl zuverlässig stärkt, haben Forscher das Oxytocin-Spray auch in emotionalen Extremsituationen getestet und bei Paaren ausprobiert, die in Streit gerieten.[105] Sie wollten herausfinden, ob der Umgang der Partner miteinander – je nach Hormonspiegel – unterschiedlich heftig ausfällt. Dazu untersuchten sie Paare mit einem gemeinen Trick: Nach einem bestimmten Muster wurden die Partner zu einem Streit über ihre Beziehung und zu einem Gespräch über typische Probleme miteinander angeregt. Baldiger Ärger war auf diese Weise programmiert.

Die Hälfte der Teilnehmer bekam Oxytocin in die Nase gesprüht, die andere Hälfte hingegen ein Scheinmittel aus Milch- oder Traubenzucker. Die Auseinandersetzung der Paare wurde mit Video aufgenommen. Anschließend werteten Forscher nicht nur die verbale Kommunikation der Kombattanten aus, sondern auch das nichtverbale Verhalten, das heißt, sie achteten auf Augenkontakt, Gestik, Mimik und Abwehrreaktionen wie inneren Rückzug. Zudem wurde das Stresshormon Cortisol im Speichel bestimmt.

Das Ergebnis war verblüffend: Oxytocin in der Nase verbesserte die Kommunikation und emotionale Nähe der streitenden Paare ganz erheblich, zudem waren die Cortisol-Werte der Probanden deutlich niedriger, wenn sie zuvor das Kuschelhormon bekommen hatten.»Oxytocin scheint es nicht nur Tieren, sondern auch Menschen einfacher zu machen, aufeinander zuzugehen und sich zu binden«, sagen die Autoren.»Das Hormon spielt bei engen

Beziehungen und dem liebevollen Verhalten von Paaren eine wichtige Rolle.« Und offenbar trägt es sogar dazu bei, dass ein Streit nicht zum offenen Kampf ausartet.

Ein weiterer, wenig überraschender Nebenbefund des Versuches: Die Paare, die mit dem Bindungshormon gedopt waren, versöhnten sich nach dem Ende der Auseinandersetzung schneller wieder, fassten sich auch bald an der Hand und ließen sich ebenfalls zu anderen, innigeren Berührungen hinreißen.

11 liebevolle Einsichten zu Bindung und Verliebtheit

Verliebte spüren und sehen etwas im anderen. Die Bindung ist innig und funktioniert oft auch ohne Worte.

Verliebte gleichen sich körperlich an. Sie verfallen in Gleichschritt, gehen Hand in Hand. Sie lächeln und lachen gemeinsam, beim Essen und Tanzen werden die Körper ebenfalls aufeinander abgestimmt.

Der Grad der empfundenen Nähe ist davon abhängig, wie synchron sich Körper verhalten. Gleichen sich die Bewegungen, ist man sich sympathischer. Hebt man das Glas oder lehnt sich zurück, wenn es der andere tut, fühlt man mehr Verbundenheit.

Das »Bindungshormon« Oxytocin verstärkt das Bedürfnis nach Nähe und Harmonie. Paare müssen sich ständig anfassen – das Hormon macht zudem herzlicher, generöser und führt dazu, dass man den anderen immerzu berühren will.

Oxytocin stärkt das Vertrauen und die Bereitschaft, Fremden Geld zu leihen. Auch dann, wenn es Anzeichen dafür gibt, dass die Fremden unzuverlässig und unfair handeln.

Bei Stress wirkt Oxytocin beruhigend und stabilisiert die Stimmung, zudem aktiviert es das körpereigene Belohnungssystem.

Menschen, die andere eher umarmen und ihnen ihre Zuneigung zeigen, sind zumeist widerstandsfähiger gegen Stress.

Wer herzlich und umgänglich ist, kann besser mit Stress umgehen.

Die Konzentration an Oxytocin scheint davon abhängig zu sein, wie liebevoll die mütterliche Bindung in den ersten Lebensjahren war. Die Intensität der frühkindlichen Bindung entscheidet auch darüber, wie später Stress verarbeitet werden kann und ob jemand feindselig oder gelassen reagiert.

Oxytocin steigert das Einfühlungsvermögen. Wer Bindungen meidet, entwickelt mehr Vertrauen, ist kooperativer und hat weniger Angst, abgelehnt zu werden, wenn er Oxytocin bekommt und so sein Mitgefühl steigert.

Oxytocin verbessert die Kommunikation und emotionale Nähe streitender Paare. Wer mit dem Bindungshormon gedopt ist, versöhnt sich schneller wieder.

Du verstehst mich nicht –
Mann und Frau
in der Empathiefalle

Gewisse Ehen halten nur in der Weise zusammen
wie ineinander verbissene Tiere.

Gerhart Hauptmann

Schreie, Flüche und Beschimpfungen haben noch keine Partnerschaft gekittet. Und dem Wohlbefinden von beiden schaden sie nur. Das hat aber nichts damit zu tun, dass es nicht wichtig sein kann, sich in aller Klarheit auszusprechen – das hilft den
meisten Menschen sehr wohl.

Wenn sie ehrlich zueinander sind und es unbedingt aussprechen
müssen, könnten sich viele Paare eingestehen, dass sie emotional
nichts mehr aneinander bindet und sie sich genauso gut trennen
könnten. Gewohnheit, Bequemlichkeit und gemeinsame Verpflichtungen lassen die meisten dieser Paare aber dann doch noch
ziemlich lange zusammenbleiben.

In der besten aller Welten lesen sich Mann und Frau ihre jeweiligen Wünsche von den Lippen ab und erfüllen sie, bevor der
andere sie überhaupt hat äußern können. In Wirklichkeit kommt
diese Idealsituation allerdings ziemlich selten vor. Eher leiden
beide darunter, dass der Partner nicht das macht, was man von
ihm erwartet oder sich gar in seinen geheimsten Träumen
wünscht. Der Mann ist meist schnell genervt davon, wenn sie
ihm ständig sagt, was er zu tun und zu lassen hat und dass wieder
irgendetwas an seinem Verhalten auszusetzen war. Dabei will er

doch nur seine Ruhe haben. Und sie vermisst, dass er sich wirklich für das gemeinsame Leben interessiert und wahrnimmt, wie es ihr geht.

Tiefe Wunden

> Der einzige Unterschied zwischen einer Laune
> und der ewigen Liebe besteht darin,
> dass die Laune etwas länger dauert.
>
> *Oscar Wilde*

Streit ist für viele Paare ein festes Ritual. Das muss nicht schlimm sein, es kommt sehr darauf an, wie sich die Paare im Konflikt verhalten und ob sie einander dennoch zeigen können, dass sie sich schätzen. Forscher haben deshalb untersucht, wie sich die Art des Beziehungskrachs auf den Körper auswirkt.[106] Stress ist demnach sogar schlecht für die Wundheilung. Um dies zu erforschen, wurden Ehepaare zu zwei Terminen in die Klinik einbestellt. In beiden Fällen wurden ihnen kleine Wunden am Unterarm zugefügt. Das erste Mal bekamen sie eine unterstützende Beratung von Psychologen, wie sie Paarprobleme lösen konnten und sich besser in den anderen einfühlten. Beim zweiten Mal wurden sie aufgefordert, sich über ein konfliktbehaftetes Thema ihrer Beziehung zu unterhalten, woraus sich fast immer ein Streit, zumindest aber eine hitzige Diskussion entwickelte.

Wie auch immer sich die Paare während der Beratung oder im Streit verhielten, bei allen heilten die Wunden nach den unterstützenden Gesprächen besser und schneller wieder zu. Das Abwehrsystem war aktiviert, die Blutgerinnung stimuliert, und Stressmoleküle ließen sich nur in geringen Maßen im Körper feststellen. Nach dem Streit lief das Alarmsystem des Körpers hingegen auf Hochtouren: Die Wunden heilten langsamer zu, und feindliche Erreger konnten nicht so gut mit bordeigenen Mitteln bekämpft werden. Besonders interessant war allerdings, dass die Wundheilung bei Paaren, die sich auch im Konflikt einfühlsam und zugewandt verhielten, kaum beeinträchtigt war. Wer jedoch den anderen verletzte, ärgerlich und aggressiv auftrat, bei dem blieben die Wunden länger bestehen. Die Wundheilung der Streithähne verlief um 60 Prozent langsamer im Vergleich zu jenen, die sich auch dann gegenseitig ihre Wertschätzung zeigten, wenn sie unterschiedlicher Meinung waren.

Im Blut zirkulieren Botenstoffe, die als Zytokine bezeichnet werden. Dazu gehören Interleukin-6, Tumor-Nekrose-Faktor alpha und Interleukin-1 beta. Sie halten Entzündungen aufrecht und beeinträchtigen die Abwehrkraft des Organismus. Bei feindseligen Paaren waren sie auch noch am Morgen nach dem Streit erhöht. Dieser Mechanismus erklärt, warum für verbissene Paare in doppelter Hinsicht gilt, dass Konfliktherde weiterlodern und Verletzungen nicht so schnell heilen.

Auch bei Menschen, die sich unabhängig vom Partner häufig ärgern und ihre Wut nicht unter Kontrolle haben, dauert es übrigens länger, bis eine Wunde verheilt.[107] Forscher aus Ohio untersuchten Freiwillige, die bereit waren, sich auf dem Unterarm kleine Brandwunden setzen zu lassen. Die nächsten acht Tage wurden die Entzündungswerte, die Abwehrreaktion und die Wundheilung bei den Probanden beobachtet. Wer seinen Ärger nicht im Griff hatte und zumeist wütend, gereizt und aggressiv reagierte, bei dem bildete sich der Schorf langsamer, und es dauerte länger, bis die Wunde wieder verheilt war. Die feindseligen Teilnehmer hatten zudem erhöhte Cortisol-Spiegel, und auch andere Stresswerte im Blut waren bei ihnen angestiegen.

»Es sind zwar mechanistische Beweise«, sagt Janice Kiecolt-Glaser zu den Ergebnissen ihrer Forschungsgruppe. »Aber sie zeigen, wie empfindlich unser Körper und besonders die Wundheilung auf Stress im Alltag reagiert.« Die Wissenschaftlerin vermutet, dass die rasche Wirkung von Wut und Ärger auf die Wundheilung auch ein Zeichen dafür ist, wie negative Gefühle, Stress und Unzufriedenheit im Körper eine Kette von Reaktionen auslösen, die andere Erkrankungen wahrscheinlicher machen.

Offen sein für den anderen

Darin besteht die Liebe:
Dass sich zwei Einsame beschützen und
berühren und miteinander reden.
Rainer Maria Rilke

Es kann anstrengend sein, wenn regelmäßig die Wasserstandsmeldungen abgerufen werden, wie der andere die Partnerschaft sieht, und man sich ständig versichern muss, dass noch alles in der Beziehung stimmt. Aber gemeinsam Reizthemen zu besprechen und offen zu sein für die Gedanken und Ideen des anderen trägt außerordentlich zu einer gelingenden Beziehung bei. Die Partnerschaft wird als stabiler und befriedigender empfunden, wenn sich beide immer offen und liebevoll begegnen – und auch das Ausmaß der Intimität wird dadurch erhöht.[108] Zudem steigt das Verständnis füreinander, und beide Partner bekommen das gute Gefühl, respektiert und so akzeptiert zu werden, wie sie sind.

Offenbar ist es ein menschliches Grundbedürfnis, sich auch dem anderen gegenüber zu öffnen, wenn man selbst in persönliche

Gedanken und Gefühle eingeweiht wird. Das gilt nicht nur für den Liebespartner. Auch gegenüber Zimmergenossen und sogar Fremden geben Menschen mehr von sich preis, wenn die anderen sich gerade offenbart haben. Allerdings sind die Partner unterschiedlich offen – traditionell ist es die Frau, die ihrem Liebsten mitteilt, wenn sie etwas besorgt oder sie sich die Beziehung eigentlich ganz anders vorgestellt hat. Für Frauen ist gegenseitige Offenheit deutlich wichtiger. Schon unter Sechstklässlern verbringen die Mädchen mehr Zeit damit, sich gegenseitig ihre Geheimnisse zu verraten und über Freundschaft und Verrat zu spekulieren, als die Jungen, die in diesem Alter hauptsächlich Fußball und Streitereien im Kopf haben.

In der Partnerschaft kontrollieren Frauen, wie stark sich beide Seiten im Gespräch öffnen, und registrieren, wer wie viel von sich offenbart.[109] Hatten Frauen das Gefühl, dass ihre Partner sich ähnlich umfassend öffneten wie sie selbst, ließen beide den anderen stärker an ihren Gedanken und Gefühlen teilhaben. Männer fühlen sich hingegen ihrer Partnerin näher, wenn sie ein bisschen mehr von sich preisgibt als er. Für Paare kann es hilfreich sein, zu wissen, dass viel Nähe durch gegenseitige Offenheit entsteht – aber dass es Unterschiede zwischen den Geschlechtern gibt.

Diese Unterschiede zeigen sich auch in anderer Hinsicht: In manchen Ehen schmeißt sie den Haushalt und erzieht die Kinder – trotz Mann – weitgehend allein, und beide sind zufrieden. Das Gelingen einer solchen Beziehung ist vor allem eine Frage der Absprache und des Verständnisses. Aus wissenschaftlicher Sicht ist es jedoch nur dann wahrscheinlich, dass die Beziehung von beiden als glücklich empfunden wird, wenn sich beide als gleichberechtigt in der Partnerschaft verstehen.[110]

Forscher haben untersucht, welche Faktoren eine befriedigende Langzeitpartnerschaft begünstigen können. Entscheidend ist, dass die Paare einen intensiven Austausch miteinander pflegen, mitfühlend sind und sich auch nach Jahren der Ehe noch gut unterhalten und mitteilen können und immer wieder versuchen, Verständnis füreinander aufzubringen.[111] Dieser Aspekt ist besonders für die Frauen von Bedeutung und entscheidet mit darüber, ob sie sich in der Partnerschaft wohl fühlen und in der Beziehung bleiben. Fühlen sie sich nicht verstanden, suchen viele Frauen das Weite, sobald die Kinder groß genug und sie materiell halbwegs unabhängig sind.

Empathie in der Ehe

> Die meisten Differenzen in der Ehe beginnen damit,
> dass eine Frau zu viel redet und ein Mann zu wenig zuhört.
>
> *Curt Goetz*

Aus männlicher Sicht stellt sich die Lage nach einigen Ehejahren in vielen Fällen so dar: Die Männer wollen, dass ihre Frau so bezaubernd bleibt, wie sie zu jenem Zeitpunkt war, als sie sich in sie verliebt haben. Frauen wollen hingegen, dass ihre Männer sich permanent ändern, und begreifen den Gatten als Gestaltungsprojekt, an dem es dauernd etwas zu feilen und zu polieren gibt. Das Projekt Mann wird nie ganz fertig. Immer ist da noch eine weitere Baustelle. Auch wenn er sich alle Mühe gibt, lässt sich noch etwas optimieren.

Dass Männer und Frauen einander verstehen können, ist eine wunderbare Illusion. Die meisten Männer verabschieden sich ziemlich schnell davon, Frauen hängen dieser Idee oft auch nach mehreren Enttäuschungen noch nach. Manchmal reicht es schon, zu erleben, welche Witze er lustig findet und wie er mit seinem besten Freund redet, um sich kopfschüttelnd zu fragen, was in diesem Mann vorgeht – und wie sie sich ausgerechnet für ihn hat entscheiden können. Dabei müssen sich Mann und Frau gar nicht verstehen. Es gibt zwar Hinweise darauf, dass empathisches Einfühlungsvermögen eine tiefe Beziehung erst möglich macht und es für den Erhalt der Partnerschaft wichtig ist, sich verstanden und in seinen Stimmungen vom anderen erkannt zu fühlen. Empathie verbessert zudem die Kommunikation und verringert Konflikte. Einen Einfluss auf die Dauer und die Qualität der Beziehung hat das Ausmaß der Empathie aber offensichtlich nicht – zumindest nicht bei jungen Paaren.[112] Psychologen haben bei mehr als 200 Paaren gezeigt, die einen wahren Marathon an Beziehungsgesprächen absolvierten, dass die Haltbarkeit der Partnerschaft nicht davon abhängig war, wie mitfühlend die Beteiligten waren und ob sie die Gemütszustände des anderen tatsächlich erkannten. Außerdem überraschte es die Forscher, dass sich die Empathie weder mit der Dauer der Beziehung vertiefte noch mit zunehmendem Alter der untersuchten Paare anstieg, was angesichts der Altersgruppe zwischen 14 und 22 Jahren erstaunlich war.

Die Forscher irritierte zudem, dass sich der Grad der Empathie kaum darauf auswirkte, wie zufrieden die Partner in der Beziehung waren. Eher war das Gegenteil der Fall: Wenn sich die Jungen und jungen Männer als besonders aufmerksam erwiesen, den Gemütszustand ihrer Partnerin zu erkennen, wurde die Qualität der Beziehung sogar als schlechter eingestuft, als wenn die empathischen Fähigkeiten der Männer eher begrenzt waren. Ob die jungen Damen mehr oder weniger empathisch waren und Verständnis für seine Macken aufbrachten, war für die Güte der Beziehung sogar gänzlich ohne Bedeutung.

Zermürbende Routine

> Ehe: eine Gemeinschaft, bestehend aus einem Herrn,
> einer Herrin und zwei Sklaven, insgesamt zwei Personen.
>
> *Ambrose Bierce*

Ein Paar wie dieses müsste erst noch erfunden werden: Auch nach jahrelanger Beziehung ist die Partnerschaft jeden Tag aufregend, der Sex häufig und leidenschaftlich. Beide lieben sich noch mehr als am ersten Tag, und sogar wenn beide getrennt etwas unternehmen, können sie es gar nicht abwarten, dem anderen von ihren Erlebnissen zu berichten. Der Beziehungsalltag der meisten Paare sieht allerdings eher anders aus: Eintönig ziehen die Tage dahin, die Geschichten und Erlebnisse des anderen wurden zu oft aufgewärmt, als dass man ihnen noch mit Interesse folgen könnte, wenn er davon erzählt.

Dabei wäre teilnehmendes Zuhören ein einfaches, aber im Alltag schwer umzusetzendes Mittel dagegen, dass die Liebe langsam abhandenkommt. Videoanalysen von Paargesprächen zeigen eindrucksvoll, dass es immer wieder »kritische Momente« in den Alltagsgesprächen gibt, die Aufschluss darüber geben, ob eine Beziehung noch lange halten wird oder nicht.[113] Vereinfacht gesagt, müssen beide Partner das Gefühl haben, dass ihre Erzählungen mit Interesse und vor allem emotionaler Anteilnahme »belohnt« werden – ist dies nicht der Fall, drohen erst Enttäuschung und dann innere Abkehr. Beides sind Reaktionen, die eine Beziehung akut bedrohen können.

Eine typische Szene bietet beispielsweise jenes Paar, das sich abends wiedersieht, nachdem er von der Arbeit zurückkommt und sie sich den ganzen Tag um die Familie und den Haushalt gekümmert hat. Sie erzählt ihm von den Sorgen mit den Hausaufgaben, die der achtjährige Sohn hat. Der Mann ist in Gedanken noch im Büro und reagiert zunächst gar nicht – und dann desinteressiert. Sie ist daraufhin schon deutlich reservierter und spricht nur noch Organisatorisches für den nächsten Tag an, da beginnt er unvermittelt von seinem Ärger mit dem neuen Kollegen zu erzählen.

Jetzt reagiert sie enttäuscht, aber auch verärgert, da er ihre Sorgen ja gar nicht aufgenommen, sondern brüsk mit seinem Thema begonnen hat. Diese Art der Kommunikation wird das Miteinander des Paares für den restlichen Tag prägen, wenn keiner von beiden einlenkt und den Gesprächsfaden des anderen aufnimmt. Daraus entsteht schnell ein Muster, man unterstellt sich Gleichgültigkeit und Ignoranz. Beide igeln sich ein und sind beleidigt. Auf Dauer droht die gegenseitige Abkehr voneinander. Dabei wäre es so leicht, sich aus diesem Teufelskreis zu befreien.

Einander Wünsche von den Lippen ablesen

> Es gibt nur einen Weg, eine glückliche Ehe zu führen, und sobald ich erfahre, welcher das ist, werde ich erneut heiraten.
>
> *Clint Eastwood*

Mit Geschenken ist das so eine Sache, erst recht unter Paaren, die schon eine Weile zusammen sind: Man kennt sich zu gut, und gerade unzufriedene Partner warten manchmal nur darauf, dass der andere mit einem unpassenden Geschenk wieder einmal seine Lieblosigkeit unter Beweis stellt.

Für manche Menschen ist es daher eine ziemliche Last, sich zu überlegen, welche Gaben sie überreichen – anderen macht es hingegen viel Spaß, sich in die zu Beschenkenden hineinzuversetzen und sich auszumalen, was Freunden und Angehörigen die größte Freude bereiten würde. Der Aufwand und die Einfühlung, die Schenkende betreiben, stehen allerdings nicht immer im Verhältnis zu der Befriedigung, die sie bei den Beschenkten auslösen.

Es gibt diese umsichtigen Menschen, die sich das ganze Jahr über Notizen machen, was ihren Lieben gefällt, und das Betreffende auch umgehend besorgen. Brennt die erste Kerze auf dem Adventskranz, haben sie längst alle Weihnachtspräsente beisammen. Oft handelt es sich bei dieser Spezies um Frauen. Und dann sind da diese Menschen, für die Weihnachten alle Jahre wieder so gemein überfallartig kommt und die sich frühestens am 23. Dezember – gerne auch erst am 24. Dezember – aufmachen, um Geschenke zu besorgen. Zu dieser Gruppe gehören überwiegend Männer. Können sich Frauen deshalb auch besser in die Wünsche ihrer Männer einfühlen – oder sind sie nur gewissenhafter und besser sortiert im Jahresverlauf, so dass ihnen keine seiner Sehnsüchte entgeht?

Die Psychologie des Schenkens ist vielseitig und spannend, weswegen sich die amerikanischen Sozialpsychologen auf ihrer Jahreskonferenz in Long Beach 2015 dem Thema als Schwerpunkt gewidmet haben. Einige Erkenntnisse sind ebenso überraschend wie alltagstauglich – und bieten praktische Hilfe für die Wahl der Gaben an Weihnachten oder für den Geburtstag.

Wer für besonders wählerische Menschen Geschenke aussuchen muss, ist zumeist wenig motiviert und schiebt die Entscheidung gerne hinaus. Vermutlich hat der Schenkende den Eindruck, es dem anderen sowieso nicht recht machen zu können. Als Geschenk bekommen wählerische Zeitgenossen daher oft Gutscheine – oder genau das, was sie sich gewünscht haben, was den meisten Menschen übrigens die größte Freude bereitet, auch wenn es vielen Schenkenden als einfallslos und nicht gerade kreativ gilt.

Gutscheine lösen bei den Beschenkten erstaunliche Impulse aus. Sie wählen dann jene Luxusartikel, die sie sich nicht leisten würden, wenn sie den Wert des Gutscheins in bar geschenkt bekommen hätten. »Natürlich könnte man Geschenkgutscheine benutzen, um Alltägliches wie Bücher oder Taschentücher zu kaufen, aber das käme vielen wie eine Art Missbrauch vor«, sagt die Psychologin Chelsea Helion von der Columbia University. »Mit dem Gutschein sehen wir uns hingegen berechtigt, Außergewöhnliches anzustellen. Wir fühlen uns bei einem Lustkauf dann weniger schuldig, als wenn wir ihn bar oder per Kreditkarte begleichen würden.«

Der Versuch, ein persönliches Geschenk zu machen, führt leider nicht automatisch dazu, dass Beschenkte zufriedener sind. Der Schenkende hält sich zwar für besonders aufmerksam und zugewandt, dem Beschenkten macht er aber nicht zwangsläufig eine größere Freude, denn oft sind die Geschenke nicht sehr vielseitig, und es dauert länger, bis sie benutzt werden oder ein spezieller Gutschein eingelöst wird. »Wer besonders individuell schenken will, konzentriert sich meist auf die bekannten Vorlieben und Eigenheiten des anderen und nicht auf das, wovon er träumt und was er sich vielleicht endlich einmal erfüllen will«, sagt Mary Steffel von der University of Cincinnati. »Deswegen sind allgemeine Gutscheine befriedigender als solche, die nur für ein bestimmtes Produkt oder in einem Spezialgeschäft verwendet werden können.«

In jüngster Zeit werden vermehrt Einladungen zum Ballonflug, ins Konzert oder für den Wochenendausflug in die Berge verschenkt. Manchmal ist es auch der Sprung mit dem Fallschirm oder die Abenteuerreise. Wenn es nicht den Wagemut des Beschenkten überfordert, sind solche Geschenke genau die richtige Wahl. »Wenn Sie wollen, dass sich Freunde, Partner oder die Familienmitglieder Ihnen näher fühlen, verschenken Sie Erlebnisse«, raten die Psychologinnen Cindy Chan und Cassie Mogilner von der University of Pennsylvania. Verschiedene Studien haben gezeigt, dass solche Geschenke die Beziehung stärker festigen als materielle Gaben, sogar dann, wenn sie nicht gemeinsam erlebt werden.

Eine Eigenheit haben Erlebnispräsente dennoch: Sie bereiten nicht dann die größte Freunde, wenn sie verschenkt werden – sondern Wochen oder Monate später, wenn sie eingelöst werden. Insofern sind sie nicht nur mit schönen Erlebnissen verbunden, sondern auch besonders nachhaltig.

Schreie, Flüche und Beschimpfungen haben noch keine Partnerschaft gekittet. Viele Paare müssten sich eingestehen, dass sie emotional nichts mehr aneinander bindet.

Wer in der Auseinandersetzung einfühlsam bleibt, bei dem heilen Wunden besser. Wer feindselig auftritt, bei dem bleiben Wunden länger bestehen.

Bei feindseligen Paaren bleiben Entzündungsstoffe im Blut noch lange nach dem Streit erhöht.

Wer seinen Ärger nicht im Griff hat und häufig wütend und aggressiv reagiert, bei dem bildet sich Schorf langsamer, und es dauert länger, bis die Wunde verheilt.

Negative Gefühle, Stress und Unzufriedenheit lösen im Körper eine Kaskade von Reaktionen aus, die andere Erkrankungen wahrscheinlicher machen.

Offen für die Sorgen, Nöte, Wünsche und Ideen des anderen zu sein trägt zum Gelingen einer Beziehung bei.

Nicht nur gegenüber dem Partner, auch gegenüber Zimmergenossen und Fremden geben Menschen mehr von sich preis, wenn diese sich selbst offenbart haben.

Für Frauen ist Mitgefühl wichtiger. Schon unter Sechstklässlern verbringen Mädchen mehr Zeit damit, sich Geheimnisse zu verraten, als Jungen, die Fußball und Raufereien im Kopf haben.

Frauen kontrollieren in der Partnerschaft, wie viel beide von sich offenbaren.

Eine Partnerschaft ist befriedigender, wenn sich beide intensiv austauschen, mitfühlend sind und sich auch nach Jahren noch gut unterhalten und immer wieder versuchen, Verständnis aufzubringen.

Dass Männer Frauen verstehen können, ist eine Illusion, von der sich Männer spätestens verabschieden, wenn ihre erste Beziehung in die Brüche gegangen ist. Frauen hängen dieser Idee auch nach mehreren Enttäuschungen noch nach.

Empathie verbessert die Kommunikation und verringert Konflikte. Einfluss auf Dauer und Qualität der Beziehung hat das Ausmaß der Empathie aber nicht – zumindest nicht in jungen Jahren.

Teilnehmendes Zuhören ist ein einfaches Mittel dagegen, dass die Liebe abhandenkommt. Beide Partner müssen das Gefühl haben, dass ihre Berichte mit emotionaler Anteilnahme »belohnt« werden – sonst drohen Frustration und Abkehr.

Für manche Menschen ist es eine Last, sich zu überlegen, was sie verschenken. Unzufriedene Partner warten manchmal nur darauf, dass der andere mit unpassenden Geschenken seine Lieblosigkeit unter Beweis stellt.

Wer für wählerische Menschen Geschenke sucht, schiebt die Entscheidung hinaus. Der Schenkende hat den Eindruck, es dem anderen nicht recht machen zu können.

Gutscheine oder das, was sie sich gewünscht haben, bereiten vielen Menschen die größte Freude, auch wenn es den Schenkenden oft als einfallslos und unkreativ gilt.

Der Versuch, persönliche Geschenke zu machen, führt nicht dazu, dass Beschenkte zufriedener sind. Oft sind die Geschenke nicht sehr vielseitig, und es dauert länger, bis sie benutzt werden.

Erlebnisgutscheine festigen die Beziehung stärker als materielle Gaben, sogar dann, wenn sie nicht gemeinsam erlebt werden. Sie bereiten nicht dann die größte Freunde, wenn sie verschenkt werden – sondern Wochen später, wenn sie eingelöst werden.

Mehr Erfolg mit Mitgefühl

Der Erfolg hängt oft davon ab, dass man weiß,
wie viel Zeit für ihn nötig ist.

Montesquieu

Da Mitgefühl und Anteilnahme ebenso vielseitig wie hilfreich wirken, ist es nicht verwunderlich, dass diese Emotionen auch in Bereichen positive Folgen haben, in denen man gar nicht damit rechnet. Nicht nur in Partnerschaften, in der Familie und in gesundheitlichen Belangen zeigt sich das, sondern auch beim Sport – und sogar in der Kneipe und an der Bar.

Wenn die Besucher einer Bar mehr trinken, weil sie sich dort aufgehoben fühlen und verstanden, oder ein Fußballteam, das sich immer wieder aufmuntert, von Sieg zu Sieg eilt, stellt sich allerdings die Frage nach Henne oder Ei: Fühlen sich die Menschen in der jeweiligen Umgebung gut verstanden und kommen sich deshalb beim Drink oder während des hitzigen Matches näher, oder sind es die Nähe und die Vertrautheit, die den Zusammenhalt und das gute Gefühl erst auslösen?

Diese Frage ist schwer zu beantworten: Wissenschaftler sind sich allerdings inzwischen einig darüber, dass Empathie und Nähe sowohl Körper als auch Geist stimulieren und daher Lust, Kreativität und Leistungsvermögen steigern.

Mitfühlend im WM-Triumph

> Brasilien hat Neymar. Argentinien hat Messi.
> Portugal hat Ronaldo. Deutschland hat ein Team.
> *Steven Gerrard, Kapitän der englischen Nationalelf,*
> *nach der WM 2014*

Wer spät dran war und erst in der 30. Spielminute den Fernsehapparat einschaltete an jenem 8. Juli 2014, der konnte seinen Augen kaum trauen. Die Anzeigetafel zeigte bereits ein 5 : 0 gegen die Heimmannschaft an. Das konnte nicht mit rechten Dingen zugehen. Schließlich stand hier der fünffache Weltmeister Brasilien auf dem Platz, und das während der WM im eigenen Land. Nichts anderes als den Titel erwarteten die Fans und jeder der 200 Millionen Einwohner des Landes von ihrer Seleção. Der Druck war enorm, die Beschwörung der eigenen Größe und der schicksalhaften Aufgabe in den Tagen vor der Begegnung nicht mehr auszuhalten. Aber kaum war eine halbe Stunde gespielt, da stand es bereits 5 : 0 in diesem ganz besonderen Halbfinale der Fußball-WM 2014 zwischen Deutschland und Brasilien – aus brasilianischer Sicht muss man sagen: Der Spielstand lautete 0 : 5.

Die Deutschen spielten fehlerfrei und furios, sie ließen den Brasilianern keine Chance und gewannen das Match verdient mit einem zuvor nie für möglich gehaltenen 7 : 1. Das Finale war erreicht. Noch nie war einem brasilianischen Team während einer Fußballweltmeisterschaft eine derartige Niederlage beigebracht worden – noch nie gab es ein so hohes Ergebnis im Halbfinale einer WM. Noch nie war eine Nation, die für sich in Anspruch nahm, den Fußball zwar nicht erfunden, aber doch erst zu der ästhetischen Vollendung des »jogo bonito«, des schönen, leichtfüßigen Spiels geführt zu haben, so sehr gedemütigt worden. Was sich direkt nach dem Schlusspfiff abspielte, beeindruckte

die Brasilianer aber mindestens so sehr wie zuvor der Angriffs-
wirbel und die Zaubertore der Deutschen: Ausnahmekicker wie
Philipp Lahm, Bastian Schweinsteiger, Thomas Müller, Toni
Kroos, Manuel Neuer, Mario Götze und alle anderen Spieler der
deutschen Elf drehten nicht etwa eine Ehrenrunde, begatteten
auch nicht die Eckfahne oder vollführten andere unter Fußballern
beliebte Allmachtsrituale. Sie gingen schlicht auf ihre brasilianischen Gegenspieler zu, nahmen sie in den Arm, streichelten
ihnen über den Kopf und trösteten sie. Die Brasilianer weinten,
bekreuzigten sich, beteten zum Himmel und haderten mit ihrem
Schicksal.

Und was machten die Deutschen? Thomas Müller kümmerte sich
besonders um seinen FC-Bayern-Kollegen Dante, der vergeblich
versucht hatte, die brasilianische Abwehr zu organisieren, und
jetzt nur noch seinen Kopf an Müllers Schulter verbarg. Bastian
Schweinsteiger umarmte Brasiliens Coach Felipe Scolari. Auch
Joachim Löw sprach tröstend und teilnahmsvoll auf seinen Trai-
nerkollegen ein. Die Bayern-Spieler im deutschen Team gingen
zwar hauptsächlich auf ihren Mannschaftskollegen Dante im brasilianischen Dress zu, aber auch David Luiz, Luiz Gustavo und
all die anderen Brasilianer wurden umarmt, getröstet und aufgefangen.

Erst anschließend sah man von den deutschen Spielern das, was
man von Kickern nach einem überlegenen Sieg gewohnt ist: Sie
umarmten und herzten sich, sie tanzten vor der Kurve mit ihren
treuesten Fans, sie dirigierten die La-Ola-Welle, sie warfen Tri-
kots ins Publikum und ließen ihrer Freude freien Lauf. Es war ein
kleiner Triumphzug, aber zuvor hatten die Deutschen ihrem Gegner und dem gegnerischen Publikum Respekt gezollt und gezeigt,
dass sie die bitteren Seiten des Sports auch kennen und selbst
während eines ihrer größten Erfolge nicht vergessen.

Das waren keine gespielten Fair-Play-Gesten, sondern Spieler wie

Zuschauer spürten, dass hier echte Anteilnahme gezeigt wurde.
Die deutschen Spieler, allen voran die älteren Bayern-Spieler wie
Schweinsteiger und Lahm, die zuvor bei der Heim-WM in
Deutschland 2006 wie auch in Südafrika 2010 Dritter geworden
waren und bei der Europameisterschaft 2008 erst im Finale Spa-
nien unterlegen waren, wussten, wie es ist, wenn man knapp vor
dem großen Ziel doch noch verliert. Zudem hatten die Bayern
2012 das »Finale dahoam« in der Champions League gegen Chelsea denkbar knapp im Elfmeterschießen vor eigenem Publikum
verloren. Diesen Spielern musste trotz aller Erfolge niemand mehr
erklären, wie schmerzlich sich eine herbe Niederlage anfühlt.

Dass die deutschen Spieler nicht großspurig triumphierten oder
gar mit Gesten der Demütigung ihre Gegner zu erniedrigen versuchten, rechnete ihnen die brasilianische Öffentlichkeit hoch an.
Hier hatte nicht nur die bessere Mannschaft gewonnen, sondern
noch dazu ein anständiger Gegner, der Mitgefühl mit den Unter-
legenen hatte und auf diese Weise die gekränkte Seele Brasiliens
ein wenig aufrichten half.

Für die Deutschen hatte dieses mitfühlende Verhalten auf dem
Platz einen angenehmen Nebeneffekt. Das Team von Jogi Löw
gewann durch sein empathisches Verhalten nicht nur etliche
Sympathien weltweit – das Bild von den kühl berechnenden teu-
tonischen Kampfmaschinen oder gar Panzern war damit endgül-
tig vergessen. Vielmehr konnten sich die Deutschen auch der un-
eingeschränkten Unterstützung der Brasilianer im Endspiel sicher sein. Wer so anständig mit dem eigenen Team umging, der
hatte ohne Zweifel auch den Titel verdient, so die vorherrschende
Meinung. Erst recht, wenn es gegen den verhassten Nachbarn aus
Argentinien ging. Als die Deutschen dann tatsächlich den Welt-
meistertitel in einem harten Kampf errungen hatten, war klar,
dass ihnen außerhalb des eigenen Landes niemand so sehr diesen
Triumph gönnte wie die Brasilianer.

Blindes Verständnis im Sport

> Vom Feeling her hab ich ein gutes Gefühl.
> *Andreas Möller, Fußballer*

Jeder Fußballfan kennt diese Szenen. Und auch dem gelegentlichen Zuschauer von Fußballländerspielen sind sie vertraut: Nach dem erfolgreichen Torschuss herzen sich die Spieler nicht nur innig, sondern sie fallen übereinander her, umarmen und küssen und knuddeln sich, so dass die Partnerinnen der Kicker neidisch werden könnten. Der Höhepunkt an Nähe und Körperlichkeit ist jedoch die Spielertraube, bei der sich ein Spieler nach dem anderen auf den Torschützen wirft und auf den Menschenberg aufspringt. Irgendwann fragt sich der bange Betrachter, ob der gefeierte Held nicht gleich von seinen Mannschaftskameraden erdrückt wird.

Diese Rituale dienen vor allem dem Verständnis in der Gruppe, dem Gleichklang der Körper. Alle verfolgen ein gemeinsames Ziel, und sich in der Bewegung und durch körperliche Nähe dieser Werte zu versichern kann effektiver sein, als lediglich verbal den Teamgeist zu beschwören und die Spieler immer wieder daran zu erinnern, worum es geht.

Aber nicht nur nach dem Torerfolg kommen sich die Spieler erstaunlich nahe. Immer wieder umarmen sich Mannschaftssportler zwischendurch zur Aufmunterung, klatschen sich ab oder verteilen einen Klaps auf den Po. Schon vor dem Anpfiff stehen Spieler Arm in Arm beieinander, während die Hymnen gespielt werden, oder sie nehmen den Kopf des anderen beschwörend in beide Hände. Die Berührungen fallen allerdings unterschiedlich behutsam aus. Manche Spieler springen sich frontal an und lassen die Brustkörbe aneinanderklatschen, andere tätscheln sich geradezu zärtlich die Wange. Der langjährige Bayern-Torwart Oliver Kahn ging

Gegnern wie Mitspielern schon mal an die Gurgel, wenn ihr Verhalten nicht seinem Spielverständnis entsprach.

Ob zärtlich oder rauhbeinig: Das körperliche Verhältnis der Sportler zueinander ist auf jeden Fall ungewöhnlich innig, vergleicht man es beispielsweise mit dem Umgang von Arbeitskollegen. Denn im Sport wird selbst dem Gegenspieler zwischendurch auch mal der Arm um den Hals gelegt oder sich aufmunternd auf die Schulter geklopft – und hinterher bereitwillig das durchgeschwitzte Trikot getauscht und angezogen. All das demonstriert Einverständnis und den Spaß am Spiel.

Nähe und Berührungen der Sportler untereinander sind aber nicht nur ein eingeübtes körperliches Ritual in einem körperbetonten Spiel, bei dem sich – wie bei der kindlichen Rauferei – die Kombattanten untereinander immer wieder rangeln, stoßen, schubsen und wieder vertragen. Körperliche Nähe innerhalb einer Elf trägt auch zum Erfolg eines Teams bei, stärkt das Miteinander und das Verständnis. Der gute Zusammenhalt ist wohl wortwörtlich zu verstehen.

Forscher haben ausgewertet, in welchem Verhältnis die Häufigkeit und Intensität der Berührungen zum Erfolg einer Fußballmannschaft steht. Während der Fußballweltmeisterschaft 1998 in Frankreich gewannen die Wissenschaftler verblüffende Erkenntnisse: Die Spieler, die sich während des Turniers am häufigsten nahe kamen, wurden am Ende auch Weltmeister. Angeführt von Zinédine Zidane, Laurent Blanc und Thierry Henry, gelang der Équipe tricolore der ersehnte Titelgewinn – und der Champion vollbrachte dabei nicht nur die meisten gelungenen Pässe und Ballkontakte, sondern er war auch führend in der Zahl der Körperkontakte.

»Berührungen können als kurze Signale das Teamgefühl stärken und das Leistungsvermögen steigern«, sagt der Hirnforscher Martin Grunwald, der an der Universität Leipzig das Haptiklabor leitet und Berührungen erforscht. Und wer sich häufiger berührt, so der Wissenschaftler, der kann seine Ziele besser aufeinander abstimmen und eben auch mehr leisten.

Auch in anderen Sportarten gibt es einen Zusammenhang zwischen körperlicher Nähe und Erfolg. Ein Psychologenteam von der Universität Berkeley zeigte in der Basketballsaison 2008/ 2009, dass jene Teams in der Eliteliga NBA mehr Erfolg hatten, die sich häufiger untereinander berührten.[114] Dass Berührung im Mannschaftssport zum Erfolg beiträgt, war besonders deutlich bei jenen Teams, die sich schon zu Beginn der Saison häufiger anfassten. Auch wenn die Wissenschaftler versuchten, ähnlich gute Spieler und Teams sowie die voraussichtliche Entwicklung einer Mannschaft aus den Ergebnissen der Vorjahre zu berücksichtigen, ergab sich, dass sich mehr Erfolg bei jenen einstellte, die körperlich und damit auch geistig nah beieinander waren.

Vermutlich sind die häufigen Berührungen sowohl ein Ausdruck des Zusammenhalts als auch des Teamgeistes und geben einen Hinweis darauf, wie sehr sich die Mannschaft füreinander einsetzt und sich unterstützt, auch wenn es einmal nicht so gut läuft und Niederlagen drohen.

Das zweite Zuhause

> Ein Bierzapf ist ein gutes Gewerbe.
>
> *William Shakespeare*

Nähe zu zeigen oder herzustellen kann eine Menge Vorteile bieten – auch wenn man sich gar nicht oder nicht gut kennt. Dies gilt besonders für Situationen und Orte, in denen man eine Weile ziemlich eng zusammenkommt oder sogar allein deswegen dorthin geht, um Verständnis und Nestwärme zu erfahren – gemeint sind Kneipen, Bars und Restaurants.

Niederländische Forscher haben gezeigt, dass Bedienungen fast doppelt so viel Trinkgeld bekommen, wenn sie die Bestellungen der Restaurantbesucher oder Kneipengäste wörtlich wiederholen.[115] Es reicht offenbar, ein paar Sätze wie »Das Steak möchten Sie also medium gebraten haben« oder »Zunächst nehmen Sie nur Wasser, die Weinkarte möchten Sie später« auf Lager zu haben, und schon fühlen sich die Gäste besser verstanden, und die Einnahmen fallen üppiger aus.

Wie sehr es die Menschen positiv stimmt und großzügiger macht, wenn sie sich aufgehoben und angenommen fühlen, haben verschiedene Untersuchungen in der Gastronomie gezeigt. Häufig sind die Männer und Frauen hinter der Theke in ihrem Verhalten ja ausgesprochen körperlich und kommen ihren Gästen immer wieder nahe. Sie legen schon mal den Arm um den Hals oder bieten eine starke Schulter, an der man die schlimmsten Sorgen loswerden kann.

Derartige Berührungen stiften nicht nur Nähe, sie wirken sich erstaunlicherweise auch auf das Trinkverhalten der Gäste aus. Dabei geht es nicht um anzügliche oder erotische Berührungen, die ein Versprechen auf mehr zu sein scheinen, sondern um den mehr oder weniger flüchtigen Kontakt an der Hand, am Arm oder am Rücken. Psychologen haben dazu Untersuchungen in einer Kneipe ausgewertet und gezeigt, dass Kneipenbesucher mehr trinken, wenn sie zwischendurch beiläufig an der Schulter oder am Ellbogen berührt werden.[116]

Das Ergebnis war verblüffend: Wurden die Gäste von der Bedienung in der Kneipe häufiger angefasst, bestellten sie auch öfter alkoholische Getränke und tranken insgesamt mehr. Hierbei handelt es sich nicht um eine Form der versteckten »Anmache«, denn die Ergebnisse galten unabhängig vom Geschlecht und der

Begleitung, das heißt, sowohl Männer, die gemeinsam mit Männern in die Bar gegangen waren, als auch heterosexuelle Paare bestellten häufiger Nachschub – obwohl in jeder Konstellation insgesamt die Männer mehr tranken als die Frauen. Offenbar vermitteln die Berührungen das Gefühl von Vertrautheit, Nähe und Entspannung, auch wenn sie von Fremden kommen. Sie zeigen: Hier bist du willkommen und kannst dich so geben, wie du bist. Dies gilt sogar, wenn der eigene Partner anwesend ist. Wer sich aufgehoben und wertgeschätzt fühlt, hat offenbar auch die Neigung, mehr zu trinken und sich eher dem Alkohol hinzugeben, und bestellt gerne noch ein Bier.

Auch auf die Höhe des Trinkgeldes hat es einen erstaunlichen Einfluss, wenn der Kellner oder die Kellnerin den Gast immer mal wieder berührt und ihm vermittelt, dass er gern gesehen und kein lästiger Besucher ist – letzteren Eindruck hat man leider in vielen deutschen Restaurants immer noch. Es geht einfach um einen Kontakt, der Nähe herstellt und das Gefühl von Geborgenheit vermittelt. Den Gast lässt das gleich tiefer in die Tasche greifen. Berührungen heben seine Stimmung, er fühlt sich besser und gut aufgehoben und wird großzügiger – das Gleiche gilt erstaunlicherweise, wenn der Barkeeper oder die Kellnerin ein Smiley oder eine freundliche Sonne auf die Rechnung malt – zumindest wenn diese Aktion an einem sonnigen Tag stattfindet.[117] Es geht dabei gar nicht um große Beträge; die Untersuchung wurde in Frankreich durchgeführt und ausschließlich bei Kunden, die in der Bar lediglich einen Espresso bestellten. Das gute Gefühl und die angenehme Atmosphäre, die durch etwas so Simples wie die Sonne, gute Laune und richtig verstandene Gastfreundschaft versinnbildlicht wurden, trugen aber dazu bei, dass die Gäste häufiger und höhere Summen Trinkgeld hinterließen.

9 erfolgversprechende Erkenntnisse über den Lohn des Mitgefühls

Nach dem 7:1 im WM-Halbfinale gegen Brasilien nahmen die Deutschen ihre Gegner in den Arm, trösteten sie, zeigten Mitgefühl. Dass die Spieler nicht großspurig triumphierten, rechnete ihnen Brasiliens Öffentlichkeit hoch an.

Das empathische Verhalten brachte dem deutschen Team nicht nur Sympathien ein, es konnte sich auch der Unterstützung der Brasilianer im Endspiel sicher sein. Wer so anständig mit dem eigenen Team umging, hatte auch den Titel verdient.

Sportler umarmen sich innig. Dies dient der Kooperation und dem Verständnis in der Gruppe. Alle verfolgen ein Ziel, und sich durch körperliche Nähe dieser Werte zu versichern kann effektiver sein, als verbal den Teamgeist zu beschwören.

1998 wurde das Team Fußballweltmeister, dessen Spieler sich am häufigsten berührten.

Auch im Basketball haben jene Teams in der NBA mehr Erfolg, die sich häufig untereinander berühren.

Bedienungen bekommen fast doppelt so viel Trinkgeld, wenn sie Bestellungen der Restaurantbesucher wiederholen und so mehr Nähe herstellen.

Kneipenbesucher trinken mehr, wenn sie beiläufig an Schulter oder Ellbogen berührt werden. Das Gefühl von Vertrautheit und Nähe regt zu mehr Konsum an. Wer sich aufgehoben und geschätzt fühlt, hat offenbar auch die Neigung, mehr zu trinken.

Bedienungen bekommen mehr Trinkgeld, wenn sie den Gast berühren und ihm vermitteln, dass er gern gesehen ist.

Es gibt auch dann mehr Trinkgeld, wenn der Barkeeper oder die Kellnerin ein Smiley oder eine freundliche Sonne auf die Rechnung malt.

Auf Spurensuche:
Wo Mitgefühl entsteht

Das Verstehen ist ein Wiederfinden des Ich im Du.

Wilhelm Dilthey

Menschen mögen unterschiedliche Formen der Nähe. Schon bei kleinen Kindern ist das zu spüren. Manche wollen ganz fest gedrückt werden, andere lieben es hingegen, sanft gestreichelt zu werden. Wiederum andere brauchen kaum körperlichen Kontakt, ohne dass sie deswegen gefühlskalt wären. Und manches Kind mag am liebsten ständig mit anderen zusammen sein und sie spüren. »Es gibt die Cuddler und die Nicht-Cuddler«, sagt Florian Heinen, Chefarzt für Neuropädiatrie und kindliche Entwicklung am Haunerschen Kinderspital der Universität München. »Die einen kuscheln viel und gerne, andere brauchen das nicht so, ohne dass daraus auf ihren Charakter oder ihre Entwicklung geschlossen werden könnte.«

Bei Erwachsenen und in Liebesdingen verhält es sich nicht anders. Jeder Mensch hat andere Vorlieben und seine ganz eigenen Bedürfnisse nach Nähe und Distanz. Die Fähigkeit zu Mitgefühl und Anteilnahme wird wesentlich davon geprägt, wie in der Familie und dem nächsten Umfeld mit Emotionen umgegangen wurde. Aber auch biologische Faktoren beeinflussen die Art und Weise, wie wir mit anderen fühlen.

Von Geburt an empathischer

> Ich glaube, daß Mitleid und der Wunsch,
> einen Nothleidenden zu trösten, bei den
> meisten Menschen angeborene Tugenden sind.
>
> *Friedrich II.*

Die Natur verteilt Gaben und Talente ziemlich ungleich an die Menschen. Diesen Eindruck kann man zumindest bekommen, wenn man immer wieder sieht, dass manche Zeitgenossen auf den Hügeln des Glücks geboren wurden und nicht nur hübscher, sportlicher und intelligenter sind als andere, sondern auch freundlicher und sympathischer wirken. Nun machen das persönliche Umfeld und die Erziehung zwar eine Menge aus, aber in jüngster Zeit haben Wissenschaftler entdeckt, dass eine bestimmte Genvariante erstaunlichen Einfluss darauf hat, wie empathisch die Menschen sind und ob sie auch in Stresssituationen noch einfühlsam reagieren können oder nicht.[118]

Die Genvariante bezieht sich auf die Andockstelle des als »Bindungs-« oder »Kuschelhormon« bezeichneten Oxytocins im Körper. Wenn der Rezeptor für diesen Botenstoff die molekulare Ausprägung AG/AA statt GG aufweist, sind die Menschen offenbar weniger empathisch und zugleich anfälliger für Stress.[119] Auch auf Gefahren reagieren sie mit mehr innerer Unruhe und körperlichen Belastungsreaktionen. Wissenschaftler haben festgestellt, dass Menschen mit Autismus ebenfalls in der Mehrzahl die seltene AG/AA-Variante aufweisen und damit zumindest ein Teil ihres wenig einfühlsamen Verhaltens auf diese erbliche Prägung zurückgeführt werden kann.

Mitgefühl im Blut

> Wir wollen unser Mitgefühl für
> unsere Freunde zeigen nicht durch Klage,
> sondern durch Fürsorge.
>
> *Epikur*

Wenn Oxytocin die Bindung zwischen Mutter und Kind, zwischen Liebespaaren, aber auch zwischen Fremden festigt, ist es naheliegend, dass mit einem erhöhten Spiegel des Hormons im Körper auch das Ausmaß an Mitgefühl und Empathie steigt. So leicht ist das aber nicht zu beweisen, denn der genaue Zusammenhang zwischen der Höhe der Oxytocin-Konzentration im Blut und jener im Gehirn ist noch unbekannt. Und im Gehirn lässt sich die Menge an Oxytocin beim lebenden Menschen nun mal nicht messen, erst recht nicht in den entscheidenden Situationen, in denen es um Nähe und Mitgefühl geht.

Es gibt allerdings etliche Hinweise darauf, dass besonders viel Empathie tatsächlich mit einem erhöhten Oxytocin-Spiegel einhergeht. Gezeigt wurde dies bei Freiwilligen, die sich emotionale Videoausschnitte ansahen. Jene Probanden, die sich anschließend als besonders mitfühlend und großzügig erwiesen, wiesen eine um bis zu 47 Prozent höhere Konzentration des Vertrauenshormons auf als die Teilnehmer, die sich kaum von dem Film berühren ließen.[120] Interessanterweise berichteten die Probanden davon, dass bei ihnen durch den Film Mitgefühl und Warmherzigkeit ausgelöst wurden – sie aber deswegen nicht das Leid der anderen intensiver nachempfunden hätten.

Als es anschließend darum ging, anderen eine Geldsumme zuzuteilen und den Rest für sich zu behalten, erwiesen sich die mitfühlenden Teilnehmer mit den erhöhten Oxytocin-Spiegeln als deutlich großzügiger im Vergleich zum Durchschnitt. Üblicherweise werden bei diesem »Ultimatumspiel« den anderen Teilnehmern 40 bis 50 Prozent der Gesamtsumme angeboten, weil die Empfänger den Handel in der Regel ablehnen, wenn sie weniger bekommen sollen – und dann gehen beide Seiten leer aus. Die mitfühlenden Probanden waren hingegen fast durchweg generös und boten 50 Prozent oder sogar mehr an.

Man kann sich diesen Mechanismus als eine Art positive Verstärkung vorstellen: Der emotionsgeladene Film berührt zunächst manche Teilnehmer des Versuchs, und bei jenen, die einfühlsam reagieren, steigt sogleich der Spiegel ihres Bindungshormons im Blut. Das hat wiederum zur Folge, dass sie weitaus zugewandter und spendabler auf Menschen reagieren, auch wenn die ihnen vollkommen fremd sind.

Eine Prise Mitgefühl

> Die Art, wie unser Mitgefühl verströmt und stockt –
> das ist es, was im Grunde unser Leben bestimmt.
> *D. H. Lawrence*

Es klingt nur allzu verlockend und wie eine Utopie von Friedensaktivisten. Man stelle sich vor: Ein kleiner Hub aus der Spraydose, und schon haben sich alle Menschen lieb und sind nett und großzügig zueinander. Negative Eigenschaften wie schlechte Laune, Narzissmus oder Geiz? Alles kein Problem mehr, denn mit minimalem Druck auf die Dosiertaste des Aerosols sind Missgunst, Ärger und Kaltherzigkeit vergessen. Dieses Szenario ist keineswegs eine durchgeknallte Friede-Freude-Eierkuchen-Phantasie, sondern das Ergebnis verschiedener Untersuchungen mit Freiwilligen. Sie haben allesamt gezeigt, dass Oxytocin per

Nasenspray direkt ins Gehirn gelangt und dort eine Reihe positiver Effekte auslöst.

Wurde Freiwilligen Oxytocin verabreicht und mit einem Scheinmittel verglichen, gaben die Teilnehmer bis zu 80 Prozent mehr von einer Summe, die sie zu verteilen hatten – auch wenn sie dadurch selbst weniger bekamen.[121] In weiteren Studien hat sich gezeigt, dass schon ein bisschen Bindungshormon in der Nase das Vertrauen in andere, und zwar auch in Fremde, in erstaunlichem Ausmaß erhöht.[122] Das lässt sich auch daran ablesen, dass die Oxytocin-Dosis auch den Augenkontakt zwischen den Probanden verlängert und dazu führt, dass sie besser in der Lage sind, aus der Mimik des Gegenübers dessen Gefühlszustand abzulesen und sich in den anderen einzufühlen.[123] Wer eine Dosis Oxytocin in die Nase bekommt, fühlt unmittelbar darauf intensiver mit den Opfern von Verbrechen und ihren Leiden mit – und trotzdem steigt in milder Einsicht nicht der Wunsch, dass der Täter härter bestraft werden sollte.[124] Bekommen Freiwillige reale Justizfälle geschildert und sollen deren Schwere beurteilen, fällt ihre Einschätzung regelmäßig schlimmer aus, wenn die Teilnehmer zuvor eine Art Gefühlsdoping mit Oxytocin bekamen.

Oxytocin wirkt in den zahlreichen bisherigen Versuchen übrigens auf beide Geschlechter gleichermaßen und führt bei Mann wie Frau zu einer Zunahme der empathischen Gefühle. Aber erst nach einem mit Hilfe des Sprays herbeigeführten Anstieg der Oxytocin-Konzentration weisen Männer jene Spiegel des Bindungshormons auf, die Frauen schon von Natur aus erreichen, bevor sie eine zusätzliche Nasevoll erhalten.[125] Auf einen evolutionären Sinn des Mitgefühls weist eine andere Eigenschaft des erstaunlichen Hormons hin: Erhöhte Konzentrationen an Oxytocin tragen offenbar dazu bei, dass das Zugehörigkeitsgefühl zu einer Gruppe verstärkt wird. Gleichzeitig werden

Menschen stärker abgelehnt und ausgegrenzt, die nicht zur Gruppe gehören. Die eigene Kohorte wird geschützt. Aufgrund dieses Halten-und-verteidigen-Verhaltens ziehen es manche Forscher inzwischen vor, vom »Stammeshormon« statt vom »Kuschelhormon« zu sprechen.[126] Ein weiterer interessanter Aspekt: Verstärkt sich empathisches Verhalten besonders in Hinblick auf enge Freunde, Verwandte und die Familie, oder spielt es auch eine Rolle, wenn es um Mitgefühl mit Menschen geht, die in entfernten Weltgegenden leiden oder in Not geraten sind? Vermutlich überwiegt die Verbindung zu den Menschen, die uns am nächsten stehen. Verschiedene Untersuchungen haben gezeigt, dass Menschen mit zunehmender Empathie ihre Hilfsbereitschaft und Zusammenarbeit in der Gruppe steigern, die Kooperation gegenüber Fremden jedoch nachlässt.[127] Feindseligkeit kann ihnen dabei aber nicht unterstellt werden. Es geht den Menschen immer darum, die eigene Gemeinschaft zu stärken und zu schützen, und nicht darum, Außenstehende herabzusetzen oder zu kränken.

Die Tendenz, das eigene enge Umfeld zu schützen, zeigt sich auch in einem anderen Zusammenhang. Wird Freiwilligen Oxytocin per Nasenspray gegeben, richten sie sich in der Bewertung von Bildern stärker nach ihrer Gruppe. Finden die meisten Mitglieder einer Gemeinschaft Fotos von unbekannten, gleichförmigen Landschaften oder fremden Menschen wenig attraktiv, stimmen ihnen die einzelnen Testpersonen zu, sofern sie sich auch der Gruppe zugehörig fühlen. Subjektive Vorlieben gleichen sich also innerhalb einer Gemeinschaft an, wenn das Mitgefühl steigt – Abneigungen allerdings ebenfalls.[128]

Irritierende Pointe:
Lug und Trug aus lauter Mitgefühl

Ich habe es doch für euch gemacht!

Angeklagte vor Gericht

Wer an Menschen mit ausgeprägtem Mitgefühl denkt, dem kommen zunächst nur positive Eigenschaften in den Sinn. Was soll auch schlecht daran sein, sich besonders gut in andere einfühlen zu können, mit ihnen zu leiden, zu lachen und sich zu freuen? Doch Empathie kann auch ihre Schattenseiten haben – und Nachteile für jene, die nicht in der Gunst des Mitgefühls stehen. Erstaunlicherweise kann gesteigerte Empathie sogar dazu führen, dass Menschen innerhalb der Gruppe, der sie sich nahe fühlen, eher lügen und betrügen – sie tun es ja vor allem zum Nutzen der Gemeinschaft![129] Wenn es darum geht, dass bei der Voraussage eines Münzwurfs kleinere Belohnungen für die eigene Gruppe abfallen, sind Menschen eher bereit, die Unwahrheit zu sagen, wenn zuvor mittels Oxytocin-Spray ihr Mitgefühl gesteigert wird und sie sicher sein können, dass ihre Lügen anonym bleiben und nicht Einzelnen zugeordnet werden können. Im Zweifel entscheiden sich jene Teilnehmer mit ausgeprägtem Mitgefühl auch schneller für eine »Notlüge« – von ihren Mitspielern erwarten sie jedoch keineswegs, dass diese auch die Unwahrheit sagen.

Die Teilnehmer handeln dabei aber nicht zu ihrem eigenen Vorteil: In einer vergleichbaren Situation, in der allerdings nur sie selbst, aber nicht die Gruppe von der Schummelei profitieren würden, lügen die mittels Oxytocin zu empathischem Verhalten angeregten Probanden genauso oft (oder genauso selten) wie jene, die ein Nasenspray mit einem Scheinmittel erhalten haben. Es geht »Empathikern« also nicht darum, ihren eigenen Nutzen zu mehren. Sie handeln vielmehr aus Gruppeninteresse, verbiegen dafür sogar ihr moralisches Korsett und verhalten sich unethisch.

Manche Wissenschaftler gehen sogar so weit, in diesen Befunden die Erklärung dafür zu sehen, warum sich manche Gruppen zu unehrlichem Verhalten hinreißen lassen und dabei noch gegenseitig aufstacheln. Das Gemeinschaftsgefühl, das durch das »Bindungshormon« Oxytocin gestärkt wird, bietet womöglich die neurobiologische Grundlage dafür, wie aus Kooperation zunächst Unehrlichkeit und schließlich Korruption oder Betrug wird.

Die schnell als Ausrede abgewertete Erklärung von überführten Missetätern, seien es Finanzjongleure oder waghalsige Projektplaner, sie hätten es nicht für sich, sondern für andere getan, sollte vor diesem Hintergrund noch mal überdacht werden. Vielleicht haben sie ja aus lauter Mitgefühl unrecht gehandelt und dabei tatsächlich zuletzt an ihren eigenen Vorteil gedacht. Eine ebenso gewagte wie charmante Phantasie: Die größten Anlagebetrüger und Finanzsünder sind in Wirklichkeit aus überbordender Empathie kriminell geworden.

Mitfühlende Nervenbahnen

> Die Nachahmungsgabe des Menschen ist allgemein;
> er will nachmachen, nachbilden, was er sieht, aber auch ohne
> die mindesten inneren und äußeren Mittel zum Zwecke.
> *Johann Wolfgang von Goethe*

Seit Neuroforscher um Giacomo Rizzolatti aus Parma 1992 bei Affen Spiegelneuronen entdeckt haben, scheint dem Mitgefühl ein fester Platz im Gehirn zugewiesen zu sein. Nervenzellen im Scheitellappen könnten dafür verantwortlich sein, dass Menschen

Handlungen vorausahnen, bevor sie geschehen, und aus kaum
merklichen Bewegungen ihrer Mitmenschen schließen, was wohl
als Nächstes folgen wird. Weil die Nervenzellen aber nicht nur
während eigener Handlungen feuern, sondern in ähnlicher Weise
auch auf das Verhalten des Gegenübers reagieren, werden sie als
Spiegelneuronen bezeichnet.

Um das Verhalten eines anderen zu erahnen, generiert das Gehirn
eine »Als-ob-Schleife« der neuronalen Erregung – es ahmt die
Bewegungen und Muster des Gegenübers nach und aktiviert entsprechende Nervenbahnen, so als würde es die Handlungen
selbst ausführen wollen. Die eingehenden Informationen erhalten im limbischen System, das als eine Art »Gefühlsgehirn« gilt,
eine emotionale Signatur. Die eben noch neutral wahrgenomme-
nen Bewegungen und Verhaltensabläufe werden mit Gefühlen
eingefärbt.

Ob nicht nur Affen, sondern auch Menschen über Spiegelneuronen verfügen, war lange Zeit umstritten. Dennoch ist diese For-
schungsrichtung inzwischen so populär, dass Spiegelneuronen
für vieles herhalten müssen: wenn beim Flirt die Augen werben
und sich kurz darauf ohne Absprache Mund zu Mund findet.
Wenn man im Gespräch die Beine in dem Moment übereinander-
schlägt, in dem es der andere tut, wenn man in der Fußgängerzone Entgegenkommenden ausweicht, ohne sich zuvor über die
Richtung verständigt zu haben, wenn der Torwart beim Elfmeter
die richtige Ecke erspürt – all das könnte auf die Leistung dieser
Neuronen zurückzuführen sein. Dass Erwachsene selbst den
Mund aufmachen, wenn sie ein Baby füttern, ist demnach auch
den mitfühlenden Nerven zu verdanken.

Vermittelt wird das Gefühl, sich heimisch und vertraut zu fühlen,
durch das auch als »Bindungshormon« bezeichnete Oxytocin. Es
wird beispielsweise vermehrt ausgeschüttet, wenn Frauen gerade
geboren haben und direkt nach der Niederkunft die innige Bezie-

hung zu ihrem Säugling aufbauen, die es braucht, damit er sich gut entwickeln kann. Oxytocin stärkt aber nicht nur das Nähebedürfnis, sondern auch das Vertrauen. In Tests zeigte sich, dass freiwillige Teilnehmer, die sich Oxytocin-Spray in die Nase sprühten, eher bereit waren, fremden Menschen Geld zu leihen. Diese Wirkung hielt sogar an, wenn es Anzeichen dafür gab, dass die Fremden unzuverlässig und unfair handelten.

Lange Leitung für die Empathie

> Die Gefühle offenbaren sich
> umso weniger, je tiefer sie sind.
> *Honoré de Balzac*

Das geht unter die Haut. So kann man die Auswirkungen inniger Streicheleinheiten bezeichnen, aber auch die Folgen unangenehmer Berührungen – etwa wenn man etwas Glitschig-Ekliges anfasst. Die Körperoberfläche ist mit einem feinen Geflecht aus Nervenbahnen durchzogen, die registrieren und ans Gehirn weiterleiten, was und wen wir anfassen und was uns im Wortsinne tiefer berührt. Der Mensch ist schließlich ein Dauerfühler, er kann gar nicht anders, als permanent zu spüren, womit er gerade in Kontakt ist, was er berührt, worauf er sitzt oder wie ein Luftzug die Haut kühlt.

Bisher hatten Forscher vermutet, dass drei Systeme spezialisierter Nervenbahnen und Tastkörperchen Berührungsimpulse aufnehmen und verarbeiten: Über langsam leitende Neuronen werden die Form eines berührten Objekts und seine stoffliche Textur registriert, schnellere Nervenbahnen leiten hingegen die Intensität des Griffs sowie Bewegungen weiter, Tastkörperchen nehmen Vibrationen wahr.

Neuroforscher aus den USA korrigieren das Bild von der strikten Aufgabenteilung und zeigen, dass Berührungen und Nähe komplexer wahrgenommen werden.[130] »Jedes Mal, wenn man einen Gegenstand anfasst, sind alle drei Typen Nervenbahnen aktiv«, sagt Sliman Bensmaia.»Sie liefern gemeinsam Informationen über die verschiedenen Aspekte eines Gegenstands und ob fest oder sacht zugepackt wird.« Man müsse sich die Funktionsweise der Nervenbahnen eher wie ein Konzert mit vielen Beteiligten vorstellen, die sich ergänzen – und nicht als Leistung von Solisten, so die Forscher.

Untersucht man, welche sensitiven Neuronen feuern, wenn Menschen komplexe Alltagsgegenstände anfassen, ergibt sich ein vielfältiges Bild. Wissenschaftler hatten bereits gezeigt, dass es Nervenbahnen für bloße Berührungskontakte gibt und solche, die stärker die emotionalen, affektiven Reaktionen im Körper auslösen und dazu führen, dass Hormone ausgeschüttet werden, der Schweiß ausbricht, Angst oder Zuneigung entstehen.[131] Die Nerven unterscheiden gleichsam zwischen Spüren und Fühlen und sind damit die neuronale Grundlage dafür, wie viel Gefühle entstehen und gezeigt werden.

Das Krabbeln auf unserer Haut

> Man soll die Zuschauer nicht belehren,
> sondern berühren.
>
> *Meryl Streep*

Er gönnt sich einen Moment der Ruhe, liegt ganz entspannt auf dem Bett. Gerade hat er wieder einen Bösewicht ausgeschaltet. Doch plötzlich krabbelt eine Giftspinne über James Bonds mächtigen Brustkorb. Der Agent Ihrer Majestät hält den Atem an und bewegt sich nicht. Skeptisch beargwöhnt er die Tarantel, dann erledigt er den achtbeinigen Störenfried. Die Szene aus dem 1962 erschienenen Agententhriller *James Bond – 007 jagt Dr. No* geht unter die Haut.

Wer sich an die Filmsequenz erinnert oder sie zum ersten Mal sieht, den schaudert es. Es fühlt sich irritierend an, das haarige Wesen zwischen den Brusthaaren Sean Connerys umherlaufen zu sehen, auch wenn man nur zuschaut. Man kann gar nicht anders, als ein Gefühl zu entwickeln, als ob die Spinne gerade über die eigene Haut krabbeln würde. Man kann sich nicht dagegen wehren, wenn man nicht völlig gefühlskalt ist: Menschen verfügen offenbar über »taktiles Mitgefühl«. Berührungen, besonders wenn sie verstörend sind, berühren uns zutiefst – auch wenn wir sie nur bei anderen sehen.

In der Großhirnrinde, zwischen Stirn- und Scheitellappen, registrieren und verarbeiten spezialisierte Nervenzellen die Art und Weise und die Intensität der Berührung und erkennen, was sich da tut, wenn wir angefasst werden oder etwas auf unserer Haut herumkrabbelt: freundlich und angenehm oder feindlich und bedrohlich?

Ein nahezu identisches Erregungsmuster der neuronalen Schaltkreise im Gehirn ergibt sich allerdings auch, wenn Menschen im

Film sehen, wie eine Schlange oder eine Spinne über Bauch und Beine eines anderen krabbelt.[132] Evolutionsgeschichtlich sehr alte Prägungen vermitteln uns das Signal einer Bedrohung, wenn kleinteilige, leichte Berührungen zu spüren sind – schließlich ist allein durch die Hautempfindungen ja nicht sofort zu erkennen, ob sie von einem zärtlichen Menschen stammen, der es gut mit uns meint, oder von gefährlichen Insekten, Spinnen oder Schlangen herrühren.

Die Nervenverarbeitung im Gehirn unterscheidet sich also kaum – egal ob wir die Berührung spüren oder ob wir sie bei anderen sehen und sie uns deshalb nahegeht. Kernspinaufnahmen haben gezeigt, dass die Erregung im Gehirn in beiden Fällen ganz ähnlich abläuft – und dies einer der Gründe ist, warum uns Filmszenen, aber auch spannende Erzählungen so sehr berühren und manchmal sogar unter die Haut gehen.

Das Gefühl vor dem Gefühl

> Die Wirklichkeit eines anderen Menschen liegt nicht darin,
> was er dir offenbart, sondern in dem,
> was er dir nicht offenbaren kann.
>
> *Khalil Gibran*

Wenn sich Menschen so gut in die Berührungen anderer einfühlen können, verwundert es nicht, dass sich durch Suggestion und Einfühlung auch leicht körperliche Reaktionen provozieren lassen. Ärzte haben dies bei Menschen gezeigt, die anfällig für Lippenherpes sind. Die Hälfte der Probanden bekam Fotos zu sehen, die bei ihnen Ekel auslösten. Auf den Bildern sah man benutzte Gläser, Essensreste und eine total verschmutzte Küche.

Die Probanden sollten sich vorstellen, hier Ordnung schaffen und den Dreck aufräumen zu müssen. Die andere Hälfte der Teilnehmer bekam hingegen herrliche Landschaftsbilder von Bäumen und Blumenwiesen zu sehen. Bald darauf lasen die Forscher den Versuchsteilnehmern ihre Reaktion buchstäblich von den Lippen ab: Bei 40 Prozent derjenigen, die eklige Bilder ansehen mussten oder sich vorstellten, den Dreck in der Küche wegzuräumen, blühten bald darauf Herpesbläschen auf. Bei jenen, die angenehme Bilder zu sehen bekamen, war hingegen nicht eine Unebenheit auf der Lippe zu erkennen.[133]

Doch nicht nur Hautkranke reagieren mitfühlend auf optische Reize, Stress oder andere Stimuli. Uwe Gieler, Arzt für Psychosomatik am Universitätsklinikum Gießen und Marburg, macht sich einen Spaß daraus, dies seinen Zuhörern gleichsam nebenbei zu beweisen. Er hält dazu einen Vortrag über Juckreiz, bei dem er die Zuhörer filmen lässt – und hinterher ihr Einverständnis einholt, die Aufnahmen auch benutzen zu dürfen.

Wenn Gieler über Läuse, Flöhe oder andere eklige Themen spricht, kratzt sich das Publikum besonders oft. Die Menschen stellen sich offenbar lebhaft vor, was das Kleinzeug alles auf ihnen anstellt. Jeder kennt das, wenn Freunde oder Bekannte von Begegnungen mit derlei Getier berichten: Man hat das Gefühl, sich sofort kratzen zu müssen. Erzählt Gieler hingegen vom angenehmen und weichen Berührungsorgan Haut, das so wunderbar anzufassen ist, kratzt sich kaum jemand. »Juckreiz ist suggestibel«, sagt Gieler.

Die genauen Mechanismen für diese Phänomene kennen Mediziner allerdings noch nicht. »Alles auf die Psyche zu schieben ist Quatsch«, sagt Gieler, der sich dagegen wehrt, dass jeder aufkeimende Pickel gleich mit seelischen Problemen und Stress in Verbindung gebracht wird. »In Umfragen geben 70 Prozent der

Hautkranken an, dass die Beschwerden unter Stress stärker werden. In klinischen Studien bestätigt sich dies aber nur bei etwa 30 Prozent.« Dass die meisten Menschen höchst empfindlich und einfühlsam bereits auf die Vorstellung einer unangenehmen Berührung reagieren, erklärt ja noch nicht, warum manche dauerhaft Hautprobleme bekommen – und andere nicht.

Die Wissenschaft favorisiert eine spannende Hypothese, um derartige Phänomene zu erklären, ob man sie nun Mitgefühl, Vorahnung oder Intuition nennen mag: Nervenzellen im Scheitellappen des Gehirns könnten dafür verantwortlich sein, dass Menschen Handlungen und Bewegungen voraussahnen, bevor sie geschehen. Weil diese Nervenzellen nicht nur während eigener Handlungen feuern, sondern auch auf das Verhalten eines Gegenübers reagieren, werden sie als Spiegelzellen oder Spiegelneuronen bezeichnet.

Der Neurowissenschaftler Vittorio Gallese hat vor mehr als 20 Jahren gemeinsam mit dem Physiologen Giacomo Rizzolatti die Spiegelneuronen entdeckt, jene Nervenbahnen, denen entscheidende Bedeutung für Empathie und Imitation nachgesagt wird. Zunächst entdeckte er die mitfühlenden Nervenzellen bei Affen, mittlerweile auch bei Homo sapiens. Die Spiegelzellen feuern nicht nur bei eigenen Handlungen, sondern werden auch dann aktiviert, wenn Affen oder Menschen sehen, wie jemand eine Bewegung ausführt, das eigentliche Ziel aber verdeckt ist.

Je nachdem, ob eine Frucht gegessen oder nur in einem Gefäß deponiert wird, sind andere Nervenzellen aktiv.[134] Dieselben Differenzen in der Nervenaktivität lassen sich ableiten, wenn die Bewegung lediglich gesehen, aber nicht selbst zugegriffen wird. Das Gehirn kann also sogar die Absicht einer Berührung erkennen und auch dann nachvollziehen, wenn der Mensch lediglich stiller Beobachter ist. In meinem Buch *Wie Berührung hilft* habe ich diese Phänomene genauer beschrieben.

Diese neuronale Resonanz mit dem Verhalten anderer könnte erklären, warum es nicht nur möglich ist, Handlungen des Gegenübers zu erahnen, sondern auch zu verstehen, in welcher Absicht sie ausgeführt werden. So schließt jeder menschliche Beobachter aus dem Umfeld und der Art des Zugriffs, ob ein Glas angefasst wird, um daraus zu trinken oder um es in den Schrank zu stellen.[135] Intuition, Einfühlung und sogar die zarte Vorahnung einer Berührung sind eben auch reine Nervensache.

Vittorio Gallese hat sich inzwischen einem anderen, verwandten Phänomen zugewandt: Er möchte verstehen, wie Menschen ihren Körper wahrnehmen und welche Veränderungen geschehen, wenn ihnen andere Menschen nahe kommen – es geht um das Gefühl, das andere vor der eigentlichen Berührung auslösen.[136] Der Herzschlag und selbst das Gefühl und die Empfindung der eigenen Hand verändern sich schließlich, sobald uns jemand näher kommt, sagt der Physiologe. So wird aus der Erfahrung des Körpers eine Erfahrung des Leibs, der mit seiner Umwelt in Interaktion steht.

Gallese hat neurowissenschaftliche Belege für die Interaktion von Umwelt, Psyche und Körper gesammelt. Er fasst die gesunden und krankhaften Funktionen des Menschen nicht mehr allein naturgesetzlich auf, sondern immer auch als eine Kette von Erfahrungen, eigentlich als eine Erzählung von Erfahrenem. Das Körpererleben ist demnach immer eingebettet in die Wahrnehmung von sich selbst und den anderen.

Für Peter Henningsen, den Chef der Psychosomatik an der Technischen Universität München, ergänzen sich die Befunde Galleses mit seinen Erfahrungen als Klinikarzt. Viele Patienten in der Psychosomatik hätten schließlich große Schwierigkeiten, sich in andere einzufühlen.»Körpertherapien spielen bei uns deshalb eine wichtige Rolle«, sagt Henningsen. Die Forschungsergebnisse machten verständlich, wie neue Erfahrungen des Körpers nicht nur Schmerzen lindern, sondern auch dazu führen können, dass Patienten mehr Mitgefühl haben und sich von den Stimmungen anderer berühren lassen.

Es ist naheliegend, dass einige Forscher vermuten, dass bei Autisten die Spiegelneuronen nicht so gut funktionieren. Typisch für Autisten ist es ja, dass sie die Blicke und Gesten anderer nicht richtig deuten können und beispielsweise im Gespräch aufgeschmissen sind, wenn nur belangloser Smalltalk geredet wird. Während dieses kognitive Einfühlungsvermögen bei Autisten kaum ausgeprägt ist, sind sie hingegen sehr wohl zu affektiver Empathie in der Lage und fühlen Schmerz und Leid mit. Neuronale Resonanzphänomene könnten auch erklären, warum es nicht nur möglich ist, die Handlungen des Gegenübers zu erahnen, sondern auch zu verstehen, in welcher Absicht sie ausgeführt werden.

Mitgefühl und Empathie sind im Gehirn jedoch nicht nur auf das Nervengeflecht der Spiegelneuronen begrenzt. So wird im sekundären prämotorischen Kortex – einer Hirnregion zwischen Stirn- und Scheitellappen – der Tast- und Berührungssinn aktiviert, wenn Probanden am Bein gestreichelt werden. Ein ganz ähnliches Aktivierungsmuster ergibt sich aber auch, wenn Probanden im Film sehen, wie ein Tier über das Knie eines anderen Menschen krabbelt und sie dann selbst eine Gänsehaut bekommen.

20 berührende Grundlagen des Mitgefühls

Eine Genvariante beeinflusst, wie empathisch Menschen sind und ob sie auch unter Stress einfühlsam reagieren. Autisten weisen die wenig einfühlsame Variante auf.

Oxytocin festigt die Bindung zwischen Mutter und Kind, zwischen Liebespaaren. Mit einem erhöhten Spiegel des Hormons steigen auch Mitgefühl und Empathie.

Mitfühlende Menschen mit erhöhten Oxytocin-Werten sind großzügig und spendabel.

Wer eine Dosis Oxytocin bekommt, fühlt intensiver mit Opfern von Verbrechen mit. Trotzdem steigt nicht der Wunsch, dass der Täter härter bestraft werden sollte.

Oxytocin führt bei Mann wie Frau zu mehr Empathie. Männer haben nach künstlicher Zufuhr jene Spiegel des Bindungshormons, die Frauen von Natur aus erreichen.

Oxytocin stärkt das Zugehörigkeitsgefühl zu einer Gruppe. Wer nicht zur Gruppe gehört, wird stärker abgelehnt.

Mit der Empathie steigt die Hilfsbereitschaft in der Gruppe, die Kooperation gegenüber Fremden lässt nach. Es geht darum, die eigene Gemeinschaft zu stärken, Ziel ist nicht, Außenstehende herabzusetzen.

Gesteigerte Empathie kann dazu führen, dass Menschen innerhalb der Gruppe eher lügen und betrügen – zum Nutzen der Gemeinschaft.

Das Gemeinschaftsgefühl durch das »Bindungshormon« Oxytocin bietet womöglich die neurobiologische Grundlage dafür, wie aus Kooperation Unehrlichkeit und schließlich Korruption oder Betrug wird.

Spiegelneuronen lassen Menschen Handlungen vorausahnen und aus unscheinbaren Bewegungen ihrer Mitmenschen schließen, was folgt. Die Nervenzellen feuern während eigener Handlungen und denen des Gegenübers.

Um das Verhalten eines anderen zu erahnen, ahmt das Gehirn Bewegungen und Muster des Gegenübers nach und aktiviert die Nervenbahnen, so als würde es die Handlungen selbst ausführen wollen.

Menschen verfügen über eine Art »taktiles Mitgefühl«. Berührungen, besonders wenn sie verstörend sind, berühren uns – auch wenn wir sie nur bei anderen sehen.

Die Nervenverarbeitung im Gehirn unterscheidet sich kaum – egal ob wir Berührung selbst spüren oder sie bei anderen sehen und sie uns deshalb nahegeht. Dies ist ein Grund, warum uns Filmszenen und spannende Erzählungen so berühren.

Wer anfällig für Herpes ist, bei dem lösen eklige Bilder bereits das Hautleiden aus. Angenehme Bilder stimulieren nicht eine Unebenheit auf der Lippe.

Während Vorträgen zu Läusen, Flöhen oder anderen ekligen Themen kratzt sich das Publikum öfter. Juckreiz ist suggestibel.

Viele Erwachsene machen den Mund auf, wenn sie Babys füttern, und ahmen die Kau- und Schluckbewegung nach.

Spiegelneuronen reagieren unterschiedlich, je nachdem, ob eine Frucht gegessen oder in ein Gefäß gesteckt wird. Dieselben Unterschiede der Nervenaktivität bestehen, wenn die Bewegung gesehen, aber nicht selbst zugegriffen wird.

Der Herzschlag und die Empfindung der eigenen Hand verändern sich, sobald jemand näher kommt. So wird aus der Erfahrung des Körpers eine Erfahrung des Leibs, der mit seiner Umwelt in Interaktion steht.

Patienten in der Psychosomatik haben oft Probleme, sich in andere einzufühlen. Neue Erfahrungen des Körpers können nicht nur Schmerzen lindern, sondern dazu führen, dass Patienten sich von den Stimmungen anderer berühren lassen.

Autisten können Blicke und Gesten nicht deuten und sind bei Smalltalk überfordert. Dieses kognitive Einfühlungsvermögen ist bei Autisten kaum ausgeprägt, zu affektiver Empathie sind sie in der Lage und fühlen Schmerz und Leid mit.

Unter dem Diktat des Profits: Fehlende Empathie in der Medizin

Vom Abend bis zum Morgen
saß er am Bett des Kranken und weinte.
Am nächsten Morgen starb er,
der Kranke aber lebte weiter.

Saadî

Es ist ein Dilemma, für das es keine optimale Lösung gibt. Wenn sich Pfleger, Krankenschwestern, Hebammen und Ärzte in jeden ihrer Patienten intensiv einfühlen würden, könnten sie kaum arbeiten, so groß wäre der emotionale Aufruhr, dem sie sich dann aussetzten. In Krankenhäusern, Notfallambulanzen, Altenheimen und an vielen anderen Orten ist es daher wichtig, die richtige Form von Mitgefühl zu kultivieren, um nicht von zu viel Empathie überwältigt zu werden und unfähig zur Arbeit zu sein.

Andererseits haben Personalabbau und Arbeitsverdichtung in vielen Bereichen der Medizin zu einer Hetze geführt, die nicht nur den Patienten schadet, sondern auch zum Raubbau an der Gesundheit der Mitarbeiter beiträgt. Zeit zum Zuhören, Einfühlung in die Sorgen und Ängste der Patienten bleiben am ehesten auf der Strecke in einer Medizin, in der Zuwendung als unökonomisch gilt und nicht mehr vorgesehen ist.

Mitgefühl nach Minuten

> Mitgefühl ist nie verschwendet, es sei denn,
> man hat Mitleid mit sich selbst.
>
> *Henri Dunant, Gründer des Roten Kreuzes*

Es klingt wie ein schlechter Scherz. Viel mehr »Empa-Time« bräuchten die Patienten in Zukunft, sagt Karl-Walter Jauch, und er meint es augenscheinlich ernst.[137] Wie bitte, Empa-Time? Dieses absurd klingende Wort hat Jauch aus den Begriffen »Empathie« und »Time« zusammengebastelt, und wenn Doktor Jauch mehr davon fordert, dann sagt das viel darüber aus, wie weit es mit der Medizin in Deutschland schon gekommen ist. Ein paar Augenblicke Empathie also sollen sich die Ärzte abringen – und wahrscheinlich ist das schon viel in einer Medizin, die nach Minutenkontingenten getaktet ist und in der nach verschlüsselbaren Diagnosen abgerechnet wird.

Karl-Walter Jauch ist nicht irgendein Doktor, sondern Ärztlicher Direktor des Großklinikums der Ludwig-Maximilians-Universität München, also eine Art Oberchefarzt von einem der größten Großkrankenhäuser Europas. Gut, der Mann ist Chirurg, aber wenn er seine Mediziner daran erinnert, gelegentlich mal ein bisschen Empathie für ihre Patienten aufzubringen, dann offenbart das vor allem eines: ein ärztliches Selbstverständnis, wonach es eben nicht mehr selbstverständlich ist, Zeit für die Belange, Interessen, Ängste und Sorgen der Kranken aufzubringen. Vielmehr ist Empathie etwas, für das man sich extra Zeit nehmen muss – und der Chef muss einen ermahnen, gelegentlich im Kontakt mit den Patienten daran zu denken.

»Was haben zehn Diabetiker schon gemeinsam außer einem entgleisten Blutzuckerspiegel«, sagt hingegen Bernd Hontschik, ebenfalls Chirurg und außerdem ein engagierter Verfechter der

»Integrierten Medizin«, die sich dafür einsetzt, die Psychosomatik in jedem medizinischen Fach verankert zu wissen. Die vornehmste ärztliche Aufgabe sei es doch gerade, so Hontschik, zu erkennen, was die Patienten wollen, und sich in das einzufühlen, was sie sich erhoffen und was die Krankheit für sie bedeutet.[138] Für die einen verlängert der Einbau einer künstlichen Hüfte nur die Zeit, bis sie wieder Marathon laufen können. Andere Patienten sind hingegen froh, wenn sie nach dem Eingriff die Treppe zu ihrer Wohnung im zweiten Stockwerk schaffen. Gemeinsam mit den Patienten herauszufinden, was wichtig ist, was sie sich wünschen und wovor sie sich fürchten, trifft die Seele der Medizin. »Erst das macht die Heilkunst aus und fordert den Arzt in seinem Menschsein«, sagt Hontschik. »Den Rest kann auch ein Handwerker.«

Wenn die Zeit für Patienten fehlt

> Der schlimmste Fehler der Menschen
> ist ihr Mangel an Einfühlungsvermögen.
> Darum vermag sich auch so selten einer den richtigen Begriff
> von seines Nächsten Leiden zu machen.
>
> *Joseph Addison*

Menschen haben Angst, wenn sie zum Arzt müssen. Besonders in der Klinik sind sie verunsichert. Sie haben Angst vor Beziehungsverlust, das heißt der Trennung von ihrem vertrauten sozialen Umfeld. Sie haben Angst vor Segmentierung, das bedeutet die Aufteilung ihres Körpers in einzeln zu behandelnde Bereiche, die sie aber nicht als getrennte Entitäten wahrnehmen – die berühmte »Galle von Zimmer 6«. Und sie haben Angst vor körperlicher Desintegration – etwa vor der Entfernung oder Amputation eines Organs oder einem drohenden Haarverlust im Verlauf einer Chemotherapie. Patienten könnten diese Befürchtungen wenigstens zum Teil genommen werden. Das geht aber nur, wenn Ärzte und Pflegekräfte ausreichend und angemessen Zeit für sie haben. In der ökonomisierten Medizin ist Zeit teuer. Apparative Verrichtungen rechnen sich mehr als alles, was Menschen dem Menschen direkt – damit ist gemeint: zwischenmenschlich und ohne aufwendiges technisches Zubehör – Gutes tun können. Verrichtungen, die viel Personal und Zeit bedürfen, rechnen sich hingegen nicht. Aus diesem Grund werden besonders jene Dienstleistungen rationiert, die kaum Geräteeinsatz erfordern und deshalb wenig Geld bringen. Eine Nebenwirkung: Zuwendung, Beziehung und etwas so altmodisch Klingendes wie Barmherzigkeit haben in diesem engen Zeitrahmen wenig Platz.

In der Klinik herrscht ein Wettlauf um die höchstmögliche Anzahl der vergütungsfähigen Diagnosen und berechenbaren Normabweichungen: Wertvoll ist der Körper, an dem sich möglichst viel – und möglichst aufwendig und teuer – verrichten lässt. Abgerechnet und dokumentiert wird in Minutenkontingenten und nach ärztlichen wie pflegerischen Einzelleistungen. Je mehr und je höher der Punktwert, desto besser.

Allgemeine Freundlichkeit können Patienten in der Medizin schon erwarten. Gefühle und Einfühlung für die Befindlichkeiten sind hingegen nicht relevant für den Erlös. Wenn man Glück hat, bekommt man sie von Pflegekräften und Ärzten gratis. Denn eigentlich müssen Extras (wie sie etwa in Form von IGe-Leistungen angeboten werden) auch extra bezahlt werden. Diese Gestaltung der Beziehung zwischen Arzt und Patient wird bereits mit der Beziehungsgestaltung in einem Bordellbetrieb verglichen:[139] Technische Verrichtungen sind inklusive, zusätzliche Zeit und

Zuwendung sind nicht inbegriffen, sie kosten zusätzlich und können als Extrapakete gebucht werden.

Naheliegende Bedürfnisse der Patienten – und übrigens auch des Personals – kommen bei dieser Art von Medizin oft zu kurz: Die Ärzte und Pflegekräfte im Krankenhaus flüchten sich in Zynismus, denn sie haben diesen Beruf ursprünglich ja auch ergriffen, um etwas »mit Menschen« zu tun zu haben. Weil dazu aber immer weniger Zeit und Raum bleibt, haben die Mitarbeiter im Krankenhaus ihr eigenes Vokabular entwickelt, um die unerträglichen Zustände zu beschreiben.

In dem ständig steigenden Arbeitsdruck geht etwas verloren, was wesentlich wäre für eine zugewandte, patientenorientierte Medizin: Zeit für Zuwendung, Zuhören, Trost. Man muss es deutlicher sagen: Der Patient steht nicht mehr im Mittelpunkt der medizinischen Bemühungen, sondern er, besonders sein kranker Körper, wird zum Störfaktor. Die ökonomisierte Medizin gleicht dieses Problem mit Technik aus, die weniger Zeit und Personal erfordert.

Man kann einmal durchdeklinieren, was es bedeutet, wenn schon bei alltäglichen Verrichtungen der Pflege und Versorgung Zeit eingespart wird – Zeit, die dann nicht mehr für ein aufmunterndes Wort, einen kurzen Moment des Zuhörens und des Zuspruchs zur Verfügung steht.

Kann ein Patient im Krankenhaus nicht mehr genug trinken (oder nicht mehr schnell genug), bekommt er einen Tropf gelegt. Die Infusion ist in wenigen Sekunden eingestellt und noch schneller nachjustiert, während eine Pflegekraft schon mal – über den Tag verteilt – eine Stunde oder länger damit beschäftigt sein kann, einem älteren Patienten dabei zu helfen, die Menge an Flüssigkeit zu sich zu nehmen, die er braucht.

Isst ein Patient zu wenig oder zu langsam, wird eine Magensonde gelegt. Gerade ältere Patienten müssen manchmal eine Stunde lang gefüttert werden, bis sie satt sind. Viel Geduld gehört dazu, denn sie können nicht mehr so schnell schlucken, oft geht auch etwas daneben. Da im Krankenhaus selten genug Zeit bleibt, einem älteren Menschen beim Essen zu helfen, sind viele Patienten in deutschen Kliniken unterernährt und dehydriert. Nässt ein Patient ein, wird ihm ein Dauerkatheter gelegt. Manche Patienten brauchen auch schlicht zu lange, bis auf der Toilette etwas kommt. Nur wenige Mitarbeiter der Klinik haben so lange Zeit wie jene Pflegepraktikantin, von der ein erfahrener Arzt berichtet, dass sie so lange pfeifend im Waschraum vor den Toiletten wartete, bis der Patient doch noch Wasser lassen konnte. Oft sind die Zeit und Geduld dafür nicht da; erst recht nicht, wenn zusätzlicher Aufwand durch die Blasenprobleme älterer Patienten entsteht. Betten wechseln, weil sie durchnässt sind, ärgert das Personal, beschäftigt es und macht zudem die Patienten unruhig – was zu weiteren Verzögerungen im Betriebsablauf führen kann.

Verhält sich ein Patient unruhig, werden Bettgestelle oder Fixierungen angebracht. Der viel zu knapp kalkulierte Personalschlüssel in der Klinik gerät durcheinander, wenn ständig ein verwirrter Kranker über die Gänge läuft. Komplettfixierungen sind zwar in Deutschland verboten oder nur unter strengen juristischen Auflagen erlaubt, aber es gibt kleine Hindernisse und Gitter sowie entsprechend aufgetürmte Kissen, Bettrollen und Decken, die den Zweck der Eingrenzung trotzdem erfüllen und nicht illegal sind.

Es gibt Anreizsysteme in der Medizin, die finanziell lohnend, aber therapeutisch fragwürdig sind. Sie bringen Ärzte wie Pflegekräfte dazu, sich dem Körper des Kranken wieder intensiver zu widmen. Die körperliche Nähe und Zuwendung, die der Patient erfährt, wird also durch den Preis bestimmt, den die Leistungserbringer, wie sich Ärzte inzwischen selbst nennen, dafür bekommen. Wertschätzung des Patienten in Form von Aufmerksamkeit, Berührung, Zuwendung kostet.

Die 2004 eingeführte Bezahlung nach Krankheiten, genauer: nach Fallpauschalen (DRG) führt dazu, dass komplizierte Fälle unbeliebt sind – und im Extremfall abgeschoben werden oder »blutig entlassen«: Das heißt, Patienten müssen die Klinik verlassen, obwohl Wunden noch nicht verheilt, Drainagen noch nicht gezogen sind. Oder es droht die oft zitierte »Drehtürmedizin«: Weil sie noch nicht wieder ganz gesund und ihre Gebrechen noch nicht ausgeheilt sind, müssen Patienten immer wieder ins Krankenhaus. Die durchschnittliche Verweildauer pro Aufenthalt in deutschen Kliniken der Akutversorgung hat sich von mehr als 12,7 Tagen im Jahr 1990 inzwischen auf 7,6 Tage verringert. Der Körper in der Klinik ist auf Dauer nichts wert, denn er führt nur zur Kostensteigerung.

Mitgefühl lohnt sich

> Zu allen Zeiten sind der Entwicklung der Medizin
> hauptsächlich zwei Hindernisse in den Weg getreten:
> die Autoritäten und die Systeme.
>
> *Rudolf Virchow*

Für Ärzte lohnt es sich gleich in mehrfacher Hinsicht, wenn sie ihren Patienten zuhören, sie ausreden lassen und Empathie zeigen. Die Patienten sind dann nicht nur zufriedener. Wer kommunikative Fähigkeiten beherrscht und einfühlsam im Patientengespräch ist, hat zudem auch weniger Beschwerden und Klagen bei Ärztekammern und anderen Behörden zu befürchten. Zu diesem Ergebnis sind kanadische Ärzte gekommen.[140]
Die Mediziner hatten untersucht, über welche Art von Ärzten sich Patienten besonders häufig beklagen. Für ihre Erhebung

kam den Studienautoren zugute, dass angehende Mediziner in Kanada seit 1993 an einem eintägigen Test teilnehmen müssen, in dem ihre kommunikativen Fähigkeiten und ihr Geschick in der klinischen Untersuchung bewertet werden. Dieser Test im Rahmen der Medizinerausbildung wurde immer wieder als unzureichend kritisiert. In der Studie zeigt sich jedoch, dass diejenigen Ärzte, die in dem Test gut abschnitten, deutlich seltener mit Klagen von Patienten zu rechnen hatten. Mehr als 3400 Mediziner wurden in die Studie einbezogen. In der Gruppe, die in der Kommunikationsprüfung die wenigsten Punkte erreichte, gab es 170 Beschwerden mehr, als nach dem statistischen Durchschnitt zu erwarten gewesen wären.

»Ein niedriger Wert in diesem Examen ist ziemlich aussagekräftig dafür, wie zufrieden Patienten zukünftig mit dem Arzt sein werden«, sagt Robyn Tamblin von der McGill University, der Verfasser der Studie. »Es ist wie eine Dosis-Wirkungs-Beziehung – je höher die Werte, desto weniger wahrscheinlich sind Beschwerden.«

Dieser überraschend deutliche Zusammenhang sei unabhängig davon gewesen, ob es sich um männliche oder weibliche Ärzte handelte, ob sie aus dem Ausland oder aus Kanada stammten und ob sie in Ontario oder Quebec praktizierten. »Diese Beobachtung unterstreicht, wie wichtig es ist, frühzeitig und regelmäßig in der Medizinerausbildung auf kommunikative Fähigkeiten und den angemessenen Umgang mit Patienten zu achten«, sagt Gregory Makoul vom Zentrum für Kommunikation in der Medizin der Northwestern University Chicago.

Auch in Deutschland bemühen sich Medizinfakultäten inzwischen darum, das Kommunikationstraining in der Ausbildung zu stärken. An der Universität München etwa wurde 2007 das Zentrum für Unterricht und Studium (ZeUS) eingeweiht. »Wir schulen Studenten systematisch darin, besser mit Patienten umzugehen und praktische Fertigkeiten zu optimieren«, sagt der Internist Martin Fischer, der das ZeUS leitet.

Mit dem Konzept der »Integrierten Medizin« versucht der Frankfurter Chirurg Bernd Hontschik seit Jahren, psychosomatische Ansätze und eine patientennahe Kommunikation in allen medizinischen Disziplinen zu stärken. Dazu hat Hontschik 2006 die Reihe medizin Human im Suhrkamp-Verlag begründet. Seine Erfahrungen in der Praxis fasst Hontschik verblüffend einfach zusammen: »Man muss die Patienten ausreden lassen«, sagt der Chirurg. »Das spart Zeit, denn sonst drängt ihr eigentliches Anliegen immer wieder nach vorn, und sie kommen immer wieder oder gehen zu einem anderen Arzt.«

Ärzte ohne Einfühlung

> Das grundlegende Prinzip der Medizin ist die Liebe.
>
> *Paracelsus*

Ärzte opfern sich für ihre Mitmenschen auf, schlagen sich Nächte und Wochenenden um die Ohren – und sind manchmal selbst nicht in der Lage, ihre Gefühle zu erkennen und zu spüren, was ihnen fehlt. Ein amerikanischer Psychiater hat ihnen vor Jahren schon attestiert, dass sie gefühlskalt sind und zu Depressionen neigen. Roy Menninger aus Topeka in Kansas hat 20 Jahre lang mehr als 1000 Ärzte als Patienten behandelt.[141]

Menninger beobachtete unter Medizinern erstaunlich ähnliche Charaktermerkmale. Er kam zu dem Schluss, dass jene Eigenschaften, die einer Arztkarriere dienlich sind, zugleich die Fähigkeit zu sozialen Bindungen und Liebesbeziehungen einschränken können. Zwar haben Mediziner fast täglich mit Extremsituationen zu tun und sind so häufig wie kaum eine andere Berufsgruppe mit Leid und Tod, Hoffnungen und Enttäuschungen konfrontiert. Doch diese Erfahrungen scheinen nicht die Fähigkeit zum Mitgefühl zu verstärken. Im Gegenteil: Bei vielen ist die »emotionale Schwingungsfähigkeit« verkümmert – oder sie kann sich unter Zeitdruck und den vielfältigen Belastungen nicht mehr entfalten. In der Folge werden manche Ärzte zu Zynikern, die zwar genau wissen, was sie den Angehörigen eines Sterbenden sagen sollen, aber in Wirklichkeit nicht bereit oder nicht mehr in der Lage sind, sich in die Leiden anderer einzufühlen.

Menninger konzentrierte sich auf männliche Mediziner, da sie weitaus häufiger als ihre Kolleginnen eigene und die Gefühle anderer nicht benennen konnten. Ein Arzt, dem gerade gekündigt worden war, antwortete beispielsweise auf die Frage, wie er sich fühle: »Wie sollte ich mich denn fühlen?« Ein anderer Patient Menningers, ein Kardiologe, kam mehrmals im weißen Kittel und mit Stethoskop um den Hals in die Praxis des Psychiaters. Etliche Sitzungen waren nötig, bis er auf seine schützende Verkleidung verzichtete.

Durch Rationalisierung, so Menninger, gelingt es den meisten Medizinern, ihre emotionalen Schwächen zu verbergen. Sie wirken freundlich, aber distanziert, es kommt selten zu Entgleisungen. Wenn die Ärzte jedoch die Fassung verlieren, lassen sie Aggressionen meist an den anhänglichen unter ihren Patienten aus. Häufiger haben jedoch die eigenen Familienmitglieder zu leiden – sofern es noch welche gibt. Denn die Scheidungsrate ist hoch, viele Partner sind es leid, immer wieder mit den Worten vertröstet zu werden: »Wenn erst meine Assistenzzeit (oder Klinikzeit oder Praxiszeit) vorbei ist ...«

Wenn Mediziner in die Praxis eines Psychiaters kommen, sind sie schwierige Patienten. Sie brauchen länger als die medizinischen Laien, bis sie sich eine Depression oder Alkoholabhängigkeit eingestehen. Außerdem machen sie den Psychiatern oft Vorschriften, wie sie die Akten zu führen oder eine Therapie zu gestalten haben. Häufig argwöhnen sie auch, dass der Psychiater die Schweigepflicht verletzen könnte.

Die Gründe für die emotionale Kälte einiger Mediziner sieht Menninger in einem geringen Selbstwertgefühl vieler Ärzte. »Wenn sie mehr arbeiten«, so Menninger, »hoffen sie auch, mehr Anerkennung zu bekommen.« Geht diese Gleichung nicht auf, schlägt die Hilfsbereitschaft gelegentlich in Aggression um.

Mittlerweile hat sich das Ansehen der Ärzte geändert, und sie leiden selbst häufig unter den ökonomischen Zwängen, denen sie ausgesetzt sind – und dem Personalmangel, den sie mit einem Übermaß an Engagement zu kompensieren versuchen. Gerade in den helfenden, heilenden Berufen droht schnell der Burn-out, wenn nicht ausreichend für Ausgleich gesorgt wird.

Dass Mediziner im Vergleich zum Durchschnitt der Bevölkerung häufiger depressiv oder tablettenabhängig sind, ist zwar in Fachkreisen schon länger bekannt, doch noch immer weitgehend ein Tabu. Und nur wenige Ärzte nehmen die Angebote in Anspruch, sich regelmäßig mit Kollegen über die emotionalen Belastungen auszutauschen, mit denen sie in ihrem Beruf konfrontiert sind. In Balint-Gruppen werden derartige Schwierigkeiten besprochen, doch etliche Ärzte machen das Thema lieber mit sich selbst aus.

Sprachlosigkeit am Lebensende

> Wir müssen immer lernen,
> zuletzt auch noch sterben lernen.
>
> *Marie von Ebner-Eschenbach*

Viele Todkranke wollen Klartext und Trost am Lebensende. Ärzte reagieren aber leider oft mit Ausflüchten und Aktionismus. Die Unterschiede zwischen Patientenwünschen und Krankenhausalltag sind groß.

Es gibt Lebensphasen, in denen Anspruch und Wirklichkeit besonders weit auseinanderklaffen. So geben die Bundesbürger in Umfragen regelmäßig an, dass sie – wenn es denn so weit ist – am liebsten zu Hause sterben würden. Tatsächlich kommen aber mindestens 60 Prozent der Menschen ins Krankenhaus, bevor sie der Tod trifft. Statt bis zum Schluss im vertrauten Kreise ihrer Angehörigen zu bleiben und dann friedlich einzuschlafen, werden viele Patienten in der Klinik mit hohem technischem Aufwand betreut und »hängen an Schläuchen und Kabeln«, wie die intensivmedizinischen Bemühungen oft abschätzig umschrieben werden. Der verständliche Wunsch, das Leben zu verlängern, führt bei Ärzten wie Angehörigen gleichermaßen dazu, dass der Tod doch meist in der Klinik eintritt und nicht zu Hause.

Ärzte aus Kanada haben untersucht, was sich Patienten und Familienmitglieder zum Lebensende wünschen – und wie die ärztlichen Empfehlungen und der medizinische Umgang mit unheilbarer Krankheit und Tod im Gegensatz dazu tatsächlich aussehen.[142] Die Unterschiede zwischen Patientenwünschen und Krankenhausalltag könnten kaum größer sein. Wer unheilbar krank ist, wünscht sich, dass Pflege, Fürsorge und Betreuung einen wichtigen Stellenwert haben und dass die Werte der Patienten, ihre Wünsche, Überzeugungen und Bedürfnisse im Umgang mit Ärzten und Pflegepersonal an erster Stelle stehen. In einer immer stärker von der Ökonomie geprägten Medizin bleibt für Trost und eine ruhige Aussprache aber oft keine Zeit mehr. Anders, als viele Ärzte vermuten, wollen Patienten auch klar über ihre Prognose informiert werden. Zwar können Mediziner nie genau sagen, wie lange ein Schwerkranker zu leben hat. Aber zu Aussichten, üblichen Verläufen und häufigen Komplikationen lassen sich durchaus Aussagen treffen.

Für Patienten und Angehörige ist es außerdem wichtig, dass sie mit Ärzten und Pflegekräften über ihre Ängste und Sorgen reden können und dass sie möglichst konkret über weitere Schritte der Betreuung und palliative Angebote informiert werden. »Obwohl diese Punkte für Schwerkranke und ihre Angehörigen so wichtig sind, werden diese Aspekte viel zu selten besprochen«, sagt John You, der die Studie geleitet hat. »Die Übereinstimmung zwischen dem, was Patienten wollen, und dem, was tatsächlich passiert und in ärztlichen Richtlinien für die Begleitung am Lebensende angegeben wird, ist gering.«

Von den elf Punkten, die als wichtige Elemente in dieser Phase angegeben werden, wurden aus Patientensicht nur durchschnittlich 1,4 ausreichend diskutiert. Die kanadischen Ärzte hatten 233 schwerkranke Patienten und 205 Angehörige befragt, was sie sich in der letzten Lebensphase im Krankenhaus wünschen – und die Ergebnisse mit den Empfehlungen abgeglichen.

Patienten wie Angehörige haben im Krankenhaus oft das Gefühl, Ärzte würden gerade bei Schwerkranken das Gespräch scheuen und nicht klar aussprechen, wie schlecht es um den Patienten steht. Manche Ärzte sehen einen »austherapierten« Patienten, der nicht mehr gesund wird, auch als persönliche Niederlage an, als medizinisches Scheitern. Dabei beginnt in der Phase, in der Chirurgie, Arzneitherapie und andere Methoden nicht mehr zu einer Heilung führen können, eine der wichtigsten ärztlichen Aufgaben: die Betreuung und Begleitung des Patienten bis zum Tod. In einer immer stärker von der Ökonomie geprägten Medizin bleibt für solche Gespräche, für Trost, Fürsorge und Barmherzigkeit aber oftmals keine Zeit mehr. »In dem Augenblick, in dem Fürsorge dem Profit dient, hat sie die wahre Fürsorge verloren«, hat der Harvard-Kardiologe Bernard Lown schon vor Jahren beklagt.[143]

Manchmal sind es allerdings auch die Patienten und ihre Angehörigen, die dem Thema Tod und Sterben aus dem Weg gehen. »Wie gerne hätte ich sie während der Monate ihrer Krankheit bis zu ihrem Tod irgendwie getröstet«, schreibt David Rieff über das Leiden seiner Mutter, der amerikanischen Essayistin und Medizinkritikerin Susan Sontag.[144] »Stattdessen sprachen wir fast bis zu dem Augenblick, in dem sie starb, von ihrem Überleben, von ihrem Kampf gegen den Krebs und nie vom Sterben. Ich wollte das Thema nicht ansprechen, solange sie es nicht tat. Es war ihr Tod, nicht meiner.«

23 ungesunde Tatsachen über fehlendes Mitgefühl in der Medizin

In Kliniken, Notfallambulanzen, Altenheimen ist es wichtig, die richtige Form von Mitgefühl zu kultivieren, um nicht von der Empathie überwältigt zu werden.

Personalabbau und Arbeitsverdichtung in der Medizin haben zu einer Hetze geführt, die Patienten schadet und zum Raubbau an der Gesundheit der Mitarbeiter beiträgt.

Zeit zum Zuhören, ein offenes Ohr für Sorgen und Ängste der Patienten bleiben am ehesten auf der Strecke in einer Medizin, in der Zuwendung als unökonomisch gilt.

Nach dem ärztlichen Selbstverständnis ist es nicht mehr selbstverständlich, Zeit für die Belange, Interessen, Ängste und Sorgen der Patienten aufzubringen. Vielmehr ist Mitgefühl etwas, für das man sich extra Zeit nehmen muss.

Mit den Patienten herauszufinden, was wichtig ist, was sie sich wünschen und wovor sie sich fürchten, trifft die Seele der Medizin. Den Rest kann auch ein Handwerker.

Menschen haben Angst, wenn sie zum Arzt müssen. Angst vor Beziehungsverlust, Angst vor der Aufteilung ihres Körpers in einzelne Bereiche, Angst vor körperlicher Desintegration – etwa der Amputation eines Organs oder drohendem Haarverlust im Verlauf der Chemotherapie.

Patienten könnten Ängste zum Teil genommen werden, wenn Ärzte und Pflegekräfte ausreichend Zeit haben. In der ökonomisierten Medizin ist Zeit aber teuer.

Besonders jene Dienstleistungen werden rationiert, die kaum Geräte erfordern: Zuwendung, Beziehung und Barmherzigkeit haben wenig Platz.

Einfühlung in Befindlichkeiten der Patienten ist nicht lukrativ in der Medizin. Wenn man Glück hat, bekommt man sie von Pflegern und Ärzten gratis.

Wesentlich für eine patientenorientierte Medizin wären: Zuwendung, Zuhören, Trost. Der Patient steht aber nicht mehr im Mittelpunkt der Medizin, er wird zum Störfaktor.

Die körperliche Nähe und Zuwendung, die der Patient erfährt, wird durch den Preis bestimmt, den die Ärzte für die jeweilige Verrichtung bekommen.

Die Bezahlung nach Krankheiten (Fallpauschalen) führt dazu, dass komplizierte Fälle unbeliebt sind – und im Extremfall abgeschoben oder »blutig entlassen« werden.

Für Ärzte lohnt es sich, wenn sie Patienten zuhören, sie ausreden lassen und Empathie zeigen. Wer einfühlsam ist, hat weniger Beschwerden und Klagen bei Ärztekammern und anderen Behörden zu befürchten.

Man muss Patienten ausreden lassen. Das spart Zeit, denn sonst drängt ihr eigentliches Anliegen immer wieder nach vorn.

Eigenschaften, die der Arztkarriere dienlich sind, können die Fähigkeit zu Bindungen und Liebesbeziehungen einschränken. Zwar haben Mediziner fast täglich mit Leid und Tod zu tun. Doch diese Erfahrungen stärken nicht automatisch das Mitgefühl.

Wenn sie mehr arbeiten, hoffen viele Ärzte, mehr Anerkennung zu bekommen. Den Personalmangel versuchen sie mit mehr Engagement zu kompensieren.

Viele Todkranke wollen Klartext und Trost am Lebensende. Ärzte reagieren oft mit Ausflüchten und Aktionismus. Die Unterschiede zwischen Patientenwünschen und Krankenhausalltag sind groß.

Fast alle Menschen wollen am liebsten zu Hause sterben. Tatsächlich kommen 60 Prozent der Menschen ins Krankenhaus, bevor sie der Tod trifft. Der verständliche Wunsch, das Leben zu verlängern, führt bei Ärzten wie Angehörigen dazu, dass der Tod meist in der Klinik eintritt und nicht zu Hause.

Wer unheilbar krank ist, wünscht sich, dass Pflege, Fürsorge und Betreuung einen wichtigen Stellenwert einnehmen.

Anders, als Ärzte oft vermuten, wollen Patienten klar über ihre Prognose informiert werden.

Für Patienten und Angehörige ist es wichtig, dass sie mit Ärzten und Pflegekräften über ihre Ängste und Sorgen reden können und konkret über weitere Schritte der Betreuung und palliative Angebote informiert werden.

Patienten wie Angehörige haben im Krankenhaus oft das Gefühl, Ärzte würden bei Schwerkranken das Gespräch scheuen und nicht klar aussprechen, wie schlecht es um den Patienten steht.

Manche Ärzte sehen einen Patienten, der nicht mehr gesund wird, als persönliche Niederlage an, als medizinisches Scheitern. Dabei beginnt in der Phase, in der nichts mehr zu einer Heilung führen kann, eine wichtige ärztliche Aufgabe: die Betreuung und Begleitung des Patienten bis zum Tod.

Erschöpft vor lauter Mitgefühl?

Wir erfahren immer schneller und genauer,
was auf der Welt vor sich geht.
Und merken langsam, dass uns
immer weniger davon nahegeht.

Ernst Ferstl

Es sind zumeist die besonders Guten, die Idealistischen, die irgendwann nicht mehr können. Die alles gegeben haben und immer noch ein bisschen mehr. Die immer Feuer und Flamme waren, entzündet für andere oder für ihre Arbeit – bis sie dann irgendwann ausbrannten. Ist Mitgefühl also gefährlich? Muss man eine Obergrenze einhalten oder vor einer bestimmten Dosis warnen, damit man sich nicht vor lauter Empathie selbst schadet und aufgefressen wird von der Einfühlung in andere? Und kann das tatsächlich sein? Es gibt doch so viele positive Auswirkungen von Mitgefühl und inniger Anteilnahme, die vielen günstigen Folgen für Körper und Geist – was ist dann schiefgelaufen, wenn es trotzdem zum Burn-out kommt? Die falsche Einstellung, die falsche Technik? Einige Wissenschaftler unterscheiden Mitgefühl von Empathie – und das mit guten Gründen.

Mit voller Empathie in den Burn-out?

Der Betrübte hat Mitleid,
der Heitere hat Mitgefühl.

Alfred Selacher

Alltagssprachlich werden Mitgefühl und Empathie als weitgehend gleichbedeutend verstanden, auch in diesem Buch werden die beiden Begriffe so benutzt. Womöglich ist es aber notwendig, Empathie und Mitgefühl zu unterscheiden – weil die Menschen unterschiedliche Folgen spüren, je nachdem, mit welcher inneren Haltung sie sich in andere einfühlen. Viele Neurowissenschaftler, Psychologen und Kognitionsforscher verstehen Empathie als eine Art Resonanz mit dem Gefühlszustand anderer Menschen, die so plastisch und überwältigend sein kann, dass sie überfordert und belastet und dann weder guttut noch gesund ist. Besonders in pflegenden, medizinischen und sozialen Berufen kann die Empathie so stark sein, dass sie weder anderen hilft noch selbst positiv wirkt und in der Folge Depressionen oder Burn-out drohen.

Tatsächlich kann das allzu empathische Nachempfinden der Schmerzreaktionen anderer auch unangenehm sein und mit vielen negativen Gefühlen und Reaktionen einhergehen.[145] Man muss dazu das Leid gar nicht direkt miterleben. Es reicht bereits, dass Menschen ein Video ansehen, in denen anderen Schmerzen bereitet werden, um dabei selber unangenehme Erfahrungen zu machen.

Der buddhistische Mönch und ausgebildete Molekularbiologe Matthieu Ricard hat für ein Forschungsexperiment verschiedene Formen der Anteilnahme praktiziert. Während er sich in das Leid anderer einfühlte, hat er sich im Kernspin untersuchen lassen. Um die Unterschiede zu verdeutlichen, schildert Ricard selbst, wie er sich zunächst in das Leiden rumänischer Waisenkinder hineinversetzt hat, das er kurz zuvor in einer erschütternden BBC-Dokumentation gesehen hatte. Durch die empathische Resonanz, in die sich Ricard begab, nahm er an ihren Schmerzen teil, und das »wurde für mich sehr schnell unerträglich. Ich fühlte mich emotional erschöpft, sehr ähnlich dem Gefühl des Ausgebranntseins.«

Nach einer Stunde, in der Ricard auf diese Weise mitgefühlt hatte, war er völlig ausgelaugt. Er hatte die Wahl: Er konnte aufhören und sich erholen oder aber sich in eine andere Form des Mitgefühls versenken. In der Meditation geübt, gelang es ihm sehr schnell, seinen seelischen Zustand zu verändern. Ricard hatte zwar immer noch die Bilder der emotional vernachlässigten Kinder vor Augen, aber sie quälten ihn nicht mehr. Er beschreibt das neue Gefühl als »Teilhabe am Schmerz anderer über einen warmen, positiven Zustand in Verbindung mit einer starken prosozialen Motivation und nicht mit negativen Gefühlen«.[146]

»Stattdessen fühlte ich eine natürliche und grenzenlose Liebe für diese Kinder und den Mut, mich ihnen zu nähern und ihnen Trost zu spenden. Außerdem war die Distanz zwischen den Kindern und mir vollständig verschwunden«, schildert Ricard seine beeindruckenden Erlebnisse. Manchem Leser mag diese Darstellung esoterisch oder fremd vorkommen, sie weist aber möglicherweise auf genau die unterschiedlichen Reaktionen hin, die Menschen in »aufopferungsvollen« Berufen an den Tag legen: Warum scheinen manche Lehrer, Ärzte, Pflegekräfte, Sterbebegleiter und viele andere in ihren anstrengenden Berufen aufzublühen und daraus sogar noch Kraft zu ziehen – während andere ausgezehrt und erschöpft an ihre Grenzen kommen und in den Burn-out abgleiten?

Die Forscher, die Ricard untersuchten, zogen aus dieser Beobachtung ein geradezu euphorisches Fazit und begründeten die Unterscheidung von Empathie und Mitgefühl: »Und in diesem

Moment erkannten wir das immense Potenzial des Mitgefühls als
Gegenspieler zu empathischem Leid und Burn-out.«Allzu starke
Resonanz mit dem Leiden anderer kann schließlich jeden über-
wältigen, dazu muss man kein Arzt und keine Pflegekraft sein.
Wenn Freunde oder Angehörige krank werden, es im Beruf
Schwierigkeiten gibt oder andere Gemeinheiten drohen, ist jeder
in Gefahr, davon »heruntergezogen« zu werden.

Mitgefühl bietet hingegen eine andere Strategie und zielt darauf
ab, dem Leid anderer mit warmherzigen Gefühlen zu begegnen.
Auf diese Weise schützt es nicht nur vor Erschöpfung, Depression und Burn-out, sondern es verstärkt auch konkret die Hilfsbereitschaft gegenüber anderen.[147] In verschiedenen Gruppen
wurde versucht, diese Form des Mitgefühls – manchmal auch als
»liebende Güte« bezeichnet – einzuüben. Die Teilnehmer berichteten davon, dass sie währenddessen ein »Gefühl von Wärme«
spürten oder »das wunderbare, erfüllende Gefühl des Wunsches,
anderen möge es wohl ergehen«.[148]

In der Tat waren während dieser Form des Mitgefühls besonders
jene Hirnregionen aktiviert, die auch bei Zuwendung, akuter Verliebtheit und starken mütterlichen Bindungsgefühlen ins Spiel
kommen. Mitgefühl und Empathie sind also nicht nur unterschiedliche Empfindungen, sie haben auch unterschiedliche Auswirkungen. Neurobiologisch schlägt sich dies ebenfalls nieder,
denn je nach Ausprägung des Gefühls werden unterschiedliche
Netzwerke aktiviert: Im Fall des Mitgefühls sind es ähnliche
Muster, wie sie bei Liebe, Glück, Belohnungsgefühlen und einer
Reihe anderer angenehmer Emotionen eine Rolle spielen.[149] Empathie hingegen droht negative Gefühle auszulösen, und dabei
werden Zentren im Gehirn aktiviert, wie sie auch bei Angst, Unzufriedenheit und Ärger involviert sind.

Die gütige, liebende, wärmende Form des Mitgefühls führt auch
keineswegs zu einer Friede-Freude-Eierkuchen-Stimmung, die

in wohliger Selbstgenügsamkeit und behaglichem Nichtstun endet. Die Wahrnehmung für das Leid anderer ist durchaus noch vorhanden und geht mit der Erkenntnis einher, dass hier jemand wahrhaftig bedürftig ist. Der Hilfsbereitschaft tut diese Methode der Einfühlung also keinen Abbruch, und das Leid anderer wird dabei nicht verleugnet. Solcherart praktiziertes Mitgefühl ermöglicht es aber – trotz der Schwierigkeiten anderer –, selbst positive Gefühle zu erleben.

Man kann es vielleicht so sagen: Einfühlung ist eine zutiefst menschliche Eigenschaft, aber schonender für die Mitleidenden wie auch hilfreicher für die Leidenden ist es, wenn statt der belastenden »Empathie für den Schmerz« ein wohliges »Mitgefühl von Wärme und Zuneigung« tritt.

So viel Mitgefühl, dass es weh tut

> Mitleid ist die Liebe im Negligé.
>
> *Marie von Ebner-Eschenbach*

Nicht mitmachen zu dürfen und von einer Gruppe ausgeschlossen zu werden tut weh. Es kann wie ein plötzlicher Schlag in die Magengrube wirken, wenn das unmissverständliche Signal kommt: Hier hast du nichts zu suchen – du musst leider draußen bleiben. Der Schmerz über den jähen Ausschluss aus der Gemeinschaft und die fehlende Bindung ist sogar ganz wörtlich zu verstehen, sagt Naomi Eisenberger. »Fühlt sich jemand ungeliebt, einsam und nicht gewollt, tut das auch körperlich weh«, so die Neuroforscherin und Sozialpsychologin. »Soziales und physisches Leid überlappen sich dann.«[150]

In mehreren Experimenten hat sie eindrucksvoll die Belege für ihre Behauptung geliefert: In einem Computerspiel durften sich je ein Proband und zwei virtuelle Figuren Bälle zuwerfen. Nach einiger Zeit warfen sich nur noch die beiden virtuellen Figuren den Ball zu – die Versuchsteilnehmer fühlten sich ausgegrenzt und reagierten empört. Zugleich sank ihre Schmerzschwelle, und sie reagierten empfindlicher auf Hitzereize und andere kleine Quälereien. Die veränderte Schmerzwahrnehmung stellte sich sogar ein, wenn den Probanden nur kurze Filmclips vorgespielt wurden, in denen Menschen mit ablehnendem oder missbilligendem Gesichtsausdruck zu sehen waren. Ängstlich-neurotische Probanden (»Die haben was gegen mich«,»Ich hab mich so verloren gefühlt«) waren nach der Zurückweisung weitaus schmerzempfindlicher als Teilnehmer mit gefestigter Persönlichkeit.

Soziale Ablehnung geht sogar mit einem Anstieg diverser Entzündungswerte einher, wie Eisenbergers Arbeitsgruppe beobachtet hat. Proinflammatorische Zytokine – das sind Botenstoffe, die eine Entzündung regelrecht anfeuern – zirkulieren vermehrt im Blut und tragen dazu bei, dass Schmerzreize als noch schmerzhafter wahrgenommen werden. Soziale Nähe, Bindungen und das Gefühl der Sicherheit lindern hingegen den Schmerz. Sobald Versuchsteilnehmer die Hand des Partners halten oder auch nur ein Bild von ihm sehen, tun ihnen die verschiedenen Schmerzreize nicht mehr so weh.

Die wechselseitige Beeinflussung von sozialen wie körperlichen Schmerzen funktioniert offenbar in beide Richtungen: Bekamen Probanden Paracetamol oder ähnliche Schmerzmittel, empfanden sie die soziale Ausgrenzung und Zurückweisung durch andere als längst nicht so massiv wie jene Versuchsteilnehmer, die nur ein Scheinpräparat schluckten, nachdem sie von der Gruppe, einem Spiel oder anderen angenehmen Situationen ausgeschlossen worden waren. Aspirin und Co. lindern das Gefühl, gemobbt zu werden.

»Sozialer und physischer Schmerz teilen sich gemeinsame Nervenbahnen und Signalwege«, sagt Eisenberger. »Vermutlich werden Ablehnung und der Verlust von etwas Geliebtem als eine elementare Bedrohung wahrgenommen.« Während Eisenberger den Überlebensvorteil in der Gemeinschaft, ohne die der Einzelne in Gefahr wäre, als evolutionär geprägte Wurzel für die Nähe von psychischem wie physischem Leid anführt, betont Peter Henningsen die Bedeutung dieser Befunde für die Behandlung in Klinik wie Praxis. »Viele unserer Patienten reagieren auf belastende Lebensereignisse und soziale Ausgrenzung durch Jobverlust oder Trennung mit vermehrten körperlichen Schmerzen«, sagt der Chef der Klinik für Psychosomatik an der Technischen Universität München. »Deshalb lindern Psychotherapien, die dazu beitragen, dass sich jemand sozial besser unterstützt fühlt, auch oft die Schmerzen.«

Kannst du dir denn gar nicht vorstellen, wie es mir geht?

Weiß denn der Sperling, wie's dem Storch zumute sei?

Johann Wolfgang von Goethe

Es gibt diese Menschen, die gehen wie ein Bulldozer durchs Leben. Sie platzen mit unpassenden Bemerkungen in eine Runde, weil sie keine Stimmung erkennen. Sie spüren nicht, was gerade los ist. Zarte Hinweise von anderen nehmen sie schlicht nicht wahr. Sie trampeln alles platt und merken nicht, wenn andere traurig sind oder verzagt. Sie erkennen nicht, wenn sie einfach mal die Klappe halten sollten. Manchmal muss man sie rütteln und schütteln und schafft es so gerade noch, dass sie sich an eine

längst vergessene Fähigkeit erinnern: sich einzufühlen, mit anderen mitzuschwingen. Fragt man sie eindringlich, ob sie sich denn gar nicht vorstellen können, wie es dem anderen gerade geht, kommt immerhin manchmal ein kleinlautes:»Stimmt, das habe ich gar nicht gemerkt.«
Dabei ist der Mensch als eines der wenigen Lebewesen in der Lage, zu erkennen, was in anderen vorgeht – theoretisch zumindest. Der Mensch ist in dieser Hinsicht privilegierter als die Pavianmütter in dem japanischen Zoo, die von ihren Wärtern daran gehindert werden müssen, mit ihren Neugeborenen in heißen Quellen zu baden. Oft ertränken sie dabei ihre Jungen, die sich ängstlich an ihren Bauch klammern. Wenn man selbst noch aus dem Wasser schaut und Luft bekommt, was soll dann schon passieren?

Bekannt ist auch das Verhalten von ausgewachsenen Pavianen, die bei einer Überschwemmung von ihrer Insel aufs Festland schwimmen mussten. Die Jungtiere, darunter auch die eigenen Kinder, ließen sie am Ufer zurück. Die schrien zwar aufgeregt durcheinander, einige wurden sogar von Tigern gefressen – aber die Alten konnten gar nicht verstehen, worin das Problem bestand. Die erwachsenen Tiere zeigten zwar alle Anzeichen von Stress, als ihre Kleinen in Gefahr gerieten, aber sie waren nicht in der Lage, die Perspektive ihres Nachwuchses einzunehmen oder ihren Jungen sogar in ihrer Not zu helfen.[151] Sie spürten zwar das Leid ihrer Artgenossen, verstanden aber nicht, was in ihnen vorgeht.

Als besonders dramatisch erwies sich das Verhalten einer Affenmutter, die sah, wie sich ihr Kind beim Spielen mit dem Hals in einem Seil verfangen hatte und darin baumelte. Auf das jämmerliche Wehklagen des Babys hin stürzte die Mutter hinzu und riss und zog so stark an den Beinen des jungen Affen, dass sie ihm das Genick brach.

Während es bei diesen Pavianen nicht an emotionaler Beteiligung fehlt, sondern die Hilfe an ihren kognitiven Fähigkeiten scheitert oder sie zu überstürzt handeln, ist es bei den meisten Menschen eher umgekehrt. Sie könnten schon verstehen, welche Sorgen und Nöte die anderen haben, allein, die emotionale Nähe will sich nicht einstellen, und so bleiben sie weiter teilnahmslos.

Ausgebrannt und teilnahmslos

> Das Mitleid ist zuweilen schmerzhafter
> als das bemitleidete Unglück.
>
> *Emanuel Wertheimer*

Eigentlich sind es gute Nachrichten: Es gibt leichte Schwankungen, aber die Tendenz ist eindeutig, der Krankenstand geht seit Jahrzehnten stetig zurück. Kaum ein Jahr, in dem nicht ein neuer Rekord vermeldet wird: Noch weniger Krankmeldungen diesmal. Doch der Schluss trügt, denn niedrige Krankenstände stehen zumeist nicht für mehr Gesundheit, sondern für erhöhten Druck und Verunsicherung am Arbeitsplatz. Über das tatsächliche Befinden sagen die Zahlen wenig aus. Viele Menschen leiden heute unter psychischen Erkrankungen mit depressiven Symptomen. Das Leiden durch körperlich schwere Arbeit ist hingegen seltener geworden.

»Diese Zahlen sind ziemlich doppelbödig«, sagt Dennis Nowak, Direktor des Instituts für Arbeits-, Sozial- und Umweltmedizin an der Ludwig-Maximilians-Universität München. »Der Krankenstand hat ja nicht nur etwas mit Krankheit zu tun. In wirtschaftlich schlechten Zeiten gehen auch jene Leute zur Arbeit, die besser zwei, drei Tage zu Hause geblieben wären.«

Bei diesem Verhalten geht es um Präsentismus. Aus Angst vor
einer Kündigung oder anderen Nachteilen wird in der Firma Anwesenheit gezeigt. Die Leute gehen trotz Beschwerden weiter
ihrem Beruf nach. Dort erbringen sie aber nur einen Bruchteil
ihrer normalen Leistung.»Im Vordergrund steht bei vielen Menschen in Krisenzeiten die Überlegung: Ich muss weiter funktionieren«, sagt Peter Henningsen, Chefarzt der Psychosomatik an
der Technischen Universität München.»In bedrohlichen Situationen mobilisieren viele Menschen Reserven und fühlen sich
manchmal auch tatsächlich weniger krank – das gilt für psychische wie für organische Leiden.«

Wenn Menschen sich in ihrem Beruf unter Druck fühlen, überfordert sind oder ihr Arbeitsplatz chronisch in Gefahr ist, reichen
die Reserven nicht ewig. Körper und Seele schalten dann auf eine
Art Notprogramm. Viele Menschen schaffen es gerade noch,
selbst nicht zusammenzubrechen. Für Mitgefühl bleibt dann nur
noch wenig Platz.

»Die Anpassung von Körper und Geist funktioniert nur bis zu
einem gewissen Grad«, sagt Henningsen.»Danach gerät man in
einen Zustand, in dem man leichter Erschöpfungsschmerzen
oder Depressionen bekommt.« Ärzte für Psychosomatik behandeln gerade in wirtschaftlich prekären Zeiten vermehrt Patienten,
die sich als Burn-out-Opfer sehen.»Die Vorstellung, dass Arbeit
Menschen psychisch krank machen kann, ist gesellschaftlich inzwischen akzeptiert«, sagt Henningsen.»Eine hohe Dunkelziffer
gibt es aber noch bei Rückenschmerzen durch Probleme am Arbeitsplatz.« Ob die Pein im Kreuz chronisch wird, hängt in erster
Linie von der Zufriedenheit im Job ab – und nicht von der Statik
der Wirbelsäule.

Der Krankenstand kann schnell falsch interpretiert werden. Die
Quote wird ja nicht nur von den tatsächlichen Krankheiten, sondern auch entscheidend von der Lage auf dem Arbeitsmarkt und

vom Betriebsklima beeinflusst. »Wechselt eine schlechte Führungskraft die Abteilung, steigt in ihrer neuen Gruppe garantiert der Krankenstand«, sagt Nowak.

Dass sich immer weniger Menschen krankschreiben lassen, hat zudem auch mit der Flexibilisierung der Arbeitszeiten zu tun. Die klassische Arbeitswoche von Montag bis Freitag, 8 bis 16 Uhr, ist für immer weniger Arbeitnehmer maßgeblich. »Viele Leute teilen sich ihr Pensum selbst ein«, sagt Nowak. »Wenn sie nachmittags unpässlich sind, gehen sie früher nach Hause und hängen abends noch zwei Stunden dran – oder für einen verpassten Tag das Wochenende.« Und das taucht in keiner Statistik auf. »Die Vermischung von Arbeit und Freizeit hat zwar viele positive Seiten, sie fördert aber auch die Selbstausbeutung und damit womöglich wieder neue Beschwerden«, sagt Nowak.

Noch deutlicher wird der Freiburger Soziologe Ulrich Bröckling: »Freiheit und Flexibilität klingen gut, sind aber gleichzeitig mit entgrenzten Erwartungen verbunden. Man wird nie mit etwas fertig und kann die Ansprüche nie ganz erfüllen. Überstunden und der Druck nehmen zu, weil mehr Freiheit und Flexibilität an mehr Wettbewerb gekoppelt sind. Der Zwang geht heute nicht mehr so sehr von Vorgesetzten aus, sondern von der Notwendigkeit, mitzuhalten. Soll in einer Woche die Präsentation stattfinden, steigt der Druck, auch wenn man selbst entscheiden kann, wie man fertig wird. Das ist die Kehrseite von mehr Freiheit.«

Der Krankenstand ist seit 1970 vermutlich auch deshalb stetig gesunken, weil es immer weniger körperlich anstrengende Jobs gibt, Knochenarbeit wie einst in Bergbau oder Industrie. Womöglich hat sich auch die Gesundheit der Menschen verbessert. »Die 75-Jährigen heute sind wahrscheinlich so leistungsfähig wie die 65-Jährigen vor 30 Jahren«, sagt Martin Halle, Direktor der Sportmedizin an der Technischen Universität München.

Trotzdem nagt es am Einzelnen, wenn er spürt, den Anforderun-

gen nie ganz genügen zu können. »Die Arbeitswelt will den
smarten Selbstoptimierer – doch der erlebt sich zugleich immer
auch als unzulängliches Individuum«, sagt Bröckling. »Wo Aktivität gefordert ist, ist er antriebslos. Wo Kreativität verlangt
wird, fällt ihm nichts mehr ein. Flexibilisierungszwängen begegnet er mit Erstarrung. Statt sich zu vernetzen, zieht er sich zurück. An Entscheidungskraft fehlt es ihm ebenso wie am Mut
zum Risiko. Statt notorisch gute Laune zu verbreiten, ist er unendlich traurig.«

Vom Mitgefühl überfordert?

> Wenn wir Zeuge irgendeiner tiefen Erregung sind,
> so wird unser Mitgefühl so stark erregt,
> dass es fast unmöglich wird, oder wir vergessen,
> eine sorgfältige Beobachtung anzustellen.
>
> *Charles Darwin*

Die gesellschaftlichen Ansprüche an das Mitgefühl überfordern
viele Menschen. Es gibt ja auch so viele Bereiche, in denen es
angebracht sein könnte: Man soll sich gleichermaßen hineinversetzen in bedrohte Völker und in tropische Regenwälder; dabei
sind offenbar weder zeitlich noch räumlich enge Grenzen gesetzt, so dass sich Staatsmänner schon mal für Verbrechen entschuldigen, die vor Hunderten von Jahren begangen worden sind.
»Die Schwierigkeiten einer so umfassenden Forderung der Einfühlung sind offensichtlich: Man muss ein Virtuose des Mitgefühls sein, um die Erweiterungspostulate dieser Moral erfüllen
zu können«, schreibt Henning Ritter in seinem Buch *Nahes und
fernes Unglück. Versuch über das Mitleid*.[152]

In der Masse der Katastrophen und ihrer medialen Aufbereitung müssen zudem Greuel und Missetaten erst durch Foto, Film und Fernsehen nachvollziehbar werden, um überhaupt noch aus der Ferne berühren zu können. Als der Polizeichef von Saigon 1968 einen Vietcong-Angehörigen vor laufender Kamera exekutierte, wurde das – preisgekrönte – Bild zum Inbegriff mitleidloser Gewalt. Existieren aber nur wenige Bilder der Exzesse und Katastrophen, wird den Opfern auch weniger Mitgefühl entgegengebracht. Der Grad der Empathie hängt nicht nur von Nähe und Moral ab, sondern auch von der Kunstfertigkeit und den Bildern, mit denen das Unglück inszeniert wird. Das Ausmaß und der Grad an Empathie und Mitgefühl sind von politischen wie gesellschaftlichen Prägungen und Vorlieben beeinflusst – nicht immer und nicht zu allen schrecklichen Anlässen sind wir in der Lage, mit anderen mitzufühlen.

Eine Frage der Distanz

> Wer die Opfer nicht schreien hören, nicht zucken sehen kann,
> dem es aber, sobald er außer Seh- und Hörweite ist,
> gleichgültig ist, dass es schreit und zuckt –
> der hat wohl Nerven, aber – Herz hat er nicht.
>
> *Bertha von Suttner*

Wenn Mitgefühl auch darin besteht, mit allen Sinnen nachzuempfinden, wie es einem anderen Menschen geht – wie sehr ist dann jemand zu Mitgefühl in der Lage, der nicht mit allen Sinnen aufnehmen kann, was um ihn herum geschieht? Diese Frage hat Denker schon früh umgetrieben. Der französische Aufklärer Denis Diderot hatte sich 1749 in seinem *Brief über die Blinden*

gefragt, wie sehr die Empfindung von Mitgefühl von der eigenen
Sinneswahrnehmung abhängig ist, und dazu ein originelles Gedankenexperiment bemüht:

Gesetzt, ein Mensch wird ohne einen Klagelaut neben einem
Blinden ermordet, so Diderots Annahme. Der Blinde hört zwar
das Blut fließen, kann das Geräusch aber nicht von dem eines
Menschen unterscheiden, der neben ihm gerade Wasser lässt.
Vermutlich wird ihm das kaum eine Gemütsregung entlocken –
er weiß ja nicht, was sich abgespielt hat. Wenn Empathie aber so
sehr von der sinnlichen Wahrnehmung abhängig sei, müsse man
dem Blinden mit seinen beschränkten Sinnen doch wohl einen
Mangel an Menschlichkeit unterstellen, so Diderots Gedankenexperiment – umgekehrt sei dann wohl ein Mord ein Leichtes,
wenn es gelänge, sich davon nicht in seinen Sinnen erschüttern
zu lassen.

Wie weit das Mitgefühl des Menschen reicht, hat Denker immer
wieder beschäftigt. Gibt es räumliche Grenzen, oder ist es
schlicht auch eine Frage der Menge, wie vielen Menschen man
einfühlsam begegnen kann? In Honoré de Balzacs Roman *Vater
Goriot* von 1834 wird ein Gedankenexperiment geschildert, das
unter dem Begriff »Seinen Mandarin töten« in die Philosophie-
geschichte eingegangen ist. Dazu stelle man sich vor, allein durch
seinen Willen von Europa aus einen alten, reichen Mann im fer-
nen China umbringen zu können. Nach dieser Tat könne man
selbst sein Leben lang im Luxus leben – diese Versuchung war
zumindest gedanklich offenbar für viele Denker recht groß.

Doch nicht nur die geographische, sondern auch die soziale
Distanz zum Leid ist entscheidend für den Grad des Mitgefühls.
Balzac skizziert die gleichgültige Haltung gegenüber fernem
Unglück 1844 in seinem Werk *Modeste Mignon:* »Die Engländer
töten in Indien Tausende von Menschen, die genauso viel wert
sind wie wir, und in der Minute, in der ich zu Ihnen spreche, ver-

brennt man dort die hinreißendste Frau. Trinken Sie deswegen zum Frühstück eine Tasse Kaffee weniger?« Etwas später heißt es bei Balzac:»Zu dieser Stunde gibt es in Paris Mütter, die auf Stroh liegen und ein Kind gebären ohne ein Tuch, um es darin zu wickeln.«

Mitgefühl auch mit Schurken?

Bleiben Sie denn unbewegt vor den vielen, die jetzt sterben? –
Ich beweine die Überlebenden, und ihrer sind mehr.

Karl Kraus

In Dostojewskis Roman *Schuld und Sühne* aus dem Jahr 1866 wird die Frage des Mitgefühls um eine moralische Form der Güterabwägung erweitert. Denn macht es nicht einen großen Unterschied, wer leidet – und wer eventuell davon profitiert?»Ein dummes, bedeutungsloses, minderwertiges, böses, krankes Weib, das kein Mensch braucht, das im Gegenteil allen schadet, das selbst nicht weiß, wozu es lebt, und das morgen von selbst sterben wird« soll ermordet werden.»Schlag sie tot und nimm ihr Geld, um dich später mit seiner Hilfe der ganzen Menschheit und der gemeinnützigen Sache zu widmen.« Der Mörder kennt in diesem Fall nicht nur kein Mitgefühl. Indem er die Menschheit von einem nutzlosen Geschöpf befreit, wird der Täter sogar zum Wohltäter stilisiert.

Geographische Distanz, Moral und Wertemaßstäbe spielen auch in der Ausprägung des Mitgefühls mit heutigen Opfern eine Rolle. Das wollen wir in unserer Hilfsbereitschaft zwar nur ungern wahrhaben, lässt sich aber am Beispiel großer Katastrophen deutlich zeigen: Der Tsunami in Asien und das Erdbeben in Haiti ließen viele Deutsche sehr viel Geld spenden. Die Flut in Pakistan brachte hingegen weitaus weniger Mitgefühl hervor – sofern ein geringes Spendenaufkommen ein Gradmesser dafür ist. Die Sorge, mit dem Geld ein korruptes, undurchschaubares Regime und radikale Islamisten zu unterstützen, ließen die Hilfe für Pakistan dürftig ausfallen.

Tania Singer vom Max-Planck-Institut für Kognitions- und Neurowissenschaften in Leipzig hat gezeigt, dass Männer und Frauen auf unterschiedliche Weise Gerechtigkeitsempfinden und Mitgefühl koppeln. Sie ließ Probanden zunächst beobachten, wie sich die Teilnehmer eines Spiels verhielten, bei dem sie andere fair behandeln oder übervorteilen konnten. Anschließend wurden die Spieler peinigenden Schmerzreizen ausgesetzt. Männer zeigten ausschließlich Empathie für diejenigen, die sich zuvor im Spiel untadelig verhalten hatten. Frauen litten zwar auch stärker mit den Gerechten, verspürten aber in erheblichem Maße ebenso Mitgefühl mit den Fieslingen.

23 anstrengende Tatsachen über Empathie und den Unterschied zum Mitgefühl

Besonders die idealistischen, engagierten Menschen sind vom Burn-out bedroht.

Wissenschaftler unterscheiden Mitgefühl von Empathie mit guten Gründen. Empathie ist Resonanz mit dem Gefühlszustand anderer, die so überwältigend sein kann, dass sie überfordert und erschöpft und weder guttut noch gesund ist.

Mitgefühl für andere ist im Gegensatz zur Empathie die Teilhabe am Schmerz anderer über einen warmen, positiven Zustand in Verbindung mit Liebe und Trost.

Der Unterschied zwischen Empathie und Mitgefühl ist wohl der Grund, warum manche Lehrer, Ärzte, Pflegekräfte etc. in ihrem Beruf aufblühen und daraus Kraft schöpfen, während andere ausgezehrt an ihre Grenzen kommen.

Mitgefühl zielt darauf ab, dem Leid anderer warmherzig zu begegnen und es zu lindern. So schützt es vor Erschöpfung und Burn-out und stärkt die Hilfsbereitschaft.

Mitgefühl aktiviert Hirnregionen, wie sie bei Zuwendung, Verliebtheit und mütterlicher Bindung ins Spiel kommen und mit Liebe, Glück, Belohnungsgefühlen und anderen angenehmen Emotionen in Verbindung stehen.

Einfühlung ist zutiefst menschlich. Schonender für die Mitleidenden und hilfreicher für die Leidenden ist es, wenn statt »Empathie für den Schmerz« ein »Mitgefühl von Wärme und Zuneigung« tritt.

Fühlt sich jemand ungeliebt, einsam und nicht gewollt, tut das auch körperlich weh. Man wird schmerzempfindlicher, Entzündungswerte im Blut steigen.

Ablehnung wird als elementare Bedrohung wahrgenommen. Gemeinsamkeit ist ein Überlebensvorteil in der Gruppe, ohne die der Einzelne in Gefahr wäre.

Viele Patienten reagieren auf belastende Lebensereignisse und Ausgrenzung durch Jobverlust oder Trennung mit Schmerzen. Deshalb lindern Psychotherapien, die dazu beitragen, dass sich jemand besser unterstützt fühlt, oft die Schmerzen.

Fragt man wenig einfühlsame Menschen, ob sie sich nicht vorstellen können, wie es anderen geht, entgegnen manche: »Stimmt, habe ich gar nicht gemerkt.«

Der Mensch kann erkennen, was in anderen vorgeht. Anders als die Pavianmütter im Zoo, die daran gehindert werden müssen, mit Neugeborenen in Quellen zu baden. Oft ertränkten sie dabei ihre Jungen, die sich ängstlich an ihren Bauch klammern.

Der Krankenstand geht seit Jahrzehnten zurück. Doch niedrige Krankenstände stehen nicht für mehr Gesundheit, sondern für mehr Druck am Arbeitsplatz. Über das Befinden sagen die Zahlen wenig aus. Viele Menschen leiden unter psychischen Erkrankungen.

Im Vordergrund steht in Krisenzeiten die Überlegung: Ich muss weiter funktionieren. In bedrohlichen Situationen mobilisieren Menschen Reserven, doch die reichen nicht ewig. Körper und Seele schalten auf Notprogramm. Viele Menschen schaffen es gerade noch, nicht zusammenzubrechen. Für Mitgefühl bleibt wenig Platz.

Wechselt eine schlechte Führungskraft die Abteilung, steigt in ihrer neuen Gruppe der Krankenstand.

Die flexible Vermischung von Arbeit und Freizeit hat positive Seiten, fördert aber die Selbstausbeutung und damit womöglich neue Beschwerden.

Freiheit und Flexibilität klingen gut, gehen aber mit entgrenzten Erwartungen einher. Man wird nie mit etwas fertig, kann Ansprüche nie ganz erfüllen. Überstunden und Druck steigen, weil mehr Freiheit und Flexibilität an mehr Wettbewerb gekoppelt sind.

Die Arbeitswelt will den smarten Selbstoptimierer – der erlebt sich zugleich auch als unzulänglich. Wo Aktivität gefordert ist, ist er antriebslos. Wo Kreativität verlangt wird, fällt ihm nichts mehr ein. Statt sich zu vernetzen, zieht er sich zurück. Statt notorisch gute Laune zu verbreiten, ist er unendlich traurig.

Gesellschaftliche Ansprüche an das Mitgefühl überfordern. In bedrohte Völker und tropische Regenwälder soll man sich hineinversetzen; Staatsmänner entschuldigen sich für Verbrechen, die vor Hunderten von Jahren begangen wurden.

Greuel und Missetaten müssen durch Foto, Film und Fernsehen nachvollziehbar werden, um aus der Ferne berühren zu können.

Wenn Mitgefühl auch darin besteht, mit allen Sinnen nachzuempfinden, spüren dann Blinde Mitgefühl? Und ist ein Mord ein Leichtes, wenn es gelänge, sich davon nicht in seinen Sinnen erschüttern zu lassen?

Geographische, soziale und moralische Distanz spielen für unser Mitgefühl eine Rolle. Der Tsunami in Asien, das Erdbeben in Haiti ließen Deutsche viel Geld spenden. Die Flut in Pakistan brachte weniger Spenden hervor. Die Sorge, ein undurchschaubares Regime zu unterstützen, ließ die Hilfe dürftiger ausfallen.

Männer und Frauen koppeln Gerechtigkeitsempfinden und Mitgefühl unterschiedlich. Männer zeigen ausschließlich Empathie für jene, die sich untadelig verhalten. Frauen leiden stärker mit den Gerechten, verspüren aber auch Mitgefühl mit Fieslingen.

Jenseits von Gut und Böse

Mitleid mit den Tieren hängt mit der Güte des Charakters
so genau zusammen, dass man zuversichtlich behaupten darf,
dass, wer gegen Tiere grausam ist, kein guter Mensch sei.

Arthur Schopenhauer

Manchmal sind dem Verständnis Grenzen gesetzt. Es geht
einfach nicht. Wie passt das zusammen, dass der Tyrann
und Schlächter privat ein angenehmer Zeitgenosse ist? Ein glän-
zender Unterhalter, gesittet und kultiviert, der seine Kinder verwöhnt und den Hund über alles liebt?

Es ist ein verbreitetes Phänomen, das man von grausamen Herr-
schern und erbarmungslosen Diktatoren kennt: Sie lassen feindliche Volksgruppen oder politische Gegner mit aller erdenklichen
Grausamkeit foltern, quälen, abschlachten oder schlicht in der
Haft verrotten, erweisen sich aber zu Hause mit der Familie als
liebevolle Kümmerer, die ihre Kinder verhätscheln oder sich treu
um Hund oder Katze sorgen.

Es irritiert, wenn der Böse auch seine halbwegs erträglichen Seiten hat und sich im Alltag verhält wie der Biedermann von nebenan.

Wie passt das zusammen, was löst es aus und lässt manche Menschen im einen Moment die grässlichsten Verbrecher und Psychopathen sein, während sie im nächsten Moment lammfromm
und sogar voller Anteilnahme sind?

Immer wieder stellt es Historiker vor Rätsel, wenn sich ein
schrecklicher Tyrann als zärtliches Familienoberhaupt entpuppt,
das weint, wenn sein Hund Blähungen hat. Gibt es das abgrund-

tiefe Böse, das alle Schichten durchdringt und keinerlei gute Seiten erkennen lässt, etwa gar nicht?

Psychopathen lernen Mitgefühl

Hysteriker sagen immer zuerst, dass sie nicht hysterisch sind.
– Aber ich bin nicht hysterisch, ich bin ganz ruhig.
Das Schweigen der Lämmer

Die Menschen werden immer selbstbezogener? Mag schon sein,
aber Empathie ist erlernbar. Sogar Narzissten und Psychopathen
können sich in andere hineinversetzen – wenn man es ihnen nahebringt.
Jeder kennt diese Zeitgenossen: Sie kreisen meistens nur um sich
selbst, andere Menschen interessieren sie kaum. Und noch weniger beschäftigt es sie, was andere von ihnen denken. Narzissten
haben ein einseitiges Verständnis von sich und der Welt. Was
nicht unmittelbar ihr Denken und Fühlen betrifft, ist ihnen gleichgültig, Mitgefühl Fehlanzeige. Umso überraschender sind die
Erkenntnisse von britischen Psychologen, wonach Narzissten
durchaus einfühlsam sein und Empathie empfinden können –
wenn man ihnen ein wenig auf die Sprünge hilft.[153]
Forscher um Erica Hepper von der Universität Surrey haben 300
Freiwillige untersucht, die starke narzisstische Züge aufwiesen,
»aber psychologisch gesund waren und häufig sogar sehr erfolg-
reich«, wie die Studienleiterin sagt. Diese Form des subklini-
schen Narzissmus ist häufig, und vieles deutet darauf hin, dass
diese Persönlichkeitsstruktur immer öfter vorkommt. Im Gegensatz dazu haben Menschen mit narzisstischer Persönlichkeits-
störung Schwierigkeiten, ihren Alltag zu bewältigen. Sie sind oft

unflexibel, leiden unter Trennungen und der Abkehr von Freunden.

Zunächst erfuhren die Narzissten anschaulich vom Ende einer Beziehung. Doch egal wie dramatisch die Partnerschaft auch auseinanderging, die Narzissten konnten keinerlei Mitgefühl empfinden. Das änderte sich auch dann nicht, wenn die Verlassenen in eine Depression verfielen und extrem litten.

In einem weiteren Versuch bekamen Frauen ein zehnminütiges Video zu sehen, in dem eine andere Frau Opfer häuslicher Gewalt wurde. Nachdem die narzisstischen Teilnehmerinnen aufgefordert wurden, »sich vorzustellen, wie sich die misshandelte Frau fühlt«, empfanden sie durchaus Mitgefühl. Narzisstinnen, die nicht dazu angeregt wurden, sich in die Perspektive des Opfers zu versetzen, verharrten jedoch weiterhin gleichgültig vor dem Bildschirm.

Um ihrer Beobachtung auf den Grund zu gehen, erfassten die britischen Wissenschaftler die Herzfrequenz und andere physiologische Parameter, die Auskunft darüber geben, wie nahe den Probanden das Geschehen ging, das sie beobachteten. Hier bestätigte sich die zuvor gemachte Beobachtung: Unter den Narzissten stieg die Herzfrequenz nicht an, wenn sie miterlebten, wie eine andere Person litt oder in Trauer verfiel. Auch andere Merkmale einer anteilnehmenden Stressreaktion waren bei ihnen nicht zu beobachten. Wer hingegen angeregt wurde, die Position des Opfers einzunehmen, der zeigte auch eine körperliche Reaktion des Mitgefühls.

»Wenn wir Narzissten dazu ermutigen, die Situation aus der Sicht ihrer Kollegen oder Freunde zu betrachten, reagieren sie oft angemessen und sogar sympathisch auf das Leid anderer«, sagt Hepper. »Das ist nicht nur schöner für die Menschen in ihrer Umgebung, sondern langfristig auch besser für ihr eigenes Wohlbefinden und für die Haltbarkeit ihrer Beziehungen.«

Für die Gesellschaft kann das auch von Vorteil sein, denn obwohl viele Narzissten mit sich zufrieden sind, stiften sie als Kollegen oder im Freundeskreis oft Ärger und Unruhe. Wer unter einer stark ausgeprägten Form des Narzissmus leidet, tendiert zudem eher zu gewalttätigem Verhalten und anderen Delikten. Die Fähigkeit zum Mitgefühl ist bei Narzissten also durchaus verbreitet – nur die Bereitschaft dafür nicht.

Erst vor kurzem haben die niederländischen Neuroforscher Christian Keysers und Valeria Gazzola gezeigt, dass sogar Psychopathen Mitgefühl beigebracht werden kann.[154] Die Hirnzentren, in denen Mitgefühl und Mitleid verarbeitet werden, sind bei ihnen kaum aktiv, wenn sie Menschen sehen, denen es schlechtgeht. Wurden sie jedoch aufgefordert, empathisch zu sein (»Versuchen Sie, zu fühlen, wie es dem anderen geht«), zeigten sie nicht nur mehr Einfühlung, sondern die entsprechenden Hirnareale wiesen auch die dafür typischen Erregungsmuster auf.

»Die Fähigkeit zum Mitgefühl ist nicht in Stein gemeißelt«, sagt Peter Henningsen, Chef der Klinik für Psychosomatik an der Technischen Universität München.»Empathie ist auch abhängig davon, ob die Bereitschaft dafür gegeben ist. Das ist eine Frage der Motivation.« Vielleicht ist es für eine Gemeinschaft daher sinnvoll, den Selbstsüchtigen und Dissozialen Mitgefühl nahezubringen.

Berichte vom Stamm der Babemba, der in Sambia heimisch ist, zeigen einen möglichen Weg. Tut einer der Dorfbewohner etwas selbstsüchtig Unrechtes, folgt ein eingeübtes Ritual. Zunächst bilden alle anderen einen Kreis, in dessen Mitte sich der Übeltäter stellen muss. Im Kreis fassen sich die Babemba an den Schultern – wer sich anfasst, gehört zur Gemeinschaft. Der Übeltäter muss hingegen allein in der Mitte stehen.

Man könnte Schlimmes für ihn befürchten. Denn die Kreisformation um einen Einzelnen ist die seit Jahrtausenden bekannte

Aufstellung, in der aus der Gemeinschaft Ausgestoßene gesteinigt oder anderweitig gelyncht werden. Nicht so bei den Babemba. Der Einzelne, der einen Fehler gemacht hat, wird nicht bestraft, sondern so lange an seine guten Eigenschaften erinnert, bis er wieder mit angenehmen Gefühlen in die Dorfgemeinschaft zurückkehren kann.

»Du bist ein guter Sohn«, »Du bist ein hilfreicher Freund« – solche Sätze bekommt der sündige Nachbar während der Zeremonie immer wieder zu hören. Gerade in dörflichen Lebensformen, die stark aufeinander angewiesen sind, ist es für alle wichtig, dass die Gruppe zusammenbleibt.

Aus evolutionärer Sicht ist das ein sinnvolles Muster: Wenn es zu den Zeiten unserer Urahnen um das Überleben der Gruppe ging, die genug damit zu tun hatte, Nahrung zu beschaffen und sich gegen Angriffe zu verteidigen, mussten alle an einem Strang ziehen. Wer den Zusammenhalt stört, kann ausgeschlossen werden – oder er wird resozialisiert, was den Vorteil hat, dass die Gruppe nicht bei jedem Verstoß eines Mitglieds kleiner wird.

Kann es der Übeltäter ertragen, dass ihm seine guten Eigenschaften zugerufen werden und das Lob annehmen, ist er in doppeltem Sinne wieder in die Dorfgemeinschaft aufgenommen: Er gehört wieder dazu, und als erstes Zeichen reiht er sich in den Kreis seiner Mitbewohner ein und übt mit ihnen den Schulterschluss.

Womöglich ist diese Stammessitte auch ein gutes Vorbild für die narzisstischen und dissozialen Rabauken in unseren Breiten. »Wenn Narzissten doch dazu in der Lage sind, Empathie zu empfinden, sollte man entsprechende Angebote planen, um ihnen zu helfen«, sagt Erica Hepper. »Das nützt den Narzissten in ihrem Alltag – und ihre Freunde und Kollegen profitieren unmittelbar davon.«

Narzissten erkennen leichtgemacht

> Das Mitleid ist die wahre Quelle
> aller echten Gerechtigkeit und Menschenliebe.
> *Arthur Schopenhauer*

Es kann durchaus hilfreich sein, zu erkennen, zu welchen Gefühlen die Mitmenschen normalerweise in der Lage sind. »Narzissten bringen beispielsweise viel weniger Empathie auf als andere«, sagt Brad Bushman, Psychologe an der Ohio State University in Columbus. »Und Empathie ist ja eine Schlüsselmotivation für philanthropisches Verhalten und bringt uns dazu, beispielsweise für Hilfsorganisationen zu spenden.« Bushman ist überzeugt davon, dass Narzissmus nicht nur ein schwieriges Verhalten im Umgang miteinander darstellt, sondern auch schädlich für die Gesellschaft ist. »Wer sich bereits für ganz großartig hält, sieht schließlich auch keinen Grund dafür, sich zu verändern oder gar zu verbessern«, sagt der Psychologe.

Bushman hat deshalb gemeinsam mit seinen Kollegen einen einfachen Test entwickelt, mit dem Narzissten schnell erkannt werden können.[155] Das Vorgehen ist verblüffend simpel: Man muss die Menschen lediglich fragen, wie sehr sie der Aussage zustimmen: »Ich bin ein Narzisst.« Denn offenbar sind Narzissten auch noch stolz darauf, überwiegend eitel, selbstbezogen und egoistisch zu sein. »Man kann sie direkt fragen, denn sie sehen ihren Narzissmus nicht als etwas Negatives an«, sagt Bushman. »Sie halten sich für besser als andere und haben auch keine Probleme damit, dies öffentlich zu sagen.«

Die Einfühlung der Verbrecher

Ma'm, Ihr Sohn stellt gefälschte Schecks aus.
– Wie viel schuldet er Ihnen? Ich stelle Ihnen einen Scheck aus.
– 1,35 Mio. Dollar.

Catch Me If You Can

Empathie wird gemeinhin als durchweg positive Eigenschaft verstanden, als besondere Leistung und sogar als Kennzeichen der Menschlichkeit. Zumeist ist sie das auch, aber wie verhält es sich mit dem Einbrecher, der monatelang die Gewohnheiten seines Opfers beobachtet hat, den Alltag und die Eigenheiten dessen zu verstehen versucht, den er zu bestehlen gedenkt? Gehört nicht eine Menge Einfühlungsvermögen dazu, sich vorzustellen, wann das Opfer das Haus verlassen wird, was es dort wo aufbewahrt, wann es zurückkehrt und in welchen Momenten es besonders schutzlos ist?

Nicht nur Bankräuber oder Einbrecher, auch der kleine Taschendieb muss sich in die Lebensweise seines Opfers hineinversetzen, muss sich überlegen, welche Reaktionen typisch wären und eventuell sogar, wovor der andere besonders viel Angst hat. Wie sonst sollte man das nennen, wenn nicht eine spezielle – und in diesem Fall sogar kriminelle – Form der Empathie?

Dieses Verhalten erinnert ein wenig an die Raben, unter denen es immer wieder welche gibt, die geschickter sind als andere, die im Rang allerdings über ihnen stehen. Wenn nun ein handwerklich cleveres, aber rangniedriges Tier einen Behälter mit Futter öffnet, muss es damit rechnen, dass ihm das Leittier die Nahrung wegfrisst. Es gibt Beispiele dafür, dass besonders trickreiche Vögel leere Behälter öffnen oder einen kleinen Teil des Futters verstecken und dann theatralisch »finden«, um ihre stärkeren Konkurrenten zu verwirren.[156] Sie versetzen sich in die Perspektive des anderen, überlegen sich, was er gesehen haben könnte, und versuchen zu tricksen und zu täuschen – allerdings nicht, um andere zu übervorteilen, sondern um nicht selbst ins Hintertreffen zu gelangen.

Das Erlernen von Mitgefühl kann durchaus destruktiv sein und zu furchtbaren Verbrechen missbraucht werden. Die Psychopathologie kennt schließlich viele Formen. In der Regel ist damit eine Störung gemeint, die durch eine antisoziale Haltung ohne Mitleid gegenüber anderen gekennzeichnet ist. Diese Störung wird auf einen Mangel an Empathie zurückgeführt.

Fatalerweise ist es aber auch so, dass Verbrechen gegen die Menschlichkeit häufig auf der Fähigkeit zur Empathie beruhen. Empathie kann sowohl konstruktiven als auch destruktiven Zwecken dienen.»Moderne« Folter setzt voraus, dass die Täter erkennen, was andere denken und fühlen, dass sie in der Lage sind, die Perspektive ihrer Opfer einzunehmen. Um Elektroden an den Genitalien von Gefangenen anzubringen oder beim sogenannten Waterboarding das Ertränken zu simulieren, muss man in der Lage sein, den Standpunkt der Opfer einzunehmen und sich zu vergegenwärtigen, was diese am meisten verletzt, ängstigt oder demütigt. Auch Grausamkeit beruht auf einer besonders perfiden Form der Perspektivenübernahme.

Ein eindrucksvolles Beispiel hat Max Frisch gegeben: Weil sie die Perspektive des Biedermannes einnehmen und sich in seine Welt einfühlen können, können die Brandstifter den Biedermann überrumpeln.

10 ambivalente Wahrheiten über die Wechselhaftigkeit des Menschen

Grausame Herrscher ließen feindliche Volksgruppen oder politische Gegner quälen und töten, erwiesen sich aber zu Hause als liebevolle Kümmerer, die ihre Kinder verhätschelten oder sich um den Hund sorgten. Gibt es das abgrundtiefe Böse, das keine guten Seiten kennt, überhaupt?

Empathie hat viel mit Identifikation zu tun. Mitgefühl empfinden wir besonders mit jenen, die wir als zugehörig zu unserer Gruppe ansehen – egal ob es sich dabei um weltanschauliche, ethnische, religiöse oder berufliche Zeichen handelt.

Empathie ist erlernbar. Narzissten und Psychopathen können sich in andere hineinversetzen – wenn man ihnen nahebringt, sich vorzustellen, wie jemand fühlt, dem es schlecht ergeht.

Für die Gesellschaft ist es von Vorteil, Narzissten Empathie beizubringen, denn sie stiften als Kollegen oder im Freundeskreis Ärger und Unruhe. Wer unter ausgeprägtem Narzissmus leidet, tendiert zudem zu gewalttätigem Verhalten.

Die Hirnzentren, in denen Mitgefühl und Mitleid verarbeitet werden, sind bei Psychopathen kaum aktiv, wenn sie Menschen sehen, denen es schlechtgeht.

Stammesgruppen zeigen: Wer den Zusammenhalt stört, kann ausgeschlossen werden – oder er wird resozialisiert, was den

Vorteil hat, dass die Gruppe nicht bei jedem Verstoß eines Mitglieds kleiner wird.

Wenn Narzissten dazu in der Lage sind, Empathie zu empfinden, sollte man ihnen helfen. Das nützt Narzissten im Alltag – und Freunde und Kollegen profitieren.

Narzissten können schnell erkannt werden. Man muss Menschen fragen, wie sehr sie der Aussage zustimmen: »Ich bin ein Narzisst.« Denn offenbar sind Narzissten stolz darauf, eitel, selbstbezogen und egoistisch zu sein.

Empathie wird als durchweg positive Eigenschaft verstanden, als Kennzeichen der Menschlichkeit. Aber auch der Einbrecher, der monatelang die Gewohnheiten seines Opfers beobachtet, zeigt sich empathisch.

Mitgefühl kann für Verbrechen missbraucht werden. »Moderne« Folter setzt voraus, dass die Täter die Perspektive ihrer Opfer einnehmen und sich vergegenwärtigen, was diese verletzt, ängstigt, empört. Grausamkeit beruht auf Perspektivenübernahme.

Schlussbetrachtung

Der Mensch nimmt nicht eher Anteil
an anderer Glück oder Unglück,
als bis er sich selbst zufrieden fühlt.
Macht also, dass er mit wenigem zufrieden sei,
so werdet ihr gütige Menschen machen.

Immanuel Kant

Die Welt ist schlecht, die Menschen sind gut. Können wir uns darauf einigen? Oder andersherum? Die Welt ist gut, nur die Menschen sind es nicht immer? Dabei könnte es so einfach sein. Mitgefühl für andere und für sich selbst macht das Miteinander harmonischer und versöhnlicher, stabilisiert Beziehungen, tut der Seele gut und hat mannigfache positive Auswirkungen auf die Gesundheit. Zusätzlich zu diesen günstigen Nebenwirkungen für den Einzelnen stärken Mitgefühl und Anteilnahme die Gemeinschaft, festigen den Zusammenhalt in der Gruppe und tragen so dazu bei, dass die Welt ein bisschen friedlicher, ein bisschen freundlicher und ein besserer Ort zum Leben wird.

Und trotzdem gelingt es ja so selten, im Kleinen wie im Großen, ausreichend Verständnis und Anteilnahme zu entwickeln. Es braucht wohl frühe Weisheit und viel Gelassenheit und vor allem die richtigen Menschen um uns herum, um immer wieder Mitgefühl aufzubringen und sich überhaupt erst eine andere Perspektive zuzutrauen. Und sich dann zu fragen und zu erspüren, wie es dem anderen wohl gerade ergeht.

Viele Menschen machen es einem wirklich nicht leicht, überhaupt nur eine Spur Mitgefühl für sie aufzubringen. Du mich auch ist der erste Impuls gegenüber diesen Zeitgenossen. Und weder politische noch gesellschaftliche Rahmenbedingungen sind besonders dazu angetan, sich in andere einzufühlen. Schneller, höher, weiter ist eine Art sozialer Imperativ geworden. Eltern haben Angst, den optimalen Zeitpunkt für die Frühförderung ihrer Kinder zu verpassen. Lehrer und Kultusbehörden spornen spätestens seit dem PISA-Schock die Schüler immer schneller und immer früher zu immer mehr Leistungen an. Viele Studiengänge sind inzwischen so stromlinienförmig auf die Bedürfnisse der Arbeitswelt ausgerichtet, dass kaum noch Zeit zum Innehalten, zur Entfaltung und zum Blick auf andere bleibt. Und im Beruf werden rasch die Spielregeln erklärt, nach denen die Karriereleiter zu erklimmen ist.

Zudem verstärken sich auch in wohlhabenden Ländern wie Deutschland die Unterschiede zwischen Arm und Reich kontinuierlich, und erstmals seit Jahrzehnten ist sich die einst so festgefügte Mittelschicht ihrer Position nicht mehr sicher, fürchtet empfindliche Einbußen oder gar den Absturz. Der Kollaps der Sozialsysteme ist zwar noch nicht eingetreten, aber inzwischen hat jeder bemerkt, dass die staatlichen Leistungen bei chronischer Krankheit, Arbeitslosigkeit, Armut und im Rentenalter oft nicht mehr einen beruhigenden Lebensstandard und gute Versorgung gewährleisten.

Eine Folge dieser politischen wie sozialen Zuspitzung: Das Gefühl, sich in Konkurrenz zu befinden, beginnt schon früh, viele Menschen sind unsicher und gehetzt, wollen einen Vorsprung erzielen, sich nach vorne bringen, ihre Ausgangsposition verbessern. Gute Voraussetzungen für Mitgefühl und Verständnis sind das nicht gerade, im Gegenteil. Stress, Missgunst und andere negative Gefühle und Gedanken schränken die Fähigkeit ein, sich in andere einzufühlen. Ungesund und unglücklich machen sie außerdem.

Dabei finden sich Mitgefühl und Gerechtigkeitssinn schon bei kleinen Tieren wie auch bei kleinen Menschen. Bereits im Vorschulalter teilen Kinder fair, auch wenn sie sich selbst mehr zuschanzen könnten. Sie bestrafen Egoisten sogar dann, wenn es zu ihrem eigenen Nachteil ist, und helfen und leiden mit, wenn sie Gleichaltrige in Not sehen.

Fast alle Lebewesen »verhalten sich im richtigen Moment solidarisch und kooperativ«, sagt der Biologe Frans de Waal. Nämlich dann, wenn keine unmittelbare Konkurrenz oder Gefahr droht, wenn Kleinmut und Angst gerade keinen Ausgang haben – und sich das Gute ungebremst ausleben kann.

Schließlich befähigt Mitgefühl die Menschen, trotz der Schwierigkeiten einer anderen Person selbst positive Gefühle wie Wärme, Nähe und Liebe zu erleben. Während ein Übermaß an Empathie gerade in »helfenden« Berufen die Gefahr für Burn-out, Depressionen und andere stressbedingte Erkrankungen erhöht, kann Mitgefühl viel Positives bewirken.

Die Geschichte der Menschheit kann zwar als eine einzige Abfolge von Niedertracht und Betrug gelesen werden, als lückenlose Kette von Brutalität und Gewalt. Von den frühesten Schädelspaltern der Steinzeit bis hin zu den ausgefeilten Foltertechniken in den Verliesen finsterer Regime und dem millionenfachen Völkermord, für die jeder Kontinent seine eigenen Schreckensorte kennt, nichts als Grausamkeit und Blutvergießen.

Man muss auch nicht Bandenkriege und Genozide, Pfählungen und Schändungen in den Kerkern von Unrechtsstaaten bemühen, die Gemeinheit von nebenan ist Homo sapiens alltäglicher Begleiter. In der Figur des Finanzhais Gordon Gekko aus dem Film *Wall Street,* so fiktional wie wahrhaftig, zeigen Rücksichtslosigkeit und Erniedrigung ebenso schlaglichtartig ihre hässliche Fratze wie in der monströsen Ignoranz, mit der ein überfahrenes Kind in China am Straßenrand liegen gelassen wird.

Wer angesichts dieses Kaleidoskops des Schreckens das Gute im Menschen finden will, hat kein leichtes Spiel. Und er muss sich wohl besser an das halten, was »von Natur aus« hervorbricht, wenn der Mensch nicht lange überlegt. Dann ist er nämlich durchaus hilfsbereit – und menschlich. Setzt sich für andere ein und riskiert sogar sein Leben, auch wenn er keinen Nutzen davon hat und ums Leben kommen könnte. Aber er kann nicht anders, denn er folgt einem inneren Antrieb. Und der sagt ihm, dass er helfen muss. Auch wenn der Preis hoch ist.

Es gibt diese Menschen, Wesley Autrey ist einer von ihnen. Er hat sich 2007 in Manhattan auf die Gleise geworfen, um einen anderen Menschen zu retten – seine Geschichte ist zu Beginn dieses Buches beschrieben. Autrey hat sein eigenes Leben aufs Spiel gesetzt für einen anderen. Ohne lange zu überlegen, ohne Kalkül. Es war eine impulsive Handlung aus Menschlichkeit. Es gibt viele solcher Beispiele, im Kleinen wie im Großen. Sie zeigen, was der Mensch kann, was in ihm steckt, wenn man es zulässt und sich darauf einlässt.

Anmerkungen

Einleitung

1 Waal F de: Das Prinzip Empathie. Was wir von der Natur für eine bessere Gesellschaft lernen können. München 2011

2 In diesem Buch benutze ich die Begriffe Empathie und Mitgefühl synonym. Ich zeige in einem späteren Kapitel allerdings auch, dass es gute Gründe dafür gibt, Empathie und Mitgefühl zu unterscheiden, wie es etliche Wissenschaftler, wie zum Beispiel Tania Singer, vorschlagen.

Raum für Mitgefühl

3 Martin LJ, Hathaway G, Isbester K, Mirali S, Acland EL, Niederstrasser N, Slepian PM, Trost Z, Bartz JA, Sapolsky RM, Sternberg WF, Levitin DJ, Mogil JS: Reducing Social Stress Elicits Emotional Contagion of Pain in Mouse and Human Strangers. Current Biology 2015, online

4 Rosa H: Beschleunigung. Die Veränderung der Zeitstrukturen in der Moderne. Frankfurt a. M. 2005
Rosa H: Weltbeziehungen im Zeitalter der Beschleunigung. Umrisse einer neuen Gesellschaftskritik. Berlin 2012

5 Fredrickson BL, Grewen KM, Coffey KA, Algoe SB, Firestine AM, Arevalo JM, Ma J, Cole SW: A functional genomic perspective on human well-being. Proceedings of the National Academy of Sciences of the United States of America 2013;110:13684

6 Zastrow V: Die offene Gesellschaft hat immer Feinde. FAZ 10.1.2015

Die gute Seite des Menschen

7   Dosa DM: A day in the life of Oscar the cat. New England Journal of
     Medicine 2007;357:328
8   Stürmer S, Snyder M, Omoto AM: Prosocial emotions and helping:
     the moderating role of group membership. Journal of Personality
     and Social Psychology 2005;88:532
9   Jürgs M: Der kleine Frieden im Großen Krieg. Westfront 1914: Als
     Deutsche, Franzosen und Briten gemeinsam Weihnachten feierten.
     München 2003
10   Jürgs M: Der kleine Frieden im Großen Krieg. Westfront 1914: Als
     Deutsche, Franzosen und Briten gemeinsam Weihnachten feierten.
     München 2003

Sich einander nahe fühlen

11   Danner DD, Snowdon DA, Friesen WV: Positive emotions in early
     life and longevity: findings from the nun study. Journal of Personali-
     ty and Social Psychology 2001;80:804
12   Veenhoven R: Healthy happiness: effects of happiness on physical
     health and the consequences for preventive health care. Journal of
     Happiness Studies 2008;9:449
13   Holt-Lunstad J, Smith TB, Layton JB: Social relationships and mor-
     tality risk: a meta-analytic review. PLoS Medicine 2010;7:e1000316
14   Yusuf S, Hawken S, Ounpuu S, Dans T, Avezum A, Lanas F, Mc-
     Queen M, Budaj A, Pais P, Varigos J, Lisheng L; INTERHEART
     Study Investigators: Effect of potentially modifiable risk factors as-
     sociated with myocardial infarction in 52 countries (the INTER-
     HEART study): case-control study. Lancet 2004;364:937
15   Kaplan GA, Salonen JT, Cohen RD, Brand RJ, Syme SL, Puska P:
     Social connections and mortality from all causes and from cardiova-

scular disease: prospective evidence from eastern Finland. American Journal of Epidemiology 1988;128:370

16 Welin L, Larsson B, Svärdsudd K, Tibblin B, Tibblin G: Social network and activities in relation to mortality from cardiovascular diseases, cancer and other causes: a 12 year follow up of the study of men born in 1913 and 1923. Journal of Epidemiology and Community Health 1992;46:127

17 Kok BE, Fredrickson BL: Upward spirals of the heart: autonomic flexibility, as indexed by vagal tone, reciprocally and prospectively predicts positive emotions and social connectedness. Biological Psychology 2010;85:432

18 Tomaka J, Thompson S, Palacios R: The relation of social isolation, loneliness, and social support to disease outcomes among the elderly. Journal of Aging and Health 2006;18:359

19 Routasalo PE, Tilvis RS, Kautiainen H, Pitkala KH: Effects of psychosocial group rehabilitation on social functioning, loneliness and well-being of lonely, older people: randomized controlled trial. Journal of Advanced Nursing 2009;65:29

20 Arthur HM: Depression, isolation, social support, and cardiovascular disease in older adults. Journal of Cardiovascular Nursing 2006;21(5 Suppl 1):S2

21 Hawkley LC, Thisted RA, Masi CM, Cacioppo JT: Loneliness predicts increased blood pressure: 5-year cross-lagged analyses in middle-aged and older adults. Psychology and Aging 2010;25:132

22 Hawkley LC, Preacher KJ, Cacioppo JT: Loneliness impairs daytime functioning but not sleep duration. Health Psychology 2010; 29:124

23 Hawkley LC, Thisted RA, Cacioppo JT: Loneliness predicts reduced physical activity: cross-sectional & longitudinal analyses. Health Psychology 2009;28:354

24 Seeman TE, Lusignolo TM, Albert M, Berkman L: Social relationships, social support, and patterns of cognitive aging in healthy,

high-functioning older adults: MacArthur studies of successful aging. Health Psychology 2001;20:243

25 Cullen M: Unterstützung für Lehrer. Mitgefühlstraining in der Schule. In: Singer T, Bolz M: Mitgefühl in Alltag und Forschung. E-Book 2013

Gut zu sich sein: Selbstmitgefühl

26 Rosa H: Weltbeziehungen im Zeitalter der Beschleunigung. Umrisse einer neuen Gesellschaftskritik. Berlin 2012

27 Bröckling U: Das unternehmerische Selbst. Soziologie einer Subjektivierungsform. Frankfurt a. M. 2007

28 Neff K: Selbstmitgefühl. Wie wir uns mit unseren Schwächen versöhnen und uns selbst der beste Freund werden. München 2012

29 Bishop SR, Lau M, Shapiro SL, Carlson L, Anderson ND, Carmody J, Segal ZV, Abbey S, Speca M, Velting D, Devins G: Mindfulness: A proposed operational definition. Clinical Psychology: Science and Practice 2004;11:230

30 MacBeth A, Gumley A: Exploring compassion: a meta-analysis of the association between self-compassion and psychopathology. Clinical Psychology Review 2012;32:545

31 Neff KD, Kirkpatrick KL, Rude SS: Self-compassion and adaptive psychological functioning. Journal of Research in Personality 2007; 41:139

32 Vanhalst J, Luyckx K, Raes F, Goossens L: Loneliness and depressive symptoms: the mediating and moderating role of uncontrollable ruminative thoughts. Journal of Psychology 2012;146:259

33 Raes F: Rumination and worry as mediators of the relationship between self-compassion and depression and anxiety. Personality and Individual Differences 2010;48:757

34 Rockcliff H, Gilbert P, McEwan K, Lightman S, Glover D: A pilot

exploration of heart rate variability and salivary cortisol responses to compassion-focused imagery. Clinical Neuropsychiatry 2008;5:132

35 Porges SW: The polyvagal perspective. Biological Psychology 2007; 74:116

36 Kuyken W, Watkins E, Holden E, White K, Taylor RS, Byford S, Evans A, Radford S, Teasdale JD, Dalgleish T: How does mindfulness-based cognitive therapy work? Behavior Research and Therapy 2010;48:1105
Neff KD, Germer CK: A pilot study and randomized controlled trial of the mindful self-compassion program. Journal of Clinical Psychology 2013;69:28

37 Powers TA, Koestner R, Topciu RA: Implementation intentions, perfectionism, and goal progress: perhaps the road to hell is paved with good intentions. Personality and Social Psychology Bulletin 2005;31:902
Powers TA, Koestner R, Zuroff DC, Milyavskaya M, Gorin AA: The effects of self-criticism and self-oriented perfectionism on goal pursuit. Personality and Social Psychology Bulletin 2011;37:964

38 Neff KD, Hseih YP, Dejitterat K: Self-compassion, achievement goals, and coping with academic failure. Self and Identity 2005;4:263

39 Dweck CS: Motivational processes affecting learning. American Psychologist 1986;41:1040

40 Neely ME, Schallert DL, Mohammed SS, Roberts RM, Chen YJ: Self-kindness when facing stress: The role of self-compassion, goal regulation, and support in college students' well-being. Motivation and Emotion 2009;33:88

41 Adams CE, Leary MR: Promoting self-compassionate attitudes toward eating among restrictive and guilty eaters. Journal of Social and Clinical Psychology 2007;26:1120

42 Allan JL, Johnston M, Campbell N: Why do people fail to turn good intentions into action? BMC Public Health 2008;8:123
Thoolen BJ, de Ridder D, Bensing J, Gorter K, Rutten G: Beyond

good intentions: The role of proactive coping in achieving sustained behavioural change in the context of diabetes management. Psychological Health 2009;24:237

43 Kelly AC, Zuroff DC, Foa CL, Gilbert P: Who benefits from training in self-compassionate self-regulation? A study of smoking reduction. Journal of Social and Clinical Psychology 2009;29:727

44 Magnus CMR, Kowalski KC, McHugh TLF: The role of self-compassion in women's self-determined motives to exercise and exercise-related outcomes. Self and Identity 2010;9:363

Körper im Gleichklang

45 Dimberg U: Facial electromyography and emotional reactions. Psychophysiology 1990;27:481
Dimberg U, Thunberg M, Elmehed K: Unconscious facial reactions to emotional facial expressions. Psychological Science 2000;11:86

46 Dimberg U, Thunberg M: Rapid facial reactions to emotional facial expressions. Scandinavian Journal of Psychology 1998;39:39

47 Dimberg U, Christmanson L: Facial reactions to facial expressions in subjects high and low in public speaking fear. Scandinavian Journal of Psychology 1991;32:246

48 Palagi E, Norscia I, Demuru E: Yawn contagion in humans and bonobos: emotional affinity matters more than species. Peer Journal 2014;2:e519

49 Pack AA, Herman LM: The dolphin's (Tursiops truncatus) understanding of human gazing and pointing: knowing what and where. Journal of Comparative Psychology 2007;121:34
Herman LM: Body and self in dolphins. Consciousness and cognition 2012;21:526

50 Harakeh Z, Engels RC, Van Baaren RB, Scholte RH: Imitation of cigarette smoking: an experimental study on smoking in a naturalistic setting. Drug and Alcohol Dependence 2007;86:199

51 Engels RC, Hermans R, van Baaren RB, Hollenstein T, Bot SM: Alcohol portrayal on television affects actual drinking behaviour. Alcohol and Alcoholism 2009;44:244

52 Waal F de: Das Prinzip Empathie. Was wir von der Natur für eine bessere Gesellschaft lernen können. München 2011

53 Dimberg U, Thunberg M, Elmehed K: Unconscious facial reactions to emotional facial expressions. Psychological Science 2000;11:86

54 Cole J: Empathy needs a face. Journal of Consciousness Studies 2001;8:51

55 Friedmann E, Thomas SA: Pet ownership, social support, and one-year survival after acute myocardial infarction in the Cardiac Arrhythmia Suppression Trial (CAST). American Journal of Cardiology 1995;76:1213

Siegel JM: Stressful life events and use of physician services among the elderly: the moderating role of pet ownership. Journal of Personality and Social Psychology 1990;58:1081

Rodin J, Langer EJ: Long-term effects of a control-relevant intervention with the institutionalized aged. Journal of Personality and Social Psychology 1977;35:897

56 Aureli F, Preston SD, de Waal FB: Heart rate responses to social interactions in free-moving rhesus macaques (Macaca mulatta): a pilot study. Journal of Comparative Psychology 1999;113:59

57 Wascher CA, Scheiber IB, Kotrschal K: Heart rate modulation in bystanding geese watching social and non-social events. Proceedings of the Royal Society. Biological Sciences 2008;275:1653

Wascher CA, Scheiber IB, Braun A, Kotrschal K: Heart rate responses to induced challenge situations in greylag geese (Anser anser). Journal of Comparative Psychology 2011;125:116

58 Allen K, Blascovich J, Mendes WB: Cardiovascular reactivity and the presence of pets, friends, and spouses: the truth about cats and dogs. Psychosomatic Medicine 2002;64:727

Wohltuend teilnahmsvoll:
Vom Nutzen der Empathie

59 Diener E, Chan MY: Happy People Live Longer: Subjective Well-Being Contributes to Health and Longevity. Applied Psychology: Health and Well-Being 2011;43:1

60 Sutin AR, Scuteri A, Lakatta EG, Tarasov KV, Ferrucci L, Costa PT Jr, Schlessinger D, Uda M, Terracciano A: Trait antagonism and the progression of arterial thickening: women with antagonistic traits have similar carotid arterial thickness as men. Hypertension 2010; 56:617

61 Rozanski A, Blumenthal JA, Kaplan J: Impact of psychological factors on the pathogenesis of cardiovascular disease and implications for therapy. Circulation 1999;99:2192

62 Twenge JM, Baumeister RF, DeWall CN, Ciarocco NJ, Bartels JM: Social exclusion decreases prosocial behavior. Journal of Personality and Social Psychology 2007;92:56

63 Heinrichs M, Baumgartner T, Kirschbaum C, Ehlert U: Social support and oxytocin interact to suppress cortisol and subjective responses to psychosocial stress. Biological Psychiatry 2003;54:1389

64 Tost H, Kolachana B, Hakimi S, Lemaitre H, Verchinski BA, Mattay VS, Weinberger DR, Meyer-Lindenberg A: A common allele in the oxytocin receptor gene (OXTR) impacts prosocial temperament and human hypothalamic-limbic structure and function. Proceedings of the National Academy of Sciences of the United States of America 2010;107:13936

65 Shirtcliff EA, Vitacco MJ, Graf AR, Gostisha AJ, Merz JL, Zahn-Waxler C: Neurobiology of empathy and callousness: implications for the development of antisocial behavior. Behavioral Sciences and the Law 2009;27:137

66 Cusi AM, Macqueen GM, Spreng RN, McKinnon MC: Altered empathic responding in major depressive disorder: relation to symptom

severity, illness burden, and psychosocial outcome. Psychiatry Research 2011;188:231

67 Watkins ER, Nolen-Hoeksema S: A habit-goal framework of depressive rumination. Journal of Abnormal Psychology 2014;123:24
Michl LC, McLaughlin KA, Shepherd K, Nolen-Hoeksema S: Rumination as a mechanism linking stressful life events to symptoms of depression and anxiety: longitudinal evidence in early adolescents and adults. Journal of Abnormal Psychology 2013;122:339

68 Cohen S, Doyle WJ, Skoner DP, Rabin BS, Gwaltney JM Jr: Social ties and susceptibility to the common cold. JAMA 1997;277:1940

69 Patterson TL, Shaw WS, Semple SJ, Cherner M, McCutchan JA, Atkinson JH, Grant I, Nannis E; HIV Neurobehavioral Research Center (HNRC) Group: Relationship of psychosocial factors to HIV disease progression. Annals of Behavioral Medicine 1996;18:30

70 Rakel DP, Hoeft TJ, Barrett BP, Chewning BA, Craig BM, Niu M: Practitioner empathy and the duration of the common cold. Family Medicine 2009;41:494

71 Doyle WJ, Gentile DA, Cohen S: Emotional style, nasal cytokines, and illness expression after experimental rhinovirus exposure. Brain, Behavior, and Immunity 2006;20:175

72 Cohen S, Doyle WJ, Skoner DP, Rabin BS, Gwaltney JM Jr: Social ties and susceptibility to the common cold. JAMA 1997;277:1940

73 Pace TW, Mletzko TC, Alagbe O, Musselman DL, Nemeroff CB, Miller AH, Heim CM: Increased stress-induced inflammatory responses in male patients with major depression and increased early life stress. American Journal of Psychiatry 2006;163:1630

74 Steptoe A, Hamer M, Chida Y: The effects of acute psychological stress on circulating inflammatory factors in humans: a review and meta-analysis. Brain, Behavior, and Immunity 2007;21:901

75 Bierhaus A, Humpert PM, Nawroth PP: Linking stress to inflammation. Anesthesiology Clinics of North America 2006;24:325

76 Pace TW, Negi LT, Dodson-Lavelle B, Ozawa-de Silva B, Reddy SD,

Cole SP, Danese A, Craighead LW, Raison CL: Engagement with Cognitively-Based Compassion Training is associated with reduced salivary C-reactive protein from before to after training in foster care program adolescents. Psychoneuroendocrinology 2013;38:294

77 Danese A, Moffitt TE, Pariante CM, Ambler A, Poulton R, Caspi A: Elevated inflammation levels in depressed adults with a history of childhood maltreatment. Archives of General Psychiatry 2008;65:409
Danese A, Caspi A, Williams B, Ambler A, Sugden K, Mika J, Werts H, Freeman J, Pariante CM, Moffitt TE, Arseneault L: Biological embedding of stress through inflammation processes in childhood. Molecular Psychiatry 2011;16:244

78 Boehm JK, Kubzansky LD: The heart's content: the association between positive psychological well-being and cardiovascular health. Psychological Bulletin 2012;138:655

79 Chida Y, Steptoe A: The association of anger and hostility with future coronary heart disease: a meta-analytic review of prospective evidence. Journal of the American College of Cardiology 2009;53: 936

80 Chida Y, Steptoe A: Positive psychological well-being and mortality: a quantitative review of prospective observational studies. Psychosomatic Medicine 2008;70:741

81 Lyubomirsky S, King L, Diener E: The benefits of frequent positive affect: does happiness lead to success? Psychological Bulletin 2005;131:803

82 Wadlinger HA, Isaacowitz DM: Positive mood broadens visual attention to positive stimuli. Motivation and Emotion 2006;30:87
Fredrickson BL, Branigan C: Positive emotions broaden the scope of attention and thought-action repertoires. Cognition and Emotion 2005;19:313

83 Baker B, Szalai JP, Paquette M, Tobe S: Marital support, spousal contact and the course of mild hypertension. Journal of Psychosomatic Research 2003;55:229

84 Carragee EJ, Barcohana B, Alamin T, van den Haak E: Prospective controlled study of the development of lower back pain in previously asymptomatic subjects undergoing experimental discography. Spine 2004;29:1112

Carragee EJ: Clinical practice. Persistent low back pain. New England Journal of Medicine 2005;352:1891

Carragee EJ, Alamin TF, Miller JL, Carragee JM: Discographic, MRI and psychosocial determinants of low back pain disability and remission: a prospective study in subjects with benign persistent back pain. Spine 2005;5:24

85 Nickel R, Egle UT, Hardt J: Are childhood adversities relevant in patients with chronic low back pain? European Journal of Pain 2002;6:221

86 Eisenberger NI, Lieberman MD, Williams KD: Does rejection hurt? An FMRI study of social exclusion. Science 2003;302:290

Eisenberger NI, Lieberman MD: Why rejection hurts: a common neural alarm system for physical and social pain. Trends in Cognitive Sciences 2004;8:294

87 Lamm C, Decety J, Singer T: Meta-analytic evidence for common and distinct neural networks associated with directly experienced pain and empathy for pain. Neuroimage 2011;54:2492

88 Singer T, Seymour B, O'Doherty J, Kaube H, Dolan RJ, Frith CD: Empathy for pain involves the affective but not sensory components of pain. Science 2004;303:1157

89 Hein G, Silani G, Preuschoff K, Batson CD, Singer T: Neural responses to ingroup and outgroup members' suffering predict individual differences in costly helping. Neuron 2010;68:149

90 Depue RA, Morrone-Strupinsky JV: A neurobehavioral model of affiliative bonding: implications for conceptualizing a human trait of affiliation. Behavioral and Brain Sciences 2005;28:313

91 Klimecki OM, Leiberg S, Lamm C, Singer T: Functional neural plasticity and associated changes in positive affect after compassion training. Cerebral Cortex 2013;23:1552

Der Lebenslauf der Empathie

92 Sagi A, Hoffman ML: Empathic distress in the newborn. Developmental Psychology 1976;12:175

93 Martin GB, Clark RD: Distress crying in neonates: Species and peer specificity. Developmental Psychology 1982;18:3

94 Diamond J: Vermächtnis. Was wir von traditionellen Gesellschaften lernen können. Frankfurt a. M. 2012

95 Aznar A, Tenenbaum HR: Gender and age differences in parent-child emotion talk. British Journal of Developmental Psychology 2014; 12. November, online

96 Jordan JJ, McAuliffe K, Warneken F: Development of in-group favoritism in children's third-party punishment of selfishness. Proceedings of the National Academy of Sciences USA 2014;111:12710

97 Conti G, Hansman C, Heckman JJ, Novak MF, Ruggiero A, Suomi SJ: Primate evidence on the late health effects of early-life adversity. Proceedings of the National Academy of Sciences USA 2012;109:8866

98 Alexander GM, Graef JD, Hammarback JA, Nordskog BK, Burnett EJ, Daunais JB, Bennett AJ, Friedman DP, Suomi SJ, Godwin DW: Disruptions in serotonergic regulation of cortical glutamate release in primate insular cortex in response to chronic ethanol and nursery rearing. Neuroscience 2012;207:167

99 Visser TA, Ohan JL, Whittle S, Yücel M, Simmons JG, Allen NB: Sex differences in structural brain asymmetry predict overt aggression in early adolescents. Social Cognitive and Affective Neuroscience 2014;9:553

100 Steptoe A, Deaton A, Stone AA: Subjective wellbeing, health, and ageing. Lancet 2014;S0140:6736

101 Blanchflower DG, Oswald AJ: Is well-being U-shaped over the life cycle? Social Science Medicine 2008;66:1733

Verliebt und auf der gleichen Wellenlänge

102 Floyd K, Pauley PM, Hesse C: State and trait affectionate communication buffer adults' stress reactions. Communication Monographs 2010;77:618

103 Pedersen CA: Biological aspects of social bonding and the roots of human violence. Annals of the New York Academy of Sciences 2004;1036:106

104 De Dreu CK: Oxytocin modulates the link between adult attachment and cooperation through reduced betrayal aversion. Psychoneuroendocrinology 2012;37:871

105 Ditzen B, Schaer M, Gabriel B, Bodenmann G, Ehlert U, Heinrichs M: Intranasal oxytocin increases positive communication and reduces cortisol levels during couple conflict. Biological Psychiatry 2009;65:728

Du verstehst mich nicht –
Mann und Frau in der Empathiefalle

106 Kiecolt-Glaser JK, Loving TJ, Stowell JR, Malarkey WB, Lemeshow S: Hostile marital interactions, proinflammatory cytokine production, and wound healing. Archives of General Psychiatry 2005;62:1377

107 Gouin JP, Kiecolt-Glaser JK, Malarkey WB, Glaser R: The influence of anger expression on wound healing. Brain Behavior and Immunology 2008;22:699

108 Lippert T, Prager KJ: Daily experiences of intimacy: A study of couples. Personal Relationships 2001;8:283

109 Webster GD, Brunell AB, Pilkington CJ: Individual differences in men's and women's warmth and disclosure differentially moderate couples' reciprocity in conversational disclosure. Personality and Individual Differences 2009;46:292

110   Kaufman G, Taniguchi H: Gender and marital happiness in later life. Journal of Family Issues 2006;27:735

111   Schmitt M, Kliegel M, Shapiro A: Marital interaction in middle and old age: a predictor of marital satisfaction? International Journal of Aging and Human Development 2007;65:283

112   Haugen PT, Welsh DP, McNulty JK: Empathic accuracy and adolescent romantic relationships. Journal of Adolescence 2008;31:709

113   Gottman JM, Levenson RW: The Timing of Divorce: Predicting When a Couple Will Divorce Over a 14-Year Period. Journal of Marriage and Family 2000;62:737
      Gottman JM, Levenson RW: A two-factor model for predicting when a couple will divorce: exploratory analyses using 14-year longitudinal data. Family Process 2002;41:83

Mehr Erfolg mit Mitgefühl

114   Kraus MW, Huang C, Keltner D: Tactile communication, cooperation, and performance: an ethological study of the NBA. Emotion 2010;10:745

115   van Baaren RB, Holland RW, Kawakami K, van Knippenberg A: Mimicry and prosocial behavior. Psychological Science 2004;15:71

116   Kaufman D, Mahoney JM: The effect of waitresses' touch on alcohol consumption in dyads. Journal of Social Psychology 1999;139:261

117   Guéguen N, Legoherel P: Effect on tipping of barman drawing a sun on the bottom of customers' checks. Psychological Reports 2000; 87:223

Auf Spurensuche:
Wo Mitgefühl entsteht

118 Rodrigues SM, Saslow LR, Garcia N, John OP, Keltner D: Oxytocin receptor genetic variation relates to empathy and stress reactivity in humans. Proceedings of the National Academy of Sciences of the United States of America 2009;106:21437

119 Tost H, Kolachana B, Hakimi S, Lemaitre H, Verchinski BA, Mattay VS, Weinberger DR, Meyer-Lindenberg A: A common allele in the oxytocin receptor gene (OXTR) impacts prosocial temperament and human hypothalamic-limbic structure and function. Proceedings of the National Academy of Sciences of the United States of America 2010;107:13936

120 Barraza JA, Zak PJ: Empathy toward strangers triggers oxytocin release and subsequent generosity. Annals of the New York Academy of Sciences 2009;1167:182

121 Zak PJ, Stanton AA, Ahmadi S: Oxytocin increases generosity in humans. PLoS One 2007;2:e1128

122 Kosfeld M, Heinrichs M, Zak PJ, Fischbacher U, Fehr E: Oxytocin increases trust in humans. Nature 2005;435:673

123 Domes G, Heinrichs M, Michel A, Berger C, Herpertz SC: Oxytocin improves »mind-reading« in humans. Biological Psychiatry 2007; 61:731

124 Krueger F, Parasuraman R, Moody L, Twieg P, de Visser E, McCabe K, O'Hara M, Lee MR: Oxytocin selectively increases perceptions of harm for victims but not the desire to punish offenders of criminal offenses. Social Cognitive and Affective Neuroscience 2013;8:494

125 Hurlemann R, Patin A, Onur OA, Cohen MX, Baumgartner T, Metzler S, Dziobek I, Gallinat J, Wagner M, Maier W, Kendrick KM: Oxytocin enhances amygdala-dependent, socially reinforced learning and emotional empathy in humans. Journal of Neuroscience 2010;30:4999

126 De Dreu CK: Oxytocin modulates cooperation within and competition between groups: an integrative review and research agenda. Hormones and Behavior 2012;61:419

127 Balliet D, Wu J, De Dreu CK: Ingroup favoritism in cooperation: a meta-analysis. Psychological Bulletin 2014;140:1556

128 Stallen M, De Dreu CK, Shalvi S, Smidts A, Sanfey AG: The herding hormone: oxytocin stimulates in-group conformity. Psychological Science 2012;23:1288

129 Shalvi S, De Dreu CK: Oxytocin promotes group-serving dishonesty. Proceedings of the National Academy of Sciences of the United States of America 2014;111:5503

130 Saal HP, Bensmaia SJ: Touch is a team effort: interplay of submodalities in cutaneous sensibility. Trends in Neuroscience 2014;166:155

131 McGlone F, Wessberg J, Olausson H: Discriminative and affective touch: sensing and feeling. Neuron 2014;21:737

132 Keysers C, Wicker B, Gazzola V, Anton JL, Fogassi L, Gallese V: A touching sight: SII/PV activation during the observation and experience of touch. Neuron 2004;42:335

133 Buske-Kirschbaum A, Geiben A, Wermke C, Pirke KM, Hellhammer D: Preliminary evidence for Herpes labialis recurrence following experimentally induced disgust. Psychotherapy and Psychosomatic 2001;70:86

134 Fogassi L, Ferrari PF, Gesierich B, Rozzi S, Chersi F, Rizzolatti G: Parietal lobe: from action organization to intention understanding. Science 2005;308:662

135 Rizzolatti G, Sinigaglia C: The functional role of the parieto-frontal mirror circuit: interpretations and misinterpretations. Nature Reviews Neuroscience 2010;11:264

136 Ebisch SJ, Ferri F, Romani GL, Gallese V: Reach Out and Touch Someone: Anticipatory Sensorimotor Processes of Active Interpersonal Touch. Journal of Cognitive Neuroscience, online vorab erschienen im März 2014

Unter dem Diktat des Profits:
Fehlende Empathie in der Medizin

137   Süddeutsche Zeitung 17.11.2014

138   Hontschik B: Körper, Seele, Mensch. Versuch über die Kunst des Heilens. Frankfurt a. M. 2006
       Hontschik B: Herzenssachen. So schön kann Medizin sein. Frankfurt a. M. 2009

139   Hontschik B, Bertram W, Geigges W: Auf der Suche nach der verlorenen Kunst des Heilens. Bausteine der Integrierten Medizin. Stuttgart 2012

140   Tamblyn R, Abrahamowicz M, Dauphinee D, Wenghofer E, Jacques A, Klass D, Smee S, Blackmore D, Winslade N, Girard N, Du Berger R, Bartman I, Buckeridge DL, Hanley JA: Physician scores on a national clinical skills examination as predictors of complaints to medical regulatory authorities. JAMA 2007;298:993

141   Lamberg L:»If I work hard(er), I will be loved.« Roots of physician stress explored. Journal of the American Medical Association 1999;282:13

142   You JJ, Dodek P, Lamontagne F, Downar J, Sinuff T, Jiang X, Day AG, Heyland DK; for the ACCEPT Study Team and the Canadian Researchers at the End of Life Network (CARENET): What really matters in end-of-life discussions? Perspectives of patients in hospital with serious illness and their families. Canadian Medical Association Journal 2014;186:E679

143   Lown B: Die verlorene Kunst des Heilens. Anleitung zum Umdenken. Frankfurt a. M. 2004

144   Rieff D: Tod einer Untröstlichen. Die letzten Tage von Susan Sontag. Frankfurt a. M. 2011

Erschöpft vor lauter Mitgefühl?

145 Lamm C, Decety J, Singer T: Meta-analytic evidence for common
     and distinct neural networks associated with directly experienced
     pain and empathy for pain. Neuroimage 2011;54:2492
146 Zitiert nach: Klimecki O, Ricard M, Singer T: Empathie versus Mit-
     gefühl. Erkenntnisse aus der Forschung mit Erster-Person- und Drit-
     ter-Person-Methode. In: Singer T, Bolz M: Mitgefühl in Alltag und
     Forschung. E-Book 2013, S. 282
147 Batson CD, Batson JG, Slingsby JK, Harrell KL, Peekna HM, Todd
     RM: Empathic joy and the empathy-altruism hypothesis. Journal of
     Personality and Social Psychology 1991;61:413
148 Klimecki OM, Leiberg S, Lamm C, Singer T: Functional neural plas-
     ticity and associated changes in positive affect after compassion trai-
     ning. Cerebral Cortex 2013;23:1552
     Klimecki OM, Leiberg S, Ricard M, Singer T: Differential pattern of
     functional brain plasticity after compassion and empathy training.
     Social Cognitive and Affective Neuroscience 2014;9:873
149 Kringelbach ML, Berridge KC: Towards a functional neuroanatomy
     of pleasure and happiness. Trends in Cognitive Sciences 2009;13:479
     Bartels A, Zeki S: The neural correlates of maternal and romantic
     love. Neuroimage 2004;21:1155
150 Eisenberger NI: The pain of social disconnection: examining the
     shared neural underpinnings of physical and social pain. Nature Re-
     views Neurosciences 2012;13:421
151 Seyfarth RM, Cheney DL: Affiliation, empathy, and the origins of
     theory of mind. Proceedings of the National Academy of Sciences of
     the United States of America 2013;110 Suppl 2:10349
152 Ritter H: Nahes und fernes Unglück. Versuch über das Mitleid. Mün-
     chen 2005

Jenseits von Gut und Böse

153 Hepper EG, Hart CM, Sedikides C: Moving Narcissus: Can Narcissists Be Empathic? Personality and Social Psychology Bulletin 2014;40:1079

154 Keysers C, Gazzola V: Dissociating the ability and propensity for empathy. Trends in Cognitive Sciences 2014;18:163

155 Konrath S, Meier BP, Bushman BJ: Development and Validation of the Single Item Narcissism Scale (SINS). PLoS One 2014;9:e103469

156 Bugnyar T, Heinrich B: Ravens, Corvus corax, differentiate between knowledgeable and ignorant competitors. Proceedings of the Royal Society B, Biological Sciences 2005;272:1641

Dally JM, Emery NJ, Clayton NS: Food-caching western scrub-jays keep track of who was watching when. Science 2006;312:1662

Literatur

Die Fachartikel und Bücher, aus denen ich zitiert habe oder in denen sich interessante Forschungsergebnisse finden, habe ich in alphabetischer Reihenfolge angegeben. Zudem habe ich weitere hilfreiche Literaturhinweise und Leseempfehlungen aufgeführt.

Die große Mehrzahl der hochwertigen medizinischen Untersuchungen wird leider nicht auf Deutsch, sondern in englischsprachigen Zeitschriften veröffentlicht. Viele dieser Fachartikel sind frei zugänglich. Zu finden sind diese Texte zumeist in der National Library of Medicine der USA, die inzwischen mehr als 20 Millionen medizinische Fachartikel bereithält. Von den meisten ist eine kurze Zusammenfassung kostenlos online erhältlich, bei etlichen kann sogar der gesamte Artikel unentgeltlich heruntergeladen werden.

Ein Wort noch zu der angegebenen Fachliteratur. Es gibt mittlerweile mehr als 20000 Fachzeitschriften, in denen medizinische Artikel publiziert werden können. Der Großteil von ihnen ist das Papier nicht wert, auf dem sie gedruckt werden, weil die Beiträge von zu schlechter Qualität sind. Ich habe versucht, Artikel aus hochwertigen Zeitschriften anzugeben. Das New England Journal of Medicine, Lancet, JAMA, BMJ und die Annals of Internal Medicine sind die fünf weltweit führenden medizinischen Fachjournale. Die Cochrane-Datenbank ist die zuverlässigste Quelle für Überblicksarbeiten und systematische Metaanalysen. Nature, Science und PNAS gelten als die besten Zeitschriften zu allgemeinen Wissenschaftsthemen.

Nicht immer finden sich Beiträge zu Empathie und Mitgefühl nur in Zeitschriften, die sich als Hort der harten und seriösen Wissenschaft verstehen. Deshalb sind viele der hier zitierten Studien in Fachzeitschriften der medizinischen oder psychologischen Unterdisziplinen aufgeführt, manche auch in Fachblättern für Biologie, Evolution, Soziologie oder Pädagogik.
Die Abkürzung der Literaturhinweise folgt den international üblichen Standards. Die Angabe »Mitgefühl P, Fragenach M, Verstehdichgut K: How to understand your partner. N Engl J Med. 2014;381:129« bedeutet beispielsweise, dass ein (fiktiver) Artikel der Forscher Mitgefühl, Fragenach und Verstehdichgut in einer der weltweit angesehensten Fachzeitschriften für Ärzte erschienen ist, dem New England Journal of Medicine. Er findet sich dort im Jahr 2014, im Band 381 der Zeitschrift und beginnt auf Seite 129.

Adams CE, Leary MR: Promoting self-compassionate attitudes toward eating among restrictive and guilty eaters. Journal of Social and Clinical Psychology 2007;26:1120

Alexander GM, Graef JD, Hammarback JA, Nordskog BK, Burnett EJ, Daunais JB, Bennett AJ, Friedman DP, Suomi SJ, Godwin DW: Disruptions in serotonergic regulation of cortical glutamate release in primate insular cortex in response to chronic ethanol and nursery rearing. Neuroscience 2012;207:167

Allan JL, Johnston M, Campbell N: Why do people fail to turn good intentions into action? BMC Public Health 2008;8:123

Allen K, Blascovich J, Mendes WB: Cardiovascular reactivity and the presence of pets, friends, and spouses: the truth about cats and dogs. Psychosomatic Medicine 2002;64:727

Arthur HM: Depression, isolation, social support, and cardiovascular disease in older adults. Journal of Cardiovascular Nursing 2006;21(5 Suppl 1):S2

Aureli F, Preston SD, de Waal FB: Heart rate responses to social interactions in free-moving rhesus macaques (Macaca mulatta): a pilot study. Journal of Comparative Psychology 1999;113:59

Aznar A, Tenenbaum HR: Gender and age differences in parent-child emotion talk. British Journal of Developmental Psychology 2014; 12. November, online

van Baaren RB, Holland RW, Kawakami K, van Knippenberg A: Mimicry and prosocial behavior. Psychological Science 2004;15:71

Baker B, Szalai JP, Paquette M, Tobe S: Marital support, spousal contact and the course of mild hypertension. Journal of Psychosomatic Research 2003;55:229

Balliet D, Wu J, De Dreu CK: Ingroup favoritism in cooperation: a meta-analysis. Psychological Bulletin 2014;140:1556

Barraza JA, Zak PJ: Empathy toward strangers triggers oxytocin release and subsequent generosity. Annals of the New York Academy of Sciences 2009;1167:182

Bartels A, Zeki S: The neural correlates of maternal and romantic love. Neuroimage 2004;21:1155

Bartens W: Körperglück. Wie gute Gefühle gesund machen. München 2012

Bartens W: Was Paare zusammenhält. Warum man sich riechen können muss und Sex überschätzt wird. München 2013

Bartens W: Wie Berührung hilft. Warum Frauen Wärmflaschen lieben und Männer mehr Tee trinken sollten. München 2014

Batson CD, Batson JG, Slingsby JK, Harrell KL, Peekna HM, Todd RM: Empathic joy and the empathy-altruism hypothesis. Journal of Personality and Social Psychology 1991;61:413

Bierhaus A, Humpert PM, Nawroth PP: Linking stress to inflammation. Anesthesiology Clinics of North America 2006;24:325

Bishop SR, Lau M, Shapiro SL, Carlson L, Anderson ND, Carmody J, Segal ZV, Abbey S, Speca M, Velting D, Devins G: Mindfulness: A proposed operational definition. Clinical Psychology: Science and Practice 2004;11:230

Blanchflower DG, Oswald AJ: Is well-being U-shaped over the life cycle? Social Science Medicine 2008;66:1733

Boehm JK, Kubzansky LD: The heart's content: the association between positive psychological well-being and cardiovascular health. Psychological Bulletin 2012;138:655

Bröckling U: Das unternehmerische Selbst. Soziologie einer Subjektivierungsform. Frankfurt a. M. 2007

Brown B: Verletzlichkeit macht stark. Wie wir unsere Schutzmechanismen aufgeben und innerlich reich werden. München 2013

Bugnyar T, Heinrich B: Ravens, Corvus corax, differentiate between knowledgeable and ignorant competitors. Proceedings of the Royal Society B, Biological Sciences 2005;272:1641

Buske-Kirschbaum A, Geiben A, Wermke C, Pirke KM, Hellhammer D: Preliminary evidence for Herpes labialis recurrence following experimentally induced disgust. Psychotherapy and Psychosomatic 2001;70:86

Carragee EJ, Barcohana B, Alamin T, van den Haak E: Prospective controlled study of the development of lower back pain in previously asymptomatic subjects undergoing experimental discography. Spine 2004; 29:1112

Carragee EJ: Clinical practice. Persistent low back pain. New England Journal of Medicine 2005;352:1891

Carragee EJ, Alamin TF, Miller JL, Carragee JM: Discographic, MRI and psychosocial determinants of low back pain disability and remission: a prospective study in subjects with benign persistent back pain. Spine 2005;5:24

Chida Y, Steptoe A: Positive psychological well-being and mortality: a quantitative review of prospective observational studies. Psychosomatic Medicine 2008;70:741

Chida Y, Steptoe A: The association of anger and hostility with future coronary heart disease: a meta-analytic review of prospective evidence. Journal of the American College of Cardiology 2009;53:936

Cohen S, Doyle WJ, Skoner DP, Rabin BS, Gwaltney JM Jr: Social ties and susceptibility to the common cold. JAMA 1997;277:1940

Cole J: Empathy needs a face. Journal of Consciousness Studies 2001; 8:51

Conti G, Hansman C, Heckman JJ, Novak MF, Ruggiero A, Suomi SJ: Primate evidence on the late health effects of early-life adversity. Proceedings of the National Academy of Sciences USA 2012;109:8866

Cullen M: Unterstützung für Lehrer. Mitgefühlstraining in der Schule. In: Singer T, Bolz M: Mitgefühl in Alltag und Forschung. E-Book 2013

Cusi AM, Macqueen GM, Spreng RN, McKinnon MC: Altered empathic responding in major depressive disorder: relation to symptom severity, illness burden, and psychosocial outcome. Psychiatry Research 2011; 188:231

Dally JM, Emery NJ, Clayton NS: Food-caching western scrub-jays keep track of who was watching when. Science 2006;312:1662

Danese A, Moffitt TE, Pariante CM, Ambler A, Poulton R, Caspi A: Elevated inflammation levels in depressed adults with a history of childhood maltreatment. Archives of General Psychiatry 2008;65:409

Danese A, Caspi A, Williams B, Ambler A, Sugden K, Mika J, Werts H, Freeman J, Pariante CM, Moffitt TE, Arseneault L: Biological embedding of stress through inflammation processes in childhood. Molecular Psychiatry 2011;16:244

Danner DD, Snowdon DA, Friesen WV: Positive emotions in early life and longevity: findings from the nun study. Journal of Personality and Social Psychology 2001;80:804

De Dreu CK: Oxytocin modulates cooperation within and competition between groups: an integrative review and research agenda. Hormones and Behavior 2012;61:419

De Dreu CK: Oxytocin modulates the link between adult attachment and cooperation through reduced betrayal aversion. Psychoneuroendocrinologie 2012;37:871

Depue RA, Morrone-Strupinsky JV: A neurobehavioral model of affiliative bonding: implications for conceptualizing a human trait of affiliation. Behavioral and Brain Sciences 2005;28:313

Diamond J: Vermächtnis. Was wir von traditionellen Gesellschaften lernen können. Frankfurt a. M. 2012

Diener E, Chan MY: Happy People Live Longer: Subjective Well-Being Contributes to Health and Longevity. Applied Psychology: Health and Well-Being 2011;43:1

Dimberg U: Facial electromyography and emotional reactions. Psychophysiology 1990;27:481

Dimberg U, Christmanson L: Facial reactions to facial expressions in subjects high and low in public speaking fear. Scandinavian Journal of Psychology 1991;32:246

Dimberg U, Thunberg M: Rapid facial reactions to emotional facial expressions. Scandinavian Journal of Psychology 1998;39:39

Dimberg U, Thunberg M, Elmehed K: Unconscious facial reactions to emotional facial expressions. Psychological Science 2000;11:86

Ditzen B, Schaer M, Gabriel B, Bodenmann G, Ehlert U, Heinrichs M: Intranasal oxytocin increases positive communication and reduces cortisol levels during couple conflict. Biological Psychiatry 2009;65:728

Domes G, Heinrichs M, Michel A, Berger C, Herpertz SC: Oxytocin improves »mind-reading« in humans. Biological Psychiatry 2007;61:731

Dosa DM: A day in the life of Oscar the cat. New England Journal of Medicine 2007;357:328

Doyle WJ, Gentile DA, Cohen S: Emotional style, nasal cytokines, and illness expression after experimental rhinovirus exposure. Brain, Behavior, and Immunity 2006;20:175

Dweck CS: Motivational processes affecting learning. American Psychologist 1986;41:1040

Ebisch SJ, Ferri F, Romani GL, Gallese V: Reach out and touch someone:

anticipatory sensorimotor processes of active interpersonal touch. Journal of Cognitive Neuroscience 2014;26:2171

Eisenberger NI, Lieberman MD, Williams KD: Does rejection hurt? An FMRI study of social exclusion. Science 2003;302:290

Eisenberger NI, Lieberman MD: Why rejection hurts: a common neural alarm system for physical and social pain. Trends in Cognitive Sciences 2004;8:294

Eisenberger NI: The pain of social disconnection: examining the shared neural underpinnings of physical and social pain. Nature Reviews Neurosciences 2012;13:421

Engels RC, Hermans R, van Baaren RB, Hollenstein T, Bot SM: Alcohol portrayal on television affects actual drinking behaviour. Alcohol and Alcoholism 2009;44:244

Floyd K, Pauley PM, Hesse C: State and trait affectionate communication buffer adults' stress reactions. Communication Monographs 2010;77:618

Fogassi L, Ferrari PF, Gesierich B, Rozzi S, Chersi F, Rizzolatti G: Parietal lobe: from action organization to intention understanding. Science 2005;308:662

Fredrickson BL, Branigan C: Positive emotions broaden the scope of attention and thought-action repertoires. Cognition and Emotion 2005; 19:313

Fredrickson BL, Grewen KM, Coffey KA, Algoe SB, Firestine AM, Arevalo JM, Ma J, Cole SW: A functional genomic perspective on human well-being. Proceedings of the National Academy of Sciences of the United States of America 2013;110:13684

Friedmann E, Thomas SA: Pet ownership, social support, and one-year survival after acute myocardial infarction in the Cardiac Arrhythmia Suppression Trial (CAST). American Journal of Cardiology 1995;76:1213

Gottman JM, Levenson RW: The timing of divorce: Predicting when a couple will divorce over a 14-year period. Journal of Marriage and Family 2000;62:737

Gottman JM, Levenson RW: A two-factor model for predicting when a couple will divorce: exploratory analyses using 14-year longitudinal data. Family Process 2002;41:83

Gouin JP, Kiecolt-Glaser JK, Malarkey WB, Glaser R: The influence of anger expression on wound healing. Brain Behavior and Immunology 2008;22:699

Guéguen N, Legoherel P: Effect on tipping of barman drawing a sun on the bottom of customers' checks. Psychological Reports 2000;87:223

Harakeh Z, Engels RC, van Baaren RB, Scholte RH: Imitation of cigarette smoking: an experimental study on smoking in a naturalistic setting. Drug and Alcohol Dependence 2007;86:199

Haugen PT, Welsh DP, McNulty JK: Empathic accuracy and adolescent romantic relationships. Journal of Adolescence 2008;31:709

Hawkley LC, Thisted RA, Cacioppo JT: Loneliness predicts reduced physical activity: cross-sectional & longitudinal analyses. Health Psychology 2009;28:354

Hawkley LC, Preacher KJ, Cacioppo JT: Loneliness impairs daytime functioning but not sleep duration. Health Psychology 2010;29:124

Hawkley LC, Thisted RA, Masi CM, Cacioppo JT: Loneliness predicts increased blood pressure: 5-year cross-lagged analyses in middle-aged and older adults. Psychology and Aging 2010;25:132

Hein G, Silani G, Preuschoff K, Batson CD, Singer T: Neural responses to ingroup and outgroup members' suffering predict individual differences in costly helping. Neuron 2010;68:149

Heinrichs M, Baumgartner T, Kirschbaum C, Ehlert U: Social support and oxytocin interact to suppress cortisol and subjective responses to psychosocial stress. Biological Psychiatry 2003;54:1389

Hepper EG, Hart CM, Sedikides C: Moving Narcissus: Can Narcissists Be Empathic? Personality and Social Psychology Bulletin 2014;40: 1079

Herman LM: Body and self in dolphins. Consciousness and cognition 2012;21:526

Holt-Lunstad J, Smith TB, Layton JB: Social relationships and mortality risk: a meta-analytic review. PLoS Medicine 2010;7:e1000316

Hontschik B: Körper, Seele, Mensch. Versuch über die Kunst des Heilens. Frankfurt a. M. 2006

Hontschik B: Herzenssachen. So schön kann Medizin sein. Frankfurt a. M. 2009

Hontschik B, Bertram W, Geigges W: Auf der Suche nach der verlorenen Kunst des Heilens: Bausteine der Integrierten Medizin. Stuttgart 2012

Horwitz AV, Wakefield JC: The loss of sadness. How psychiatry transformed normal sorrow into depressive disorder. Oxford 2007

Hurlemann R, Patin A, Onur OA, Cohen MX, Baumgartner T, Metzler S, Dziobek I, Gallinat J, Wagner M, Maier W, Kendrick KM: Oxytocin enhances amygdala-dependent, socially reinforced learning and emotional empathy in humans. Journal of Neuroscience 2010;30:4999

Jordan JJ, McAuliffe K, Warneken F: Development of in-group favoritism in children's third-party punishment of selfishness. Proceedings of the National Academy of Sciences USA 2014;111:12710

Jürgs M: Der kleine Frieden im Großen Krieg. Westfront 1914: Als Deutsche, Franzosen und Briten gemeinsam Weihnachten feierten. München 2003

Kaplan GA, Salonen JT, Cohen RD, Brand RJ, Syme SL, Puska P: Social connections and mortality from all causes and from cardiovascular disease: prospective evidence from eastern Finland. American Journal of Epidemiology 1988;128:370

Kaufman D, Mahoney JM: The effect of waitresses' touch on alcohol consumption in dyads. Journal of Social Psychology 1999;139:261

Kaufman G, Taniguchi H: Gender and marital happiness in later life. Journal of Family Issues 2006;27:735

Kelly AC, Zuroff DC, Foa CL, Gilbert P: Who benefits from training in self-compassionate self-regulation? A study of smoking reduction. Journal of Social and Clinical Psychology 2009;29:727

Keysers C, Wicker B, Gazzola V, Anton JL, Fogassi L, Gallese V: A touching sight: SII/PV activation during the observation and experience of touch. Neuron 2004;42:335

Keysers C: Unser empathisches Gehirn. Warum wir verstehen, was andere fühlen. München 2013

Keysers C, Gazzola V: Dissociating the ability and propensity for empathy. Trends in Cognitive Sciences 2014;18:163

Kiecolt-Glaser JK, Loving TJ, Stowell JR, Malarkey WB, Lemeshow S: Hostile marital interactions, proinflammatory cytokine production, and wound healing. Archives of General Psychiatry 2005;62:1377

Klimecki O, Ricard M, Singer T: Empathie versus Mitgefühl. Erkenntnisse aus der Forschung mit Erster-Person- und Dritter-Person-Methode. In: Singer T, Bolz M: Mitgefühl in Alltag und Forschung. E-Book 2013, S. 282

Klimecki OM, Leiberg S, Lamm C, Singer T: Functional neural plasticity and associated changes in positive affect after compassion training. Cerebral Cortex 2013;23:1552

Klimecki OM, Leiberg S, Ricard M, Singer T: Differential pattern of functional brain plasticity after compassion and empathy training. Social Cognitive and Affective Neuroscience 2014;9:873

Kok BE, Fredrickson BL: Upward spirals of the heart: autonomic flexibility, as indexed by vagal tone, reciprocally and prospectively predicts positive emotions and social connectedness. Biological Psychology 2010;85:432

Konrath S, Meier BP, Bushman BJ: Development and Validation of the Single Item Narcissism Scale (SINS). PLoS One 2014;9:e103469

Kosfeld M, Heinrichs M, Zak PJ, Fischbacher U, Fehr E: Oxytocin increases trust in humans. Nature 2005;435:673

Kraus MW, Huang C, Keltner D: Tactile communication, cooperation, and performance: an ethological study of the NBA. Emotion 2010;10:745

Kringelbach ML, Berridge KC: Towards a functional neuroanatomy of pleasure and happiness. Trends in Cognitive Sciences 2009;13:479

Krueger F, Parasuraman R, Moody L, Twieg P, de Visser E, McCabe K, O'Hara M, Lee MR: Oxytocin selectively increases perceptions of harm for victims but not the desire to punish offenders of criminal offenses. Social Cognitive and Affective Neuroscience 2013;8:494

Kuyken W, Watkins E, Holden E, White K, Taylor RS, Byford S, Evans A, Radford S, Teasdale JD, Dalgleish T: How does mindfulness-based cognitive therapy work? Behavior Research and Therapy 2010;48:1105

Lamberg L:»If I work hard(er), I will be loved.« Roots of physician stress explored. Journal of the American Medical Association 1999;282:13

Lamm C, Decety J, Singer T: Meta-analytic evidence for common and distinct neural networks associated with directly experienced pain and empathy for pain. Neuroimage 2011;54:2492

Lippert T, Prager KJ: Daily experiences of intimacy: A study of couples. Personal Relationships 2001;8:283

Lown B: Die verlorene Kunst des Heilens. Anleitung zum Umdenken. Frankfurt a. M. 2004

Lyubomirsky S, King L, Diener E: The benefits of frequent positive affect: does happiness lead to success? Psychological Bulletin 2005;131:803

MacBeth A, Gumley A: Exploring compassion: a meta-analysis of the association between self-compassion and psychopathology. Clinical Psychology Review 2012;32:545

Magnus CMR, Kowalski KC, McHugh TLF: The role of self-compassion in women's self-determined motives to exercise and exercise-related outcomes. Self and Identity 2010;9:363

Martin GB, Clark RD: Distress crying in neonates: Species and peer specificity. Developmental Psychology 1982;18:3

Martin LJ, Hathaway G, Isbester K, Mirali S, Acland EL, Niederstrasser N, Slepian PM, Trost Z, Bartz JA, Sapolsky RM, Sternberg WF, Levitin DJ, Mogil JS: Reducing Social Stress Elicits Emotional Contagion of Pain in Mouse and Human Strangers. Current Biology 2015, online

McGlone F, Wessberg J, Olausson H: Discriminative and affective touch: sensing and feeling. Neuron 2014;21:737

Michl LC, McLaughlin KA, Shepherd K, Nolen-Hoeksema S: Rumination as a mechanism linking stressful life events to symptoms of depression and anxiety: longitudinal evidence in early adolescents and adults. Journal of Abnormal Psychology 2013;122:339

Neely ME, Schallert DL, Mohammed SS, Roberts RM, Chen YJ: Self-kindness when facing stress: The role of self-compassion, goal regulation, and support in college students' well-being. Motivation and Emotion 2009;33:88

Neff KD, Hseih YP, Dejitterat K: Self-compassion, achievement goals, and coping with academic failure. Self and Identity 2005;4:263

Neff KD, Kirkpatrick KL, Rude SS: Self-compassion and adaptive psychological functioning. Journal of Research in Personality 2007;41:139

Neff K: Selbstmitgefühl. Wie wir uns mit unseren Schwächen versöhnen und uns selbst der beste Freund werden. München 2012

Neff KD, Germer CK: A pilot study and randomized controlled trial of the mindful self-compassion program. Journal of Clinical Psychology 2013;69:28

Nickel R, Egle UT, Hardt J: Are childhood adversities relevant in patients with chronic low back pain? European Journal of Pain 2002;6:221

Pace TW, Mletzko TC, Alagbe O, Musselman DL, Nemeroff CB, Miller AH, Heim CM: Increased stress-induced inflammatory responses in male patients with major depression and increased early life stress. American Journal of Psychiatry 2006;163:1630

Pace TW, Negi LT, Dodson-Lavelle B, Ozawa-de Silva B, Reddy SD, Cole SP, Danese A, Craighead LW, Raison CL: Engagement with Cognitively-Based Compassion Training is associated with reduced salivary C-reactive protein from before to after training in foster care program adolescents. Psychoneuroendocrinology 2013;38:294

Pack AA, Herman LM: The dolphin's (Tursiops truncatus) understanding of human gazing and pointing: knowing what and where. Journal of Comparative Psychology 2007;121:34

Palagi E, Norscia I, Demuru E: Yawn contagion in humans and bonobos: emotional affinity matters more than species. Peer Journal 2014; 2:e519

Patterson TL, Shaw WS, Semple SJ, Cherner M, McCutchan JA, Atkinson JH, Grant I, Nannis E; HIV Neurobehavioral Research Center (HNRC)

Group: Relationship of psychosocial factors to HIV disease progression. Annals of Behavioral Medicine 1996;18:30

Pedersen CA: Biological aspects of social bonding and the roots of human violence. Annals of the New York Academy of Sciences 2004;1036:106

Porges SW: The polyvagal perspective. Biological Psychology 2007;74:116

Powers TA, Koestner R, Topciu RA: Implementation intentions, perfectionism, and goal progress: perhaps the road to hell is paved with good intentions. Personality and Social Psychology Bulletin 2005;31:902

Powers TA, Koestner R, Zuroff DC, Milyavskaya M, Gorin AA: The effects of self-criticism and self-oriented perfectionism on goal pursuit. Personality and Social Psychology Bulletin 2011;37:964

Raes F: Rumination and worry as mediators of the relationship between self-compassion and depression and anxiety. Personality and Individual Differences 2010;48:757

Rakel DP, Hoeft TJ, Barrett BP, Chewning BA, Craig BM, Niu M: Practitioner empathy and the duration of the common cold. Family Medicine 2009;41:494

Rieff D: Tod einer Untröstlichen. Die letzten Tage von Susan Sontag. Frankfurt a. M. 2011

Ritter H: Nahes und fernes Unglück. Versuch über das Mitleid. München 2005

Rizzolatti G, Sinigaglia C: The functional role of the parieto-frontal mirror circuit: interpretations and misinterpretations. Nature Reviews Neuroscience 2010;11:264

Rockcliff H, Gilbert P, McEwan K, Lightman S, Glover D: A pilot exploration of heart rate variability and salivary cortisol responses to compassion-focused imagery. Clinical Neuropsychiatry 2008;5:132

Rodin J, Langer EJ: Long-term effects of a control-relevant intervention with the institutionalized aged. Journal of Personality and Social Psychology 1977;35:897

Rodrigues SM, Saslow LR, Garcia N, John OP, Keltner D: Oxytocin receptor genetic variation relates to empathy and stress reactivity in humans. Proceedings of the National Academy of Sciences of the United States of America 2009;106:21437

Rosa H: Beschleunigung. Die Veränderung der Zeitstrukturen in der Moderne. Frankfurt a. M. 2005

Rosa H: Weltbeziehungen im Zeitalter der Beschleunigung. Umrisse einer neuen Gesellschaftskritik. Berlin 2012

Rosa H: Beschleunigung und Entfremdung. Entwurf einer Kritischen Theorie spätmoderner Zeitlichkeit. Berlin 2013

Routasalo PE, Tilvis RS, Kautiainen H, Pitkala KH: Effects of psychosocial group rehabilitation on social functioning, loneliness and well-being of lonely, older people: randomized controlled trial. Journal of Advanced Nursing 2009;65:29

Rozanski A, Blumenthal JA, Kaplan J: Impact of psychological factors on the pathogenesis of cardiovascular disease and implications for therapy. Circulation 1999;99:2192

Saal HP, Bensmaia SJ: Touch is a team effort: interplay of submodalities in cutaneous sensibility. Trends in Neuroscience 2014;166:155

Sagi A, Hoffman ML: Empathic distress in the newborn. Developmental Psychology 1976;12:175

Schmitt M, Kliegel M, Shapiro A: Marital interaction in middle and old age: a predictor of marital satisfaction? International Journal of Aging and Human Development 2007;65:283

Seeman TE, Lusignolo TM, Albert M, Berkman L: Social relationships, social support, and patterns of cognitive aging in healthy, high-functioning older adults: MacArthur studies of successful aging. Health Psychology 2001;20:243

Seyfarth RM, Cheney DL: Affiliation, empathy, and the origins of theory of mind. Proceedings of the National Academy of Sciences of the United States of America 2013;110 Suppl 2:10349

Shalvi S, De Dreu CK: Oxytocin promotes group-serving dishonesty. Proceedings of the National Academy of Sciences of the United States of America 2014;111:5503

Shirtcliff EA, Vitacco MJ, Graf AR, Gostisha AJ, Merz JL, Zahn-Waxler C: Neurobiology of empathy and callousness: implications for the development of antisocial behavior. Behavioral Sciences and the Law 2009;27:137

Siegel JM: Stressful life events and use of physician services among the elderly: the moderating role of pet ownership. Journal of Personality and Social Psychology 1990;58:1081

Singer T, Seymour B, O'Doherty J, Kaube H, Dolan RJ, Frith CD: Empathy for pain involves the affective but not sensory components of pain. Science 2004;303:1157

Singer T, Bolz M: Mitgefühl in Alltag und Forschung. E-Book 2013

Stallen M, De Dreu CK, Shalvi S, Smidts A, Sanfey AG: The herding hormone: oxytocin stimulates in-group conformity. Psychological Science 2012;23:1288

Steptoe A, Hamer M, Chida Y: The effects of acute psychological stress on circulating inflammatory factors in humans: a review and meta-analysis. Brain, Behavior, and Immunity 2007;21:901

Steptoe A, Deaton A, Stone AA: Subjective wellbeing, health, and ageing. Lancet 2014;S0140:6736

Stürmer S, Snyder M, Omoto AM: Prosocial emotions and helping: the moderating role of group membership. Journal of Personality and Social Psychology 2005;88:532

Sutin AR, Scuteri A, Lakatta EG, Tarasov KV, Ferrucci L, Costa PT Jr, Schlessinger D, Uda M, Terracciano A: Trait antagonism and the progression of arterial thickening: women with antagonistic traits have similar carotid arterial thickness as men. Hypertension 2010;56:617

Sylvia LG, Shesler LW, Peckham AD, Grandin T, Kahn DA: Adjunctive deep touch pressure for comorbid anxiety in bipolar disorder: mediated by control of sensory input? Journal of Psychiatric Practice 2014;20:71

Tamblyn R, Abrahamowicz M, Dauphinee D, Wenghofer E, Jacques A, Klass D, Smee S, Blackmore D, Winslade N, Girard N, Du Berger R, Bartman I, Buckeridge DL, Hanley JA: Physician scores on a national clinical skills examination as predictors of complaints to medical regulatory authorities. JAMA 2007;298:993

Thoolen BJ, de Ridder D, Bensing J, Gorter K, Rutten G: Beyond good intentions: The role of proactive coping in achieving sustained behavioural change in the context of diabetes management. Psychological Health 2009;24:237

Tomaka J, Thompson S, Palacios R: The relation of social isolation, loneliness, and social support to disease outcomes among the elderly. Journal of Aging and Health 2006;18:359

Tost H, Kolachana B, Hakimi S, Lemaitre H, Verchinski BA, Mattay VS, Weinberger DR, Meyer-Lindenberg A: A common allele in the oxytocin receptor gene (OXTR) impacts prosocial temperament and human hypothalamic-limbic structure and function. Proceedings of the National Academy of Sciences of the United States of America 2010;107:13936

Twenge JM, Baumeister RF, DeWall CN, Ciarocco NJ, Bartels JM: Social exclusion decreases prosocial behavior. Journal of Personality and Social Psychology 2007;92:56

Vanhalst J, Luyckx K, Raes F, Goossens L: Loneliness and depressive symptoms: the mediating and moderating role of uncontrollable ruminative thoughts. Journal of Psychology 2012;146:259

Veenhoven R: Healthy happiness: effects of happiness on physical health and the consequences for preventive health care. Journal of Happiness Studies 2008;9:449

Visser TA, Ohan JL, Whittle S, Yücel M, Simmons JG, Allen NB: Sex differences in structural brain asymmetry predict overt aggression in early adolescents. Social Cognitive and Affective Neuroscience 2014; 9:553

Waal F de: Das Prinzip Empathie. Was wir von der Natur für eine bessere Gesellschaft lernen können. München 2011

Wadlinger HA, Isaacowitz DM: Positive mood broadens visual attention to positive stimuli. Motivation and Emotion 2006;30:87

Wascher CA, Scheiber IB, Kotrschal K: Heart rate modulation in bystanding geese watching social and non-social events. Proceedings of the Royal Society. Biological Sciences 2008;275:1653

Wascher CA, Scheiber IB, Braun A, Kotrschal K: Heart rate responses to induced challenge situations in greylag geese (Anser anser). Journal of Comparative Psychology 2011;125:116

Watkins ER, Nolen-Hoeksema S: A habit-goal framework of depressive rumination. Journal of Abnormal Psychology 2014;123:24

Webster GD, Brunell AB, Pilkington CJ: Individual differences in men's and women's warmth and disclosure differentially moderate couples' reciprocity in conversational disclosure. Personality and Individual Differences 2009;46:292

Welin L, Larsson B, Svärdsudd K, Tibblin B, Tibblin G: Social network and activities in relation to mortality from cardiovascular diseases, cancer and other causes: a 12 year follow up of the study of men born in 1913 and 1923. Journal of Epidemiology and Community Health 1992;46:127

You JJ, Dodek P, Lamontagne F, Downar J, Sinuff T, Jiang X, Day AG, Heyland DK; for the ACCEPT Study Team and the Canadian Researchers at the End of Life Network (CARENET): What really matters in end-of-life discussions? Perspectives of patients in hospital with serious illness and their families. Canadian Medical Association Journal 2014;186:E679

Yusuf S, Hawken S, Ounpuu S, Dans T, Avezum A, Lanas F, McQueen M, Budaj A, Pais P, Varigos J, Lisheng L; INTERHEART Study Investigators: Effect of potentially modifiable risk factors associated with myocardial infarction in 52 countries (the INTERHEART study): case-control study. Lancet 2004;364:937

Zak PJ, Stanton AA, Ahmadi S: Oxytocin increases generosity in humans. PLoS One 2007;2:e1128

Register

Werner Bartens

Wie Berührung hilft

Warum Frauen Wärmflaschen lieben und
Männer mehr Tee trinken sollten

Händchenhalten ist nicht nur der Ausdruck von Zärtlichkeit bei
Paaren, nein, sich an den Händen zu fassen macht unter anderem
das Bergaufgehen leichter und stärkt das Immunsystem von
Kleinkindern.
Der Arzt und vielfache Bestsellerautor Werner Bartens zeigt so
anschaulich wie alltagstauglich, was Medizin und Neurowissenschaften über die Wirkung von körperlicher Berührung herausgefunden haben: Sie eröffnet den Zugang zu verschütteten Gefühlen; das hilft, sich selbst und anderen wieder näherzukommen.

Werner Bartens

Was Paare zusammenhält

Warum man sich riechen können muss
und Sex überschätzt wird

Was ist das Geheimnis von lange währenden Beziehungen? Der
Arzt und Bestsellerautor Werner Bartens präsentiert, was Medizin, Verhaltensforschung und Psychologie über die Magie des
lebenslangen gemeinsamen Glücks herausgefunden haben. Die
Erkenntnisse sind oftmals überraschend und im Alltag oft leicht
umzusetzen. Jahrzehntelange Spätfolgen nach Lektüre können
nicht ausgeschlossen werden!